Internationale Trends in der Markenkommunikation

Lizenz zum Wissen.

Sichern Sie sich umfassendes Wirtschaftswissen mit Sofortzugriff auf tausende Fachbücher und Fachzeitschriften aus den Bereichen: Management, Finance & Controlling, Business IT, Marketing, Public Relations, Vertrieb und Banking.

Exklusiv für Leser von Springer-Fachbüchern: Testen Sie Springer für Professionals 30 Tage unverbindlich. Nutzen Sie dazu im Bestellverlauf Ihren persönlichen Aktionscode C0005407 auf www.springerprofessional.de/buchkunden/

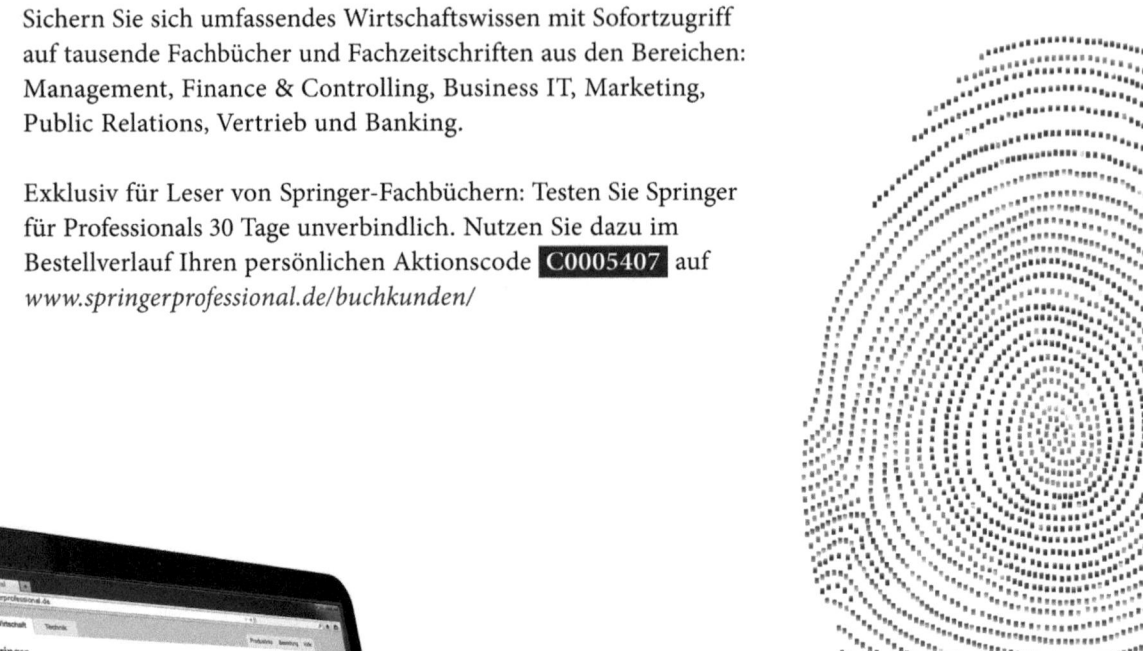

Springer für Professionals.
Digitale Fachbibliothek. Themen-Scout. Knowledge-Manager.

- Zugriff auf tausende von Fachbüchern und Fachzeitschriften
- Selektion, Komprimierung und Verknüpfung relevanter Themen durch Fachredaktionen
- Tools zur persönlichen Wissensorganisation und Vernetzung

www.entschieden-intelligenter.de

Springer für Professionals

Anabel Ternès · Ian Towers
(Hrsg.)

Internationale Trends in der Markenkommunikation

Was Globalisierung, neue Medien und Nachhaltigkeit erfordern

Herausgeber
Anabel Ternès
Ian Towers

SRH Hochschule Berlin
Berlin
Deutschland

ISBN 978-3-658-01516-9   ISBN 978-3-658-01517-6 (eBook)
DOI 10.1007/978-3-658-01517-6

Die Deutsche Nationalbibliothek verzeichnet diese Publikation in der Deutschen Nationalbibliografie; detaillierte bibliografische Daten sind im Internet über http://dnb.d-nb.de abrufbar.

Springer Gabler
© Springer Fachmedien Wiesbaden 2014
Das Werk einschließlich aller seiner Teile ist urheberrechtlich geschützt. Jede Verwertung, die nicht ausdrücklich vom Urheberrechtsgesetz zugelassen ist, bedarf der vorherigen Zustimmung des Verlags. Das gilt insbesondere für Vervielfältigungen, Bearbeitungen, Übersetzungen, Mikroverfilmungen und die Einspeicherung und Verarbeitung in elektronischen Systemen.

Die Wiedergabe von Gebrauchsnamen, Handelsnamen, Warenbezeichnungen usw. in diesem Werk berechtigt auch ohne besondere Kennzeichnung nicht zu der Annahme, dass solche Namen im Sinne der Warenzeichen- und Markenschutz-Gesetzgebung als frei zu betrachten wären und daher von jedermann benutzt werden dürften.

Lektorat: Angela Meffert

Gedruckt auf säurefreiem und chlorfrei gebleichtem Papier

Springer Gabler ist eine Marke von Springer DE. Springer DE ist Teil der Fachverlagsgruppe Springer Science+Business Media
www.springer-gabler.de

Vorwort

Die Megatrends, die Veränderungen in der Gesellschaft, Wirtschaft und Politik benennen, weisen auf deutliche Veränderungen in den nächsten Jahren und Jahrzehnten hin. Digitalisierung, Technisierung und Globalisierung sind nur ein paar der Entwicklungen, die von vielen Unternehmen eine Neupositionierung verlangen.

Die richtigen Marketingmaßnahmen bilden dabei nicht nur ein Nice-to-Have, sondern können für ein Produkt oder sogar ein Unternehmen zum essentiellen Erfolgsfaktor werden. In den letzten Jahren haben sich Richtungen in bestehenden und neuen Marketingbereichen entwickelt. Von diesen werden ausgewählte Marketingtrends im vorliegenden Band praxisnah beleuchtet.

Dabei geht es weniger um eine rein theoretische Darstellung. Vielmehr möchte das Buch anregen, neue Ansätze des Marketings weiterzuverfolgen und im Unternehmensalltag umzusetzen. Neben einer allgemeinen Darstellung des Status quo zum jeweiligen Thema liegt deshalb ein Akzent auf der Praxisnähe. Erfolgreiche Beispiele aus der Praxis, Tipps, Hinweise und Checklisten geben einen guten Einblick in das Thema und können gleichzeitig direkt für den Alltag in Unternehmen und Organisationen genutzt werden.

Die Beitragsautoren haben sehr unterschiedliche berufliche Hintergründe, und auch die Basis an Erfahrungen ist divers. Was jedoch alle Autoren auszeichnet, ist ein fundiertes theoretisches Wissen gepaart mit professioneller Praxiserfahrung, oft auch aus der Beratungspraxis. So finden Leser neben Social-Media-Marketing auch Emotional Marketing, Corporate Social Responsibility, Neuro-Marketing, Pop-up-Marketing, Sensory-Marketing, Point-of-Sale-Marketing, Gamification, Intercultural Marketing, Reputationsmarketing, Nonprofit-Marketing, Word-of-Mouth-Marketing und wertorientiertes Marketing.

Inhaltsverzeichnis

SCOAP als Bedürfnistheorie für das Neuromarketing 1
Argang Ghadiri, Andreas Habermacher und Theo Peters

Die Erfolgsfaktoren von Pop-up-Stores 15
Francesca Gursch und Giulia Gursch

Gamification 33
Natallia Shauchenka, Anabel Ternès und Ian Towers

Interkulturelles Marketing durch Dialektik 51
Patrick Sourek

Reputationsmarketing 59
Christopher A. Runge und Anabel Ternès

Markenidentität durch wertorientierte Mitarbeiterkommunikation 71
Tobias Stähler

Nonprofit-Marketing 91
André Scholz und Anabel Ternès

Sensory Marketing 107
Ian Towers

The Impact of Emotions in Marketing Strategy 119
Anna Rostomyan

Using Social Media for Business: Tools, Benefits and Pitfalls 131
Alexandra Mittelstädt

Word-of-Mouth-Marketing – Die geheime Macht des Wortes 151
Thomas Heinrich Musiolik

Die Herausgeber

Prof. Dr. Anabel Ternès ist Kommunikationswissenschaftlerin, Journalistin und Diplom-Kauffrau. Sie verfügt über langjährige internationale Führungserfahrung in Marketing/Kommunikation, Vertrieb und Business Development, u. a. für Samsonite und Fielmann. Anabel Ternès ist seit vielen Jahren als Moderatorin, Coach und Beraterin gefragt. Sie hält eine Professur und Studiengangsleitung für International Communication Management, E-Business und Social Media Management an der SRH Berlin International Management University und leitet das Institut für Nachhaltiges Management, das Marktforschung v. a. zu den Themen Trends, Digitaler Wandel, Employer Branding, Unternehmen und Gesellschaft der Zukunft betreibt. Darüber hinaus engagiert sich Anabel Ternès in verschiedenen Organisationen zu Gesundheitskommunikation und Interkultureller Kommunikation, u. a. bei der Nationalen Plattform Zukunftsstadt und der Deutschlandstiftung Integration.

Prof. Dr. Ian Towers ist Professor für BWL und Marketing sowie Studiengangsleiter International Business Administration an der SRH Berlin International Management University. Zudem ist er Mitglied des International Institute for Sustainability Management. Er hat an Universitäten in Nordamerika und Europa gelehrt und war viele Jahre als Marketing Manager, Brand Manager und Business Unit Manager international tätig.

Mitarbeiterverzeichnis

Christopher A. Runge R&R Strategy Consulting GmbH, Friedrichstraße 133, 10117 Berlin, Deutschland, c.runger@rr-unternehmensgruppe.com

Argang Ghadiri Fachbereich 01, Hochschule Bonn-Rhein-Sieg, Grantham Allee 20, 53757 Sankt Augustin, Deutschland, argang.ghadiri@h-brs.de

Francesca Gursch Schwanheimer Straße 58, 64625 Bensheim, Deutschland, Francesca.georgina.gursch@gmail.com

Giulia Gursch Schwanheimer Straße 58, 64625 Bensheim, Deutschland, giulia.r.gursch@gmail.com

Andreas Habermacher Human Brains Foundation, Bleicherstrasse 4, 6003 Luzern, Schweiz, author@noreply.de

Thomas Heinrich Musiolik Landshuter Straße 2, 10779 Berlin, Deutschland, info@musiolik.de

Alexandra Mittelstädt Bremen International Graduate School of Social Sciences, 28759 Bremen, College Ring 1, Germany, ammittelstaedt@bigsss.uni-bremen.de

Theo Peters Fachbereich 01, Hochschule Bonn-Rhein-Sieg, Grantham Allee 20, 53757 Sankt Augustin, Deutschland, theo.peters@h-brs.de

Anna Rostomyan Yerevan State University, Shirvanzadeh 24/30, 0014 Yerevan, Armenia, annarostomyan@yahoo.com

André Scholz Hochschule Bonn-Rhein-Sieg, Grantham Allee 20, 53757 Sankt Augustin, Deutschland, andre.scholz@h-brs.de

Natallia Shauchenka SRH Hochschule Berlin, Ernst-Reuter-Platz 10, 10587 Berlin, Deutschland, natallia.shauchenka@googlemail.com

Patrick Sourek Rupprechtstraße 12, 50937 Köln, Deutschland, patricksourek@me.com

Tobias Stähler SRH Hochschule Berlin, Ernst-Reuter-Platz 10, 10587 Berlin, Deutschland, tobiasstaehler@srh-hochschule-berlin.de

Anabel Ternès Ernst-Reuter-Platz 10, 10587 Berlin, Deutschland, anabel.ternes@srh-hochschule-berlin.de

Anabel Ternès Ernst-Reuter-Platz 10, 10587 Berlin, Deutschland

Ian Towers Ernst-Reuter-Platz 10, 10587 Berlin, Deutschland, ian.towers@srh-hochschule-berlin.de

SCOAP als Bedürfnistheorie für das Neuromarketing

Argang Ghadiri, Andreas Habermacher und Theo Peters

▶ Neuromarketing stellt die Verbindung aus „Neuro" und „Marketing" dar, und genauso, wie sich das Wort erklärt, kann auch dieses interdisziplinäre Forschungsfeld definiert werden: Beim Neuromarketing handelt es sich um sämtliche Marketingaktivitäten, die sich der Methoden der neurowissenschaftlichen Forschung bedienen oder auf ihre Erkenntnisse zurückgreifen. Somit ergeben sich vielfältige Anknüpfungspunkte beider Disziplinen, die sowohl für die wissenschaftliche Forschung als auch für die Unternehmenspraxis große Potentiale aufweisen.

1 Neuromarketing

1.1 Begriffserklärung

Die Neuroökonomie als das interdisziplinäre Forschungsfeld, das als die Verbindung volks- und betriebswirtschaftlicher Fragestellungen mit den Neurowissenschaften be-

---

A. Ghadiri (✉) · T. Peters
Fachbereich Wirtschaftswissenschaften, Hochschule Bonn-Rhein-Sieg, Grantham- Allee 20, 53757 Sankt Augustin, Deutschland
E-Mail: argang.ghadiri@h-brs.de

T. Peters
E-Mail: theo.peters@h-brs.de

A. Habermacher
Human Brains Foundation, Bleicherstrasse 4, 6003 Luzern, Schweiz
E-Mail: author@noreply.de

© Springer Fachmedien Wiesbaden 2014
A. Ternès, I. Towers (Hrsg.), *Internationale Trends in der Markenkommunikation*,
DOI 10.1007/978-3-658-01517-6_1

schrieben wird, stellt die übergeordnete Disziplin des Neuromarketings dar. Die Neuroökonomie setzt sich im engeren Sinne mit (mikro-)ökonomischen Fragestellungen auseinander, bei denen die neurowissenschaftlichen Prozesse in Entscheidungssituationen mit insbesondere spieltheoretischen Konstrukten untersucht werden (Camerer et al. 2005; Peters und Ghadiri 2014). Das Neuromarketing hingegen fokussiert sich auf marketingrelevante Aspekte, wie z. B. auf das Konsumentenverhalten (Kenning 2009), und wird somit zur Neuroökonomie im weiteren Sinne gezählt. Daher liegt das Hauptaugenmerk des Neuromarketings auf der neurowissenschaftlichen Untersuchung von Fragestellungen, die klassischerweise im Marketing in ihrer betriebswirtschaftlichen Funktion von Relevanz sind (Peters und Ghadiri 2014).

1.2 Historischer Überblick

Zwar stellen die Neuroökonomie und das Neuromarketing gegenwärtig aktuelle Trends dar, doch Kroeber-Riel leistete bereits im Jahr 1979 mit seiner Publikation einen entscheidenden Beitrag für die Entwicklung dieser Disziplinen. Im Rahmen seiner Marketing- und Konsumforschung legt er nahe, dass die neurowissenschaftlichen Messungen eine attraktive Methode für die Marketingforschung darstellen. So führt er u. a. aus, dass die Gehirnaktivitäten in Abhängigkeit eines konkreten Stimulus untersucht werden können, um das Konsumentenverhalten besser zu erforschen (Kroeber-Riel 1979).

Darauf folgten vereinzelte Studien mit neurowissenschaftlichen Messmethoden in betriebswirtschaftlichen Themenstellungen, doch besondere Aufmerksamkeit konnte das sog. Cola-Experiment erlangen. Die Forscher McClure et al. (2004) untersuchten die neuronalen Stoffwechselprozesse der Probanden, während sie Coca-Cola bzw. Pepsi zu trinken bekamen. So sah eine erste Versuchsanordnung vor, beide Getränke (die übrigens in ihrer chemischen Komposition nahezu identisch sind) anonym zu konsumieren. Das heißt, die Probanden wussten nicht, ob sie Coca-Cola oder Pepsi tranken. Bei der Messung der Gehirnaktivitäten wurden Areale untersucht, die typisch für Verhaltenspräferenzen sind, und die Ergebnisse zeigten auf, dass sich diese Aktivitäten im Gehirn beim anonymen Konsum beider Getränke nicht signifikant unterschieden. Daraufhin wurde in einer zweiten Versuchsanordnung die Marke des Getränks offengelegt, d. h., die Probanden wussten jetzt, ob sie Coca-Cola oder Pepsi tranken. Durch das Bewusstsein der Marke veränderte sich die neuronale Aktivierung beim Konsum signifikant: Die Probanden wiesen eine viel stärkere Aktivierung der Gehirnareale auf, die für Verhaltenspräferenzen und Emotionen charakteristisch sind, wenn sie Coca-Cola tranken. Die Ergebnisse zeigen einen erstaunlichen Befund: Das Markenbewusstsein stellt einen kulturellen Lernprozess dar, der sich in den Verhaltenspräferenzen der Probanden zeigt.

Zwar war es nicht die Absicht der Wissenschaftler zu untersuchen, ob Coca-Cola oder Pepsi das beliebtere Getränk unter den Probanden ist, sondern wie sich das Markenbewusstsein in neuronalen Stoffwechselprozessen bemerkbar macht. Doch aufgrund der Tatsache, dass es sich um zwei bekannte (und von vielen Menschen konsumierte) Produkte handelte, waren die Ergebnisse nicht nur in wissenschaftlichen Kreisen von Interesse, sondern auch für andere Gruppen der Gesellschaft. Seither erfreut sich das Neuromarketing großer Bekanntheit und erlangt zunehmend an Bedeutung.

2 Neurowissenschaftliche Grundlagen

Für ein besseres Verständnis von Neuromarketing wird nachfolgend eine kurze Einführung in die Neurowissenschaften gegeben. Dabei wird zunächst die Anatomie des Gehirns skizziert, und im Anschluss daran werden die neurowissenschaftlichen Messmethoden dargestellt, die in der Neuromarketing-Forschung hauptsächlich eingesetzt werden.

2.1 Aufbau des Gehirns

Gehirnareale können nicht immer eindeutig bestimmten Funktionen zugeteilt und ebenso wenig isoliert voneinander betrachtet werden, da sie ein großes Netzwerk von interagierenden Arealen darstellen. Um den Zugang zur Neurowissenschaft zu vereinfachen, eignet sich das sog. Drei-Schichten-Modell des menschlichen Gehirns (MacLean 1990). Es teilt das Gehirn in die folgenden drei Bereiche ein (vgl. Abb. 1) und beschreibt jeweils ihre charakteristische Funktion.

Das **Stammhirn** stellt aus evolutionärer Sicht den ältesten Teil des Gehirns dar, da im Stammhirn unsere Instinkte in Bezug auf die Außenwelt situiert sind. Es wird daher auch als Reptilienhirn bezeichnet, da es in dieser Form auch bei allen Tieren und in den primitivsten Gehirnformen existiert. Des Weiteren werden ankommende Informationen aus der Außenwelt im Stammhirn wahrgenommen und in sofortige und elementare Reflexe transformiert. Auch regelt das Stammhirn zentrale Körperfunktionen, wie z. B. die Atmung und den Blutkreislauf.

Bei der nächsten Schicht handelt es sich um das **limbische System**, das evolutionär gesehen das zweitälteste Gehirnareal darstellt. Es wird auch als „emotionales Zentrum"

Abb. 1 Schichtenmodell des menschlichen Gehirns

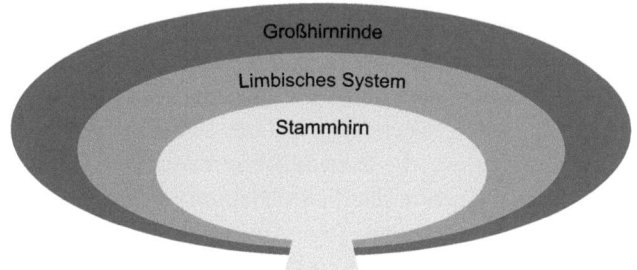

bezeichnet, da es den Wahrnehmungen und Gedanken eine emotionale Färbung verleiht. Das limbische System besteht aus einer Vielzahl von Strukturen. Die Amygdala funktioniert als Bewertungs- und Alarmsystem im Gehirn, da es bei eingehenden Gefahren reagiert und die Informationen in entsprechende Reaktionen transformiert. Der Hippocampus dient als Speicherplatz für Erinnerungen, die je nach erlebter Intensität entsprechend im Gehirn abgespeichert werden. Der nucleus accumbens wird aktiviert, wenn Situationen eintreten, die als besonders positiv wahrgenommen werden. Die Aktivierung wirkt besonders belohnend, weil entsprechende Botenstoffe (u. a. Dopamin) dazu beitragen, dass ein rauschartiger Glückszustand wahrgenommen wird, was die Bezeichnung „Belohnungssystem" trefflich erklärt.

Die **Großhirnrinde** (oder auch Kortex genannt) ist der stammesgeschichtlich jüngste Teil des Gehirns. Sie besteht aus vier Lappen mit unterschiedlichen Funktionen. (1) Der Okzipitallappen sitzt im hinteren Teil des Gehirns und ist für die visuelle Wahrnehmung verantwortlich. (2) Der Temporallappen ist für sprachliche Fähigkeiten zuständig und befindet sich an den Seiten des Gehirns. (3) Oben im Gehirn sitzt der Parietallappen, der sensorische Informationen verarbeitet. Vorne im Gehirn befindet sich der Frontallappen (oder auch präfrontaler Kortex genannt) und stellt den Sitz höherer und exekutiver Funktionen dar. Hier finden zahlreiche kontrollierte und bewusste Prozesse statt, wie z. B. die Planung von künftigen Handlungen.

2.2 Messmethoden

Um die neuronalen Prozesse im Gehirn zu erfassen, werden für die neurowissenschaftliche Forschung unterschiedliche Messmethoden eingesetzt. Diese untersuchen entweder die neuronalen Stoffwechselprozesse oder die elektrische Aktivität neuronaler Prozesse. Der technologische Fortschritt hat die Entwicklung dieser Methoden maßgeblich vorangetrieben und dazu beigetragen, dass die entsprechenden Instrumente zunehmend flexibler, mobiler und einfacher zu bedienen sind. Die hauptsächlich in Neuromarketing-Studien verwendeten Messmethoden werden im Folgenden kurz skizziert.

Die **funktionelle Magnetresonanztomographie** (fMRT, engl. fMRI von „functional magnetic resonance imaging") ist ein häufig eingesetztes Verfahren zur Untersuchung der Sauerstoffveränderungen des Blutflusses im Gehirn. Das sog. BOLD-Signal (blood oxygenation level dependent) zeigt die Aktivitäten innerhalb der Gehirnregionen auf, denn aktive Gehirnregionen benötigen mehr sauerstoffreiches Blut als weniger aktive Gehirnregionen. Je nach Sauerstoffgehalt des Blutes werden unterschiedlich starke magnetische Felder messbar, welche letztendlich mit dem fMRT erfasst werden. Diese Sauerstoffveränderungen können in sämtlichen Gehirnregionen identifiziert werden, d. h. vom Stammhirn bis zur Großhirnrinde (vgl. Abschn. 2.1). Gemessen werden somit die magnetischen Veränderungen zwischen der Aktivierung der Gehirnregionen und der Ausgangslage (vgl. Abb. 1). Dieser Vergleich ist erst nach der magnetischen Veränderung möglich, weshalb die zeitliche Auflösung des fMRT beschränkt ist.

Bei der **Elektroenzephalographie** (EEG) werden elektrische Aktivitäten des Gehirns aufgezeichnet. Dabei werden Elektroden auf der Kopfhaut angebracht, welche die Spannungsschwankungen zeitlich direkt (im Millisekundenbereich) erfassen und wiedergeben, die bei der Informationsverarbeitung zwischen den Neuronen entstehen. Wenn Neuronen miteinander kommunizieren, d. h. Informationen übertragen, werden Neurotransmitter freigesetzt. Dadurch werden Spannungsschwankungen verursacht, die in Form von elektrischen Strömen auf der Hirnoberfläche gemessen werden können. Da es sich dabei um sehr geringe Spannungsunterschiede handelt, werden diese verstärkt und aufsummiert. Im Ergebnis werden diese elektrischen Aktivitäten in einem Elektroenzephalogramm bildlich dargestellt (vgl. Abb. 2).

Bereits bei der Darstellung der Messmethoden lässt sich erahnen, dass beide Instrumente sowohl Vor- als auch Nachteile aufweisen. Während das fMRT bei der Untersuchung der Gehirnareale keine räumliche Beschränkung aufweist, können mit einem EEG lediglich die kognitiven Funktionen, die in der Großhirnrinde situiert sind, untersucht wer-

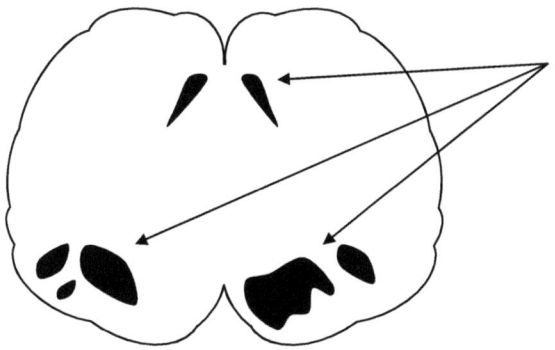

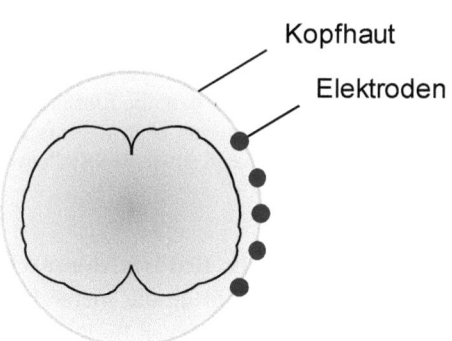

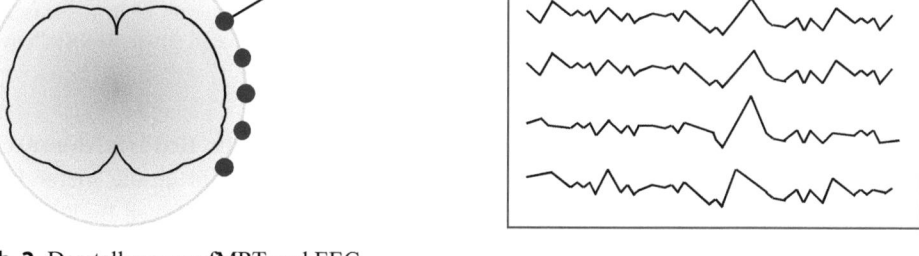

Abb. 2 Darstellung von fMRT und EEG

den. Somit ermöglicht das fMRT auch Messungen hinsichtlich der Veränderungen in den Gehirnarealen, die für Angst und die Verarbeitung von Emotionen (limbisches System) stehen. Allerdings kann das fMRT aufgrund der Messung von Veränderungen keine direkten Einflüsse aufzeigen, da diese zeitlich verzögert sind. Dahingegen werden bei einem EEG direkte Veränderungen der Gehirnaktivitäten deutlich. Des Weiteren unterscheiden sich beide Instrumente in ihren Anschaffungskosten: Ein fMRT liegt mit circa 2.000.000 € deutlich über einem EEG, das bereits mit 200 € für den nicht-klinischen Einsatz oder für 20.000 € mit klinischer Genauigkeit erhältlich ist. Dahingehend sind beide Messmethoden in der Neuromarketing-Forschung gleichermaßen populär und oft im Einsatz. Denn es gilt stets zu hinterfragen, welches Instrument sich für die Überprüfung der Forschungsfrage eignet.

3 Bedürfnistheorie für das Neuromarketing

3.1 Vorüberlegungen

Ungeachtet der vielfältigen Studienergebnisse und Forschungsmöglichkeiten im Neuromarketing, stellt sich die Frage, wie ein ganzheitliches Marketing anhand neurowissenschaftlicher Erkenntnisse gestaltet werden kann. Zwar sind einzelne Erkenntnisse in den Bereichen des klassischen Marketing-Mix besonders interessant, lassen jedoch einen übergreifenden Ansatzpunkt vermissen. Diese Studien ermöglichen u. a. Einblicke hinsichtlich der Wirkung von Marken (McClure et al. 2004; Schaefer et al. 2006) oder Statussymbolen (Erk et al. 2002), dem Vertrauen bei Kaufentscheidungen (Neumaier und Schaefer 2006) oder auch der Werbewirkung von Prominenten (Weis et al. 2006), können aber (naturgemäß) kein übergreifendes Neuromarketing-Konzept auf einer Metaebene gewährleisten. Dafür erscheint es sinnvoll, sich zunächst mit den Konsumentenbedürfnissen bzw. den Bedürfnistheorien auseinanderzusetzen.

Martin Lindstrom hat mit seinem Buch „Buyology – Truth and Lies About What we Buy" (erschienen bei Crown Business) große internationale Bekanntheit erlangt. Er gilt als einer der Experten im Neuromarketing mit Fokus auf die Unternehmenspraxis und wurde vom Time Magazine in 2009 zu den Top 100 der einflussreichsten Persönlichkeiten gekürt. In seinem Buch stellt er eine Vielzahl von interessanten Erkenntnissen im Bereich des Neuromarketings vor, wie u. a. die Einflüsse von Musik und bildlichen Darstellungen, die Funktionsweise und den Nutzen von neurowissenschaftlichen Messungen und Eye-Tracking, den Aufbau von Werten und Ritualen sowie den Stellenwert von Emotionen in Kaufentscheidungen.

Eine im Marketing besonders populäre Bedürfnistheorie stellt die **Bedürfnishierarchie nach Maslow** dar (Maslow 1977). Mit seiner Theorie beschreibt er die hierarchisch strukturierten Bedürfnisse des Menschen, angefangen bei physiologischen Bedürfnissen, Bedürfnissen nach Sicherheit und Sozialem, Individualbedürfnissen und zuletzt das Bedürfnis nach Selbstverwirklichung. Der Mensch strebt von der untersten Stufe seiner Bedürfnisse stets die nächsthöhere Ebene an; bei Erreichen der Selbstverwirklichung sind sämtliche Bedürfnisse laut Maslow abgedeckt. Auch wenn die vielfach in seiner methodischen Vorgehensweise kritisierten Ergebnisse empirisch nicht belegt wurden, stellen sie aufgrund ihrer plakativen Vorgehensweise einen durchaus plausiblen Ansatz dar.

Die dargestellten Ausführungen sind für die Disziplinen wie u. a. die Verkaufspsychologie und das Marketing besonders interessant. Bedürfnisse können anhand der Bedürfnishierarchie nach Maslow schneller identifiziert oder die Produkt- und Kommunikationspolitik können auf die Zielgruppen besser ausgerichtet werden. Ungeachtet der Kritik an dieser Theorie stellt eine Bedürfnistheorie augenscheinlich eine gute Annäherung für die Marketingarbeit dar, da sie potenzielle Bedürfnisse benennt. Des Weiteren können jene genutzt werden, um sämtliche Marketingaktivitäten dahingehend zu überprüfen, ob sie den Konsumentenbedürfnissen gerecht werden.

3.2 SCOAP

Nachfolgend wird mit **SCOAP** ein Konzept vorgestellt, das auf Basis neurowissenschaftlicher Forschungsarbeit entstanden ist. Grawe hat mit seiner Konsistenztheorie verschiedene Grundbedürfnisse auf ihre neurowissenschaftliche Verankerung überprüft und diese in seinem Ansatz in der Neuropsychotherapie postuliert (Grawe 2004). An dieser Bedürfnistheorie knüpft SCOAP an und überführt die neurowissenschaftlichen Grundbedürfnisse in den betriebswirtschaftlichen Kontext (u. a. Ghadiri et al. 2012; Habermacher et al. 2014a, b). SCOAP umfasst die folgenden fünf Dimensionen:

- **Self-Esteem (Selbstwert)**
  Beschreibt das Bestreben, Selbstwert zu erhalten und zu erhöhen sowie Wertschätzung zu erfahren.
- **Control (Kontrolle)**
  Damit ist das Bedürfnis gemeint, das eigene Umfeld unter Kontrolle zu haben sowie über Freiheiten und Autonomie zu verfügen. Dies setzt voraus, dass entsprechende Möglichkeiten existieren, Kontrolle ausüben zu können.
- **Orientation (Orientierung)**
  Orientierung zu haben bedeutet, das Umfeld zu verstehen und zu wissen, was zu tun ist.
- **Attachment (Bindung)**
  Es ist wichtig, eine Bezugsperson zu haben und über soziale Kontakte zu verfügen.
- **Pleasure (Freude)**
  Mit Freude ist gemeint, dass Menschen nach Spaß und Zufriedenheit streben.

Diese Dimensionen sind je nach erlebten Erfahrungen und damit im Gehirn gesetzten Triggern bei Individuen unterschiedlich ausgeprägt. Maßgeblichen Einfluss auf die unterschiedliche Akzentuierung der Grundbedürfnisse hat der Sozialisationsprozess: Je nachdem, in welchem Umfeld und unter welchen Einflussfaktoren die Erfahrungen gemacht wurden, unterscheiden sich die Ausprägungen der Bedürfnisse von Mensch zu Mensch.

Dennoch sind sie stets auf diese fünf Dimensionen zurückzuführen und je nach Tun und Handeln des Menschen zeigt sich, wie stark die einzelnen Bedürfnisse verfolgt werden oder nicht. Gleichzeitig ist auch das Phänomen zu beobachten, dass die Nicht-Erfüllung bzw. eine geringe Erfüllung eines Bedürfnisses durch eine stärkere Fokussierung eines anderen Bedürfnisses kompensiert wird, wie im nachfolgenden und plakativ dargestellten Beispiel deutlich wird: Oftmals haben Menschen mit geringen sozialen Kontakten und einem Mangel an Bezugspersonen ein stark ausgeprägtes Kontrollbedürfnis – Defizite im Bindungsbedürfnis werden mit einer Fokussierung der Kontrolle kompensiert. Oder Menschen, die eine geringe Ausprägung im Orientierungsbedürfnis haben und nicht wissen, was sie alles noch im Leben erwartet, kompensieren dies mit einer intensiven Verfolgung des intensiven Verfolgung des Grundbedürfnisses nach Freude.

Die neurowissenschaftliche Untermauerung von SCOAP anhand ausgewählter Studien

Self-Esteem (Selbstwert)

Die Verletzung des Selbstwerts führt zu Aktivierungen in der Großhirnrinde und dem limbischen System (Hughes und Beer 2013), die Stress bedeuten (Arnsten 2009). Ferner verstärkt die anhaltende Verletzung des Selbstwerts die Intensität von Depressionen (Somerville et al. 2010; Gyuarak et al. 2012).

Control (Kontrolle)

Ein fehlendes Gefühl von Kontrolle führt zur Aktivierung der Amygdala sowie zu Stress und Angst (Grawe 2004; Whalen 1998).

Orientation (Orientierung)

Das Vorhandensein von Sicherheit und Klarheit aktiviert die Belohnungsschaltkreise im Gehirn (Heekeren et al. 2007). Ist kein Überblick vorhanden oder dieser eingeschränkt, wird die Aktivierung der Belohnungsschaltkreise gehemmt (Hsu et al. 2005). Ferner beeinflusst Unsicherheit das Angstverhalten in der Amygdala (Herry et al. 2007).

Attachment (Bindung)

Der Neurotransmitter Oxytocin, der auch als Bindungs- oder Kuschelhormon bezeichnet wird, stellt die Grundlage für das Bindungsbedürfnis dar. Er wird bereits von der stillenden Mutter auf das Neugeborene übertragen (Matthiesen et al. 2001) und stellt auch einen wichtigen Neurotransmitter bei Vertrauenssituationen in zwischenmenschlichen Interaktionen dar (Zak et al. 2005, 2007; Kosfeld et al. 2005; De Dreu et al. 2010).

Pleasure (Freude)

Der Neurotransmitter Dopamin wird mit Freude assoziiert und spielt in der neurowissenschaftlichen Forschung auch im Zusammenhang mit dem Belohnungssystem eine wichtige Rolle (Olds und Milner 1954). Die Ausschüttung von Dopamin weckt Belohnungs- und Lusterwartungen und löst berauschende Glücksgefühle im menschlichen Gehirn aus (Arias-Carrión et al. 2010; Hüther 2010).

3.3 SCOAP im Marketing

Abschließend soll der Einsatz von SCOAP für das Neuromarketing veranschaulicht werden. Aufgrund der Tatsache, dass die einzelnen Bedürfnisse eine neurowissenschaftliche Fundierung zeigen, erscheint ihre Berücksichtigung im Rahmen des Neuromarketings gleichsam plausibel wie attraktiv. SCOAP ermöglicht somit die Identifikation von im Gehirn verankerten Bedürfnissen, die bei der Marketingarbeit, insbesondere im Rahmen der Produkt- und Kommunikationspolitik, von Nutzen sind.

Ferner können einzelne Produkte und Dienstleistungen den entsprechenden Bedürfnissen zugeordnet werden. Die nachfolgende Auflistung veranschaulicht beispielhaft, wie solch eine Anordnung aussehen kann:

- **Self-Esteem**, z. B. Kosmetik- und Pflegeprodukte, Designer- und Markenmode, Schmuck, Uhren und weitere Luxusgüter
- **Control**, z. B. Immobilien, Autos, Computer, Smartphones und weitere Technologien
- **Orientation**, z. B. Bildung, Bücher, Magazine, Zeitungen, Boulevardzeitschriften und News-Channels
- **Attachment**, z. B. Restaurantbesuche, Partys und Diskotheken
- **Pleasure**, z. B. Entertainment, Film- und Musikindustrie, Wellness und Erholung, Gastronomie

SCOAP kann auch für die Kommunikationspolitik einen großen Mehrwert leisten. Schafft es ein Unternehmen, die einzelnen Bedürfnisse zu adressieren, scheint es erfolgreich zu sein. Als Paradebeispiel können die Marketingaktivitäten der Apple Inc. genannt werden, wie im Folgenden abschließend dargestellt wird.

Durch die Exklusivität und Qualität der Apple-Produkte und ihre Positionierung im Premiumsegment (nicht lediglich aufgrund ihrer preispolitischen Gestaltung und der oft exklusiven Vermarktung über ausgewählte und kontrollierte Distributionskanäle) hat es Apple geschafft, einen besonderen Beitrag zur Erhöhung des *Selbstwerts* zu leisten – Apple-Produkte können durchaus als Produkte mit Statussymbol-Charakter aufgefasst werden. Wie weit dieses Phänomen geht, zeigt ein Artikel in der Süddeutschen mit dem Titel „Biete Niere, suche iPhone" (Grzanna 2011).

Dienstleistungen und Produkte von Apple genießen den Ruf, besonders sicher zu sein. Dabei sind die Betriebssysteme gemeint, die im Vergleich zu anderen Produkten besser vor Computer-Viren schützen oder auch eigene Dienste, die aufgrund ihrer Verschlüsselungstechnologie ein höheres Gefühl von *Kontrolle* ermöglichen. Eine von Symantec veröffentlichte Studie aus dem Jahr 2011 bestätigt diesen vielfach kommunizierten Vorteil der Apple-Produkte (Nachenberg 2011).

Einen großen Beitrag leistet Apple dadurch, dass eine Vielzahl der angebotenen Produkte und Leistungen aus Hard- und Softwaresicht aufeinander abgestimmt sind. Apple hat es sukzessive geschafft, sein Produktportfolio um neue ausgewählte Produkte zu ergänzen. Zielgruppen, die einst keinen Zugang zur digitalen Welt aufwiesen, erhalten dadurch eine klare *Orientierung* – nicht zuletzt auch aufgrund der User Experience und Usability wie aus einer Studie von Pfeiffer Consulting hervorgeht (Pfeiffer Report 2013).

Der Einfluss auf die *Bindung* zu Apple-Produkten konnte sogar neurowissenschaftlich nachgewiesen werden. Denn eine besonders interessante Feststellung zu Apple-Produkten (in diesem Fall war es das iPhone) machten Neurowissenschaftler im Rahmen des ARD Marken-Checks: Probanden wurden im fMRT Fotos von Smartphones gezeigt, die als Reaktion darauf eine unterschiedliche Aktivierung der Gehirnareale aufzeigten. Während das Samsung-Smartphone eine Aktivierung in der Großhirnrinde auslöste, machten die Wissenschaftler bei Apple-Produkten einen besonderen Fund. Das Zeigen von Apple-Produkten löste bei den Probanden eine Aktivierung der emotionalen Gehirnareale aus und zwar von den Arealen, die aktiv werden, wenn Gesichter gesehen oder emotional verarbeitet werden (ARD 2013).

Nicht zuletzt trägt auch Apple maßgeblich zur Freude seiner Kunden bei. Die bereits erwähnten Vorzüge der User Experience sowie Usability, der Statussymbolcharakter und die Sicherheit der Produkte sind als grundlegende Basis dafür zu sehen. Durch die 1 Mio. Apps im Apple-Store werden Apple-Nutzern ständig neue Möglichkeiten geboten, Freude zu erleben und Neues auszuprobieren, was bisher 70 Mrd. Downloads bestätigen (Statista 2014, Stand: Oktober 2013).

Literatur

ARD. (2013). Der Apple-Check (Sendetermin: Mo, 04.02.13 | 20:15 Uhr). www.daserste.de/information/reportage-dokumentation/markencheck/sendungen/apple-100.html.

Arias-Carrión, O., Stamelou, M., Murillo-Rodríguez, E., Menéndez-González, M., & Pöppel, E. (2010). Dopaminergic reward system: A short integrative review. *International Archives of Medicine, 3*(1), 24.

Arnsten, A. F. (2009). Toward a new understanding of attention-deficit hyperactivity disorder pathophysiology: An important role for prefrontal cortex dysfunction. *CNS Drugs, 23,* 33–41.

Camerer, E., Loewenstein, G., & Prelec, D. (2005). Neuroeconomics – How neuroscience can inform economics. *Journal of Economic Literature, 43,* 9–64.

De Dreu, C. K. W., Greer, L. L., Handgraaf, M. J. J., Shalvi, S., Van Kleef, G., Baas M., Ten Velden, F. S., Van Dijk, E., & Feith, S. W. W. (2010). The neuropeptide oxytocin regulates parochial altruism in intergroup conflict among humans. *Science, 328*(5984), 1408–1411.

Erk, S., Spitzer, M., Wunderlich, A. P., Galley, L., & Walter, H. C. A. (2002). Cultural objects modulate reward circuitry. *Neuroreport, 13*(18), 2499–2503.

Ghadiri, A., Habermacher, A., & Peters, T. (2012). *Neuroleadership – A journey through the brain for business leaders.* Berlin: Springer.

Grawe, K. (2004). *Neuropsychotherapie.* Göttingen: Hogrefe.

Grzanna, M. (2011). China: Apple-Geräte als Statussymbol: „Biete Niere, suche iPhone". Süddeutsche www.sueddeutsche.de/digital/china-apple-geraete-als-statussymbol-biete-niere-suche-iphone-1.1111276.

Gyurak, A., Hooker C. I., Miyakawa A., Verosky S., Luerssen, A., & Ayduk Ö. N. (2012). Individual differences in neural responses to social rejection: The joint effect of self-esteem and attentional control. *Social Cognitive & Affective Neuroscience, 7*(3), 322–331.

Habermacher, A., Ghadiri, A., & Peters, T. (2014a). The case for basic human needs in coaching: A neuroscientific perspective – The SCOAP coach theory. *The Coaching Psychologist, 10*(1), 7–16.

Habermacher, A., Peters, T., & Ghadiri, A. (2014b). Das Gehirn, Entscheidungen und Unconscious Bias. Charta der Vielfalt: Vielfalt erkennen – Strategien für einen sensiblen Umgang mit unbewussten Vorurteilen. 05/2014, 21–28

Heekeren, H. R., Wartenburger, I., Marschner, A., Mell, T., Villringer, A., & Reischies, F. M. (2007). Role of ventral striatum in reward-based decision making. *Neuroreport, 18*(10), 951–955.

Herry, C., Bach, D. R., Esposito, F., Salle, F. D., Perrig, W. J., Scheffler, K., Lüthi, A., & Seifritz, E. (2007). Processing of temporal unpredictability in human and animal amygdala. *The Journal of Neuroscience, 27*(22), 5958–5966.

Hsu, M., Bhatt, M., Adolphs, R., Tranel, D., & Camerer, C. F. (2005). Neural systems responding to degrees of uncertainty in human decision-making. *Science, 310*(5754), 1680–1683.

Hughes, B. L., & Beer J. S. (2013). The effect of social-evaluative. Threat on neural representations of self. *Journal of Cognitive Neuroscience, 25*(4), 613–622.

Hüther, G. (2010). Neurobiologie: umdenken, umfühlen oder umhandeln? In A. Künzler, C. Böttcher, R. Hartmann, & M. H. Nussbaum (Hrsg.), *Körperzentrierte Psychotherapie im Dialog-Grundlagen, Anwendungen, Integration*. Heidelberg: Springer.

Kenning, P. (2009). Falsche Paradigmen. *Absatzwirtschaft (Sonderheft Marken), 3*, 30.

Kosfeld, M., Heinrichs, M., Zak, P. J., Fischbacher, U., & Fehr, E. (2005). Oxytocin increases trust in humans. *Nature, 435*, 673–676.

Kroeber-Riel, W. (1979). Activation research: Psychobiological approaches in consumer research. *Journal of Consumer Research, 5*(49), 240–250.

MacLean, P. D. (1990). *The Triune brain in evolution: Role in paleocerebral functions*. New York: Springer.

Maslow, A. H. (1977). *Motivation und Persönlichkeit*. Olten: Walter.

Matthiesen, A. S., Ransjö-Arvidson, A. B., Nissen, E., & Uvnäs-Moberg, K. (2001). Postpartum maternal oxytocin release by newborns: Effects of infant hand massage and sucking. *Birth Berkeley Calif, 28*(1), 13–19.

McClure, S. M., Li, J., Tomlin, D., Cypert, K. S., Montague, L. M., & Montague, P. R. (2004), Neural correlates of behavioral preference for culturally familiar drinks. *Neuron, 44*(2), 379–387.

Nachenberg, C. (2011). A window into mobile device security – Examining the security approaches employed in Apple's iOS and Google's Android. www.symantec.com/content/en/us/about/media/pdfs/symc_mobile_device_security_june2011.pdf.

Neumaier, M., & Schaefer, F. (2006). Der Einfluss von Vertrauen in Entscheidungssituationen-Untersuchung unter Verwendung von ereigniskorrelierten Potentialen im EEG. *Journal of Neuroscience, Psychology and Economics, 1*(1), 48–61.

Olds, J., & Milner, P. (1954). Positive reinforcement produced by electrical stimulation of septal area and other areas of the brain. *Journal of Comparative and Physiological Psychology, 47*, 419–427.

Peters, T., & Ghadiri, A. (2014). *Neuroleadership – Grundlagen, Konzepte, Beispiele* (2. Aufl.). Wiesbaden: SpringerGabler.

Pfeiffer Report. (2013). How iOS 7 stacks up – Smartphone OS user experience shootout. www.pfeifferreport.com/v2/wp-content/uploads/2013/09/iOS7-User-Experience-Shootout.pdf.

Schaefer, M., Berens, H., Heinze, H.-J., & Rotte, M. (2006). Neural correlates of culturally familiar brands of car manufacturers. *Neuroimage, 31*(2), 861–865.

Somerville, L. H., Kelley, W. M., & Heatherton, T. F. (2010). Self-esteem modulates medial prefrontal cortical responses to evaluative social feedback. *Cerebral Cortex, 20*(12), 3005–3013.

Statista. (2014). Apple app store: Getätigte Downloads bis 2014. de.statista.com/statistik/daten/studie/20149/umfrage/anzahl-der-getaetigten-downloads-aus-dem-apple-app-store/.

Weis, S., Hoppe, C., Weber, B., Baumann, A., Fernández, G., & Elger, C. E. (2006). Warum sind Prominente in der Werbung so wirkungsvoll? – Eine funktionelle MRT Studie. *Journal of Neuroscience, Psychology and Economics, 1*(1), 7–17.

Whalen, P. J. (1998). Fear, vigilance, and ambiguity: Initial neuroimaging studies of the human amygdala. *Psychological Science, 7*(6), 177–188.

Zak, P. J., Kurzban, R., & Matzner W. T. (2005). Oxytocin is associated with human trustworthiness. *Hormones and Behavior, 48*(5), 522–527.

Zak, P. J., Stanton, A. A., & Ahmadi, S. (2007). Oxytocin increases generosity in humans. *PLOS One, 2*(11), e1128.

Argang Ghadiri, M.Sc. studierte Betriebswirtschaftslehre in Sankt Augustin, St. Gallen, Duisburg-Essen und Helsinki. Neben seinen wissenschaftlichen Tätigkeiten am Fachbereich Wirtschaftswissenschaften der Hochschule Bonn-Rhein-Sieg sammelte er Erfahrungen in der strategischen Unternehmensberatung und Wirtschaftsprüfung. Seine Arbeiten im Themenbereich des Neuroleaderships wurden mehrfach ausgezeichnet. Derzeit ist er als wissenschaftlicher Mitarbeiter an der Hochschule Bonn-Rhein-Sieg tätig und promoviert an der Universität Duisburg-Essen. Zu seinen aktuellen Forschungsschwerpunkten gehören die Neuroökonomie mit insbesondere Neuroleadership, das betriebliche Gesundheitsmanagement und die Arbeitspausenforschung.

Andreas Habermacher ist zertifizierter Master Coach, Autor und einer der führenden Neuroleadership-Experten in Europa. Er blickt auf über 20 Jahre Erfahrung in der Mitarbeiterentwicklung und -schulung zurück und arbeitet mit erfahrenen Führungskräften multinationaler Konzerne zusammen. Des Weiteren ist er ein gefragter Redner und referiert vor internationalem Publikum über die Verbindung von Mitarbeiterführung und Gehirnforschung. 2014 gründete Habermacher „The Human Brains Foundation", eine gemeinnützige Plattform, die Wissenschaftler und Praktiker im Bereich der Gehirnforschung zusammenbringt.

Prof. Dr. Theo Peters studierte Betriebswirtschaftslehre und Volkswirtschaftslehre in Köln. Zu seinen Lehrgebieten gehören Organisation, Organisationsentwicklung und Projektmanagement. Bevor er den Ruf an die Hochschule Bonn-Rhein-Sieg am Fachbereich Wirtschaftswissenschaften annahm, arbeitete er als Unternehmensberater bei der Gesellschaft für Betriebsorganisation und Rationalisierung im Bereich des Geschäftsprozessmanagements sowie der Personal- und Organisationsentwicklung. Seine aktuellen Forschungstätigkeiten erstrecken sich auf Neuroleadership, Auswirkungen von Stress im Führungsalltag, individuelle Belastungsprofile von Mitarbeitern und betriebliches Gesundheitsmanagement. Er hält Seminare und Vorträge zu den Themen Leadership und Change Management. Außerdem ist er Mitglied im Expertenbeirat zur Begutachtung betrieblicher Gesundheitssysteme in Deutschland (Corporate Health Award).

Die Erfolgsfaktoren von Pop-up-Stores

Francesca Gursch und Giulia Gursch

Aufgrund des rasanten Wachstums, welches der Internethandel in den letzten Jahren erlebt hat, sind die Konkurrenz zwischen globalen Unternehmen und die Ansprüche der Kunden rasant gestiegen. Bei einer Vielzahl von Mitbewerbern wird es immer schwieriger, aus der Masse hervorzustechen. Um ihre Zielgruppe trotzdem zu erreichen und sich von der Konkurrenz abzusetzen, müssen Unternehmen zukünftig auf neue Marketing-Techniken setzen und das Kauferlebnis für den Kunden zum besonderen Erlebnis werden lassen. Dazu eignen sich vor allem die modernen Techniken des Guerilla-Marketings, zu denen auch Pop-up-Stores zählen.

Ein Pop-up-Store (engl. to pop up = plötzlich auftauchen) ist die temporär begrenzte Darstellung einer Marke an einem bestimmten Standort unter dem Einsatz interaktiver und erlebnisorientierter Marketinginstrumente. Pop-up-Stores haben meist das primäre Ziel, den Wert einer Marke und deren Image zu stärken. Dazu nutzen die Store-Betreiber dreidimensionale Marketingelemente und virale Marketing-Techniken, um bei den Besuchern das Gefühl von Exklusivität und Besonderheit zu erzeugen. Das Konzept des Pop-up-Stores wurde im Jahre 1999 in Kalifornien von Russel Miller entwickelt. Dieser bemerkte während einer Reise nach Tokio, dass die Konsumenten dort bereit waren, weite Strecken zurückzulegen, um limitierte Produkte von Nischenanbietern zu erwerben (vgl. Gray 2012). Daher entwickelte er das Konzept für *Vacant*, einen Anbieter für „retail concept and exhibition store[s]" (vgl. Gray 2012), dessen Store in New York nur so lange öffnete, bis alle Güter ausverkauft waren.

F. Gursch (✉) · G. Gursch
Schwanheimer Straße 58, 64625 Bensheim, Deutschland
E-Mail: Francesca.georgina.gursch@gmail.com

G. Gursch
E-Mail: giulia.r.gursch@gmail.com

© Springer Fachmedien Wiesbaden 2014
A. Ternès, I. Towers (Hrsg.), *Internationale Trends in der Markenkommunikation*,
DOI 10.1007/978-3-658-01517-6_2

Doch auch in Deutschland wurden Marketing-Experten bald auf den Trend aufmerksam. So wurde der erste Pop-up-Store Deutschlands im Jahre 2004 von dem japanischen Modelabel *Comme des Garçons* im Hinterhof eines ehemaligen Buchladens in Ost-Berlin eröffnet (vgl. Vogue 2012). Da das Konzept des Pop-up-Stores auf Anhieb auch in Deutschland sehr gut funktionierte, eröffnete *Comme des Garçons* in den folgenden Jahren weitere Pop-up-Stores in alten Lagerhallen, Garagen und Clubs. Vor ihrer Eröffnung wurde stets nur via Mund zu Mund Propaganda über die Stores berichtet, weshalb ihnen eine Aura von Mystik und Exklusivität anhaftete, die auch die Konsumenten anlockte (vgl. Vogue 2012). Vor allem während der Fashion Weeks wurden in den letzten Jahren immer mehr Pop-up-Stores eröffnet. Mittlerweile haben sie sich daher als Marketing-Instrument etablieren können. Die Modezeitschrift Vogue bewertet die Attraktivität von heutigen Pop-up-Stores wie folgt: „Mit dem Improvisations- und Underground-Charakter von Comme des Garçons haben die heutigen Pop-up-Stores zwar leider nicht mehr allzu viel gemein, ihre Anziehungskraft haben sie deshalb trotzdem nicht verloren. Schließlich verhält es sich mit ihnen genauso wie mit den Zirkussen von einst: Wer nicht da war, der hatte das Beste verpasst" (Vogue 2012).

1 Ziele von Pop-up-Stores

Doyle und Moore bezeichnen es als das Hauptziel im Pop-up-Verkauf, die Konventionen des klassischen Verkaufs durch radikale Veränderungen und Revolutionen herauszufordern (vgl. Picot-Coupey 2012). Ihnenzu folge sind die primären Ziele im Pop-up-Verkauf langfristig orientierte, strategische Ziele, welche nicht nur auf die Markenstärkung und Kundenbindung abzielen, sondern das gesamte Modell des stationären Verkaufs revolutionieren sollen. Baumgarth und Kastner vertreten wiederum die Meinung, dass die primären Ziele von Pop-up-Stores klar im Bereich der langfristigen Kommunikations- und Markenziele wie der Emotionalisierung der Marke, der Stärkung ihres Images und der Inspiration der Kunden liegen, während den ökonomischen Zielen der Absatzsteigerung lediglich eine sekundäre Rolle zugeordnet werden kann (vgl. Baumgarth und Kastner 2012, S. 8). Hinzu kommen weitere projektspezifische Ziele wie das Testen neuer Produkte vor ihrer offiziellen Veröffentlichung. Dank dieser vielfältigen Ziele, welche mit einem Pop-up-Store realisiert werden können, erfreut sich dieses moderne Instrument der Markenkommunikation und Absatzsteigerung einer andauernden Beliebtheit.

Zusammenfassend können die Ziele von Pop-up-Stores wie folgt festgehalten werden: Kurzfristige Ziele von Pop-up-Stores umfassen:

- Absatzziele:
  - Abverkauf vorheriger Kollektionen/Produkte
  - Maximierung des Absatzes durch direkte Verkäufe
  - Maximierung des Absatzes durch die Generierung zukünftiger Kaufabsicht

Langfristige Kommunikations- und Markenziele umfassen:

- Markenziele:
  - Inspiration der Besucher: Die Marke für den Konsumenten authentisch erlebbar machen
  - Markenbindung
  - Markendifferenzierung
  - Aufbau eines positiven Markenimages
  - Steigerung der Markenbekanntheit
- Kommunikationsziele:
  - Interaktion zwischen Marke und Konsument
  - Agenda-Setting

Sonstige Ziele umfassen:

- Testen der Absatzmöglichkeiten neuer Produkte
- Testen neuer Ladenformate und Standorte
- Markteintritt

Pop-up-Stores lassen sich zudem aufgrund ihres hohen kreativen Anspruchs und der Flexibilität in ihrer Gestaltung gut als Markteintrittsinstrument nutzen. So bieten Pop-up-Stores als neuartiges und stark interaktives Handels- und Ladenformat bereits vorhandenen Online-Shops und neuen Unternehmen die wertvolle Gelegenheit, temporär physische Präsenz anzunehmen sowie mit ihren Kunden in einen unmittelbaren und persönlichen Kontakt mit direktem Kunden-Feedback zu treten (vgl. Baumgarth und Kastner 2012, S. 1). „Diese primären Zieldimensionen lassen auf den kommunikationsorientieren Pop-up-Store als strategisches Branding- und Kundenbindungstool schließen, das es dem sich inszenierenden Unternehmen ermöglicht, sich über eine Erlebnisdifferenzierung aktiv von Wettbewerbern abzugrenzen und ein nachhaltiges, weil inspirierendes, authentisches und damit nicht beliebig duplizierbares Alleinstellungsmerkmal in Anspruch zu nehmen" (Schmitt und Mangold 2004, S. 23).

2 Die Erfolgsfaktoren von Pop-up-Stores

Da der Pop-up-Store ein vergleichsweise junges Phänomen ist, ist die Bestimmung seiner Erfolgsfaktoren noch nicht abgeschlossen. Empirischen Beobachtungen folgend können jedoch zehn Faktoren herausgearbeitet werden, die den Erfolg von Pop-up-Stores entscheidend beeinflussen. Diese Faktoren bauen allesamt aufeinander auf und können in vier Ebenen eingeteilt werden, die sich zu einer Pyramide zusammensetzen lassen. Die vier Erfolgsfaktoren, die dabei das Grundgerüst des Pop-up-Stores bilden, sind im Einzelnen die Produktkategorie, die Zielgruppe, der Standort und das Ladendesign. Beim Fehlen dieser Faktoren wäre der Pop-up-Store schlichtweg nicht existent. Ist das Grundgerüst gebaut, folgt die nächste Ebene, durch die der Pop-up-Store erst von einem gewöhnlichen Verkaufsort zu einem Ort besonderer Kundenerlebnisse wird. Diese Ebene umfasst die Verknappung auf Produktebene, die temporäre Verknappung und die räumliche Verknappung. Sind diese beiden Ebenen aufgebaut, folgt die nächste, welche sich mit der weiteren Absetzung des Pop-up-Stores von üblichen Marketing-Instrumenten befasst. Es handelt sich dabei um die kreative Ebene. Auf dieser Ebene befinden sich das Rahmenprogramm und Testimonials. An der Spitze der Pyramide steht ein Erfolgsfaktor, der besonders zur nachhaltigen Wirkung des Pop-up-Stores beitragen kann: die virale Kommunikation über soziale Netzwerke. In Abb. 1 werden die einzelnen Erfolgsfaktoren näher erläutert.

2.1 Die Produktkategorie

Bei der Überlegung, einen Pop-up-Store zu eröffnen, sollten Unternehmer zunächst prüfen, ob ihre Produkte zum Konzept Pop-up-Store passen. Dies ist der erste wichtige Baustein zum erfolgreichen Pop-up-Store, da von ihm viele der anderen Erfolgsfaktoren, beispielsweise die Zielgruppe und das Ladendesign, abhängen. Da die angebotenen Produkte also den Kern des Stores bilden und über den realen Absatz entscheiden, sollten sie bestimmte Attribute besitzen, die sich aus Vaughns FCB-Grid-Modell[1] ableiten lassen. Dieses Modell wurde im Jahre 1980 entwickelt und lässt sich verwenden, um Produkte in Kategorien einzuteilen, je nachdem, wie stark sie den Kunden emotional berühren und einbeziehen (vgl. Abb. 2).

Vaughns Modell lässt sich gut auf das Konzept der Pop-up-Stores beziehen. Dabei wird deutlich, dass die Stores der Kategorie „Affective" zuzuordnen sind, da sie durch die Verknappung auf temporärer und Produktebene und ihr kreatives Design stark emotional aufgeladen sind sowie ihre Rezipienten zu einem hohen Grad involvieren. In eben jener Kategorie lassen sich neben Motorrädern auch Modeprodukte, Kosmetikartikel und Schmuck finden, (vgl. Azzaro et al. 2009, S. 90) was bedeutet, dass diese die optimalen Produkte für einen Pop-up-Store sind. Diese Theorie lässt sich empirisch daran belegen, dass eine Vielzahl der bisherigen Pop-up-Stores im Modebereich heimisch war.

2.2 Die Zielgruppe

Ein ebenso wichtiger Grundstein des erfolgreichen Pop-up-Stores ist eine Zielgruppe, die für das neuartige Konzept empfänglich ist. Bisherige Analysen der Besucher von Pop-up-Stores zeigen, dass die meisten Pop-up-Store-Besucher der „Generation Y" zuzuordnen sind, einer Generation, die heute Mitte 20 bis Mitte 30 ist. Zugehörige dieser Generation

---

[1] FCB steht für „Foote, Cone and Bleding", den Namen der Werbeagentur, für die Vaughn zur Zeit der Entwicklung des Modells tätig war (vgl. Azzaro et al. 2009, S. 89).

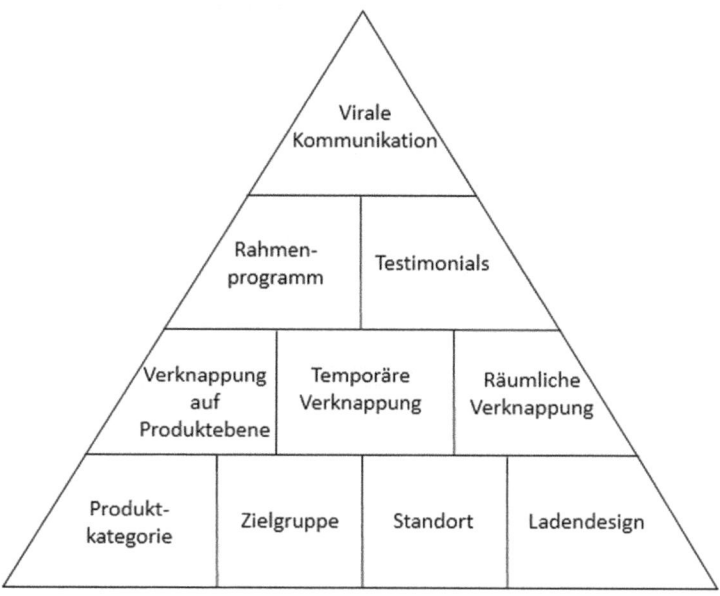

Abb. 1 Pyramide der Erfolgsfaktoren von Pop-up-Stores

Abb. 2 Vaughns FCB-Grid-Modell

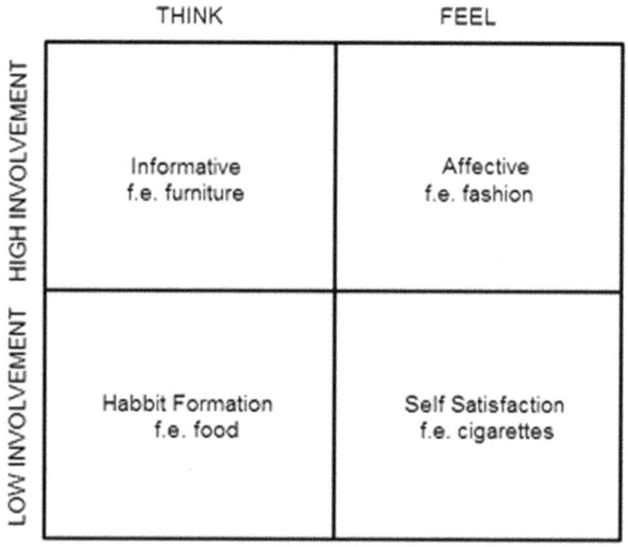

sind aufgrund ihrer aktiven Mitgliedschaft in sozialen Netzwerken eng miteinander verbunden und haben ein eher hedonistisch orientiertes Einkaufsverhalten (vgl. Medman und Windisch 2008, S. 38).

Um zu ermitteln, ob die eigene Zielgruppe zur primären Zielgruppe von Pop-up-Stores zählt, kann das Sinus-Milieu zu Hilfe genommen werden. Das Sinus-Milieu-Modell ist ein Modell des Sinus Instituts zur Typisierung verschiedener Zielgruppen. Die einzelnen Milieus spiegeln dabei die Zielgruppensegmente wider und orientieren sich an den beiden Dimensionen „Soziale Lage" (Ober-, Mittel- und Unterschicht) und „Grundorientierung" (traditionell bis modern) (vgl. Sinus-Institut 2010; Abb. 3).

Die Zielgruppe von Pop-up-Stores ist in den Milieus *Liberal-intellektuelles Milieu, Milieu der Performer, Expeditives Milieu, Adaptiv-Pragmatisches Milieu* und teilweise auch *Hedonistisches Milieu* zu finden. Sie ist sehr stark an Modernisierung, Selbstverwirklichung und Neuorientierung interessiert und hauptsächlich der Ober- und Mittelschicht zuzuordnen, teilweise jedoch auch der unteren Mittelschicht im Milieu der Hedonisten, da das Kaufverhalten der Pop-up-Store-Besucher oftmals hedonistisch orientiert ist (vgl. Medman und Windisch 2008, S. 38). Ist die eigene Zielgruppe also auch ausschließlich

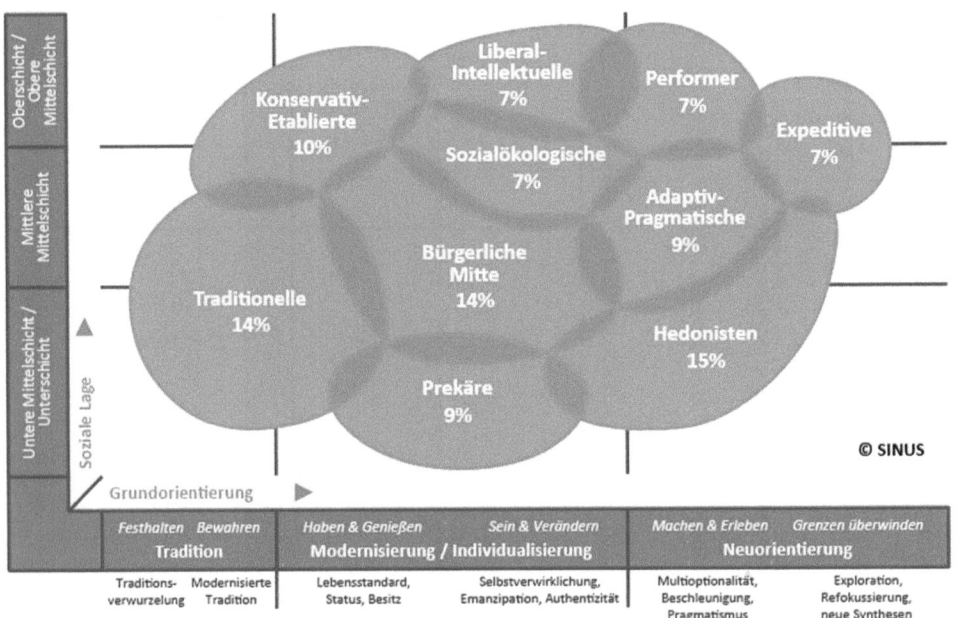

Abb. 3 Sinus Milieus in Deutschland 2012

oder fast ausschließlich in diesen Milieus angesiedelt, scheint ein Pop-up-Store besonders erfolgversprechend.

2.3 Der Standort

Um das Grundgerüst der Erfolgsfaktoren von Pop-up-Stores weiterzuführen, ist folgend der Standort des Stores näher zu betrachten. Dieser sollte sich vor allem durch Zielgruppennähe auszeichnen und sich daher in einer Umgebung befinden, in der auch die junge, urbane Zielgruppe von Pop-up-Stores besonders häufig anzutreffen ist (vgl. Medman und Windisch 2008, S. 38). Hurt und Krause empfehlen, den Standort in der Innenstadt einer Großstadt zu wählen, da laut ihnen „durch die Konkurssserie der Warenhäuser […] der Leerstand in deutschen Innenstädten wieder verstärkt thematisiert [wird]" (Nowicki 2009, S. 26). Der Standort eines Pop-up-Stores kann sowohl ein leerstehender Verkaufsraum als auch ein eigens errichtetes Objekt oder ein Ort, der sonst eine andere Funktion erfüllt, beispielsweise ein Café, sein. Ebenfalls ist es möglich, einen mobilen Pop-up-Store zu errichten, wie es das Beispiel des Beatles-Pop-up-Stores in Busform zeigt, der am 13. November 2012 in New York und Los Angeles an verschiedenen Stationen hielt (vgl. Apple Corps 2013).

Des Weiteren ist zu beachten, dass das Umsatzpotential, die lokale Kaufkraft und die Medienkonzentration in Großstädten am höchsten sind, weshalb ein urbaner Standort gewählt werden sollte. Handelt es sich um einen Pop-up-Store einer fest am Markt etablierten Marke und stehen Kommunikations- und Markenziele im Vordergrund, sollte also ein Standort gewählt werden, welcher keine herkömmliche Verkaufsfläche darstellt, sondern vergleichsweise spektakulär ist (vgl. Seitz 2009). So kann ein maximales Interesse auf Medien- und Konsumentenseite generiert werden. Liegen die primären Ziele des Pop-up-Stores jedoch darin, ein möglichst hohes Umsatzvolumen zu generieren, und ist die Marke bislang eher unbekannt, sollte ein Standort gewählt werden, welcher sich in unmittelbarer Nähe weiterer Verkaufsorte befindet. So ist gewährleistet, dass möglichst viel Laufkundschaft den Pop-up-Store besucht und ein kommerzielles, absatzorientiertes Umfeld vorzufinden ist (vgl. Budranowska 2010, S. 5).

2.4 Das Ladendesign

Ein weiterer entscheidender Erfolgsfaktor ist die ansprechende optische Gestaltung des Pop-up-Stores. Denn um sich vom Design herkömmlicher Verkaufsorte abzusetzen und den Besuchern des Pop-up-Stores ein besonderes Einkaufserlebnis zu bieten, muss neben den passenden Produkten und dem passenden Standort auch die Inneneinrichtung stimmig und ansprechend sein. Gutes Design wirkt auf die Besucher nicht nur inspirierend, sondern lädt sie auch zum längeren Verweilen ein. Gutes Design kann dabei helfen, eine angenehme Atmosphäre zu schaffen, in der sich der Kunde wohl fühlt und daher eher bereit ist, die angebotenen Produkte zu kaufen.

Der erste optische Eindruck sollte beim Besucher des Pop-up-Stores Aufmerksamkeit erzeugen und Vertrauen wecken (vgl. Borth 2012, S. 6). Ebenfalls drückt das Design des Pop-up-Stores das Markenimage aus und sollte daher bei den Besuchern den Wunsch wecken, selbst Teil der Marke zu werden. Dabei ist es wichtig, dass das Ladendesign visuell mit dem Image der Marke übereinstimmt und den temporären Charakter des Pop-up-Stores unterstreicht (vgl. Baumgarth und Kastner 2012, S. 14).

2.5   Die Verknappung auf Produktebene

Wenn das Grundgerüst des Pop-up-Stores geschaffen wurde, ist es wichtig, den Kaufanreiz beim Kunden zu wecken, indem ihm ein Gefühl von Exklusivität vermittelt wird. Dies ist durch die drei Ebenen der Verknappung möglich. Diese sind auf Produktebene, temporärer Ebene und räumlicher Ebene zu finden.

Da „das Prinzip der Verknappung beeinflusst, welchen Wert Verbraucher bestimmten Waren beimessen" (Hurth und Krause 2010, S. 36), wird von Pop-up-Store Betreibern unter anderem auch das Ziel genannt, durch den Pop-up-Store Lagerbestände abzuverkaufen, jedoch ist dies nicht der eigentliche Sinn des Pop-up-Stores als Marketinginstrument. Um sein Potential bestmöglich auszunutzen, sollte der Mehrwert der exklusiv dort vorzufindenden Produkte herausgestellt werden.

2.6   Verknappung auf temporärer Ebene

Da die Besucher des Pop-up-Stores wissen, dass die Produkte nur für einen gewissen Zeitraum verfügbar sein werden, verspüren sie unterbewusst den Drang, die Produkte sofort zu erstehen (vgl. Hurth und Krause 2010, S. 36). Die Gefahr eines möglichen Verlusts spielt bei menschlichen Entscheidungen oftmals eine entscheidende Rolle (vgl. Cialdini 2009, S. 328). Daher ist temporäre Verknappung eines der wichtigsten Elemente des Pop-up-Konzepts. Die Öffnungsdauer des Stores sollte gut überdacht werden, da der Pop-up-Store bei einer zu kurzen Verweildauer möglicherweise nicht genug Aufmerksamkeit seitens der Besucher und Medien erlangt, er andererseits jedoch bei einer zu langen Verweildauer nicht mehr als Pop-up-Store im eigentlichen Sinne wahrgenommen wird, da er womöglich schon zu sehr im Straßenbild etabliert ist.

Bisherige Forschungen zeigen, dass die ideale Öffnungsdauer eines Pop-up-Stores zwischen 14 und 35 Tagen liegt, da diese genug Zeit bietet, um mediale Aufmerksamkeit zu erzeugen und genügend Konsumenten die Chance zu geben, den Pop-up-Store zu besuchen. Ausnahmen bieten die Pop-up-Stores sehr bekannter Marken, bei denen meist wenige Tage genügen, um die erwünschte Wirkung zu erzielen.

2.7 Die Verknappung auf räumlicher Ebene

Um die durch die Verknappung auf Produktebene und temporärer Ebene erreichte Exklusivität der Produkte zu wahren, sollte auch eine räumliche Verknappung der Produkte beachtet werden. Daher sollten die im Pop-up-Store angebotenen Produkte im Idealfall nur exklusiv dort angeboten werden und der Pop-up-Store nur einen festen Standort haben beziehungsweise bei einem mobilen Pop-up-Store nur an ausgewählten Stationen öffnen. Vor allem sollte der Pop-up-Store die Produkte nicht zusätzlich in einem Online-Shop anbieten, damit den Kunden bewusst wird, dass sie im Store die einmalige Chance haben, die Produkte erwerben zu können.

2.8 Das Rahmenprogramm

Sind nun durch die Verknappungen Kaufanreize für die Kunden des Pop-up-Stores gegeben, ist es wichtig, das Kauferlebnis weiter zu intensivieren. Dies geschieht vor allem durch ein passendes Rahmenprogramm. Dieses macht den Besuch des Pop-up-Stores zu einem unvergesslichen Erlebnis für die Kunden. Ein passendes Rahmenprogramm und zusätzliche Inspirationsanreize, beispielsweise durch Auftritte prominenter Persönlichkeiten und Events wie Auktionen oder Versteigerungen besonderer Produkte, kreieren weitere Highlights und setzen sich von dem gewöhnlichen stationären Einzelhandelsauftritt ab.

Durch die Events im Pop-up-Store sollen die verschiedenen Sinne der Besucher angesprochen werden und der Pop-up-Store als inspirierendes, exklusives und emotionales Event wahrgenommen werden, welches im Gegensatz zum Alltag der Besucher steht (vgl. Thinius 2012, S. 37). So soll auch gewährleistet werden, dass das maximale mediale Interesse generiert wird und die Besucher des Shops in ihrem Umfeld über den Shop berichten, also Mund-zu-Mund-Propaganda entsteht.

2.9 Testimonials

Neben dem passenden Rahmenprogramm ist es ebenfalls sinnvoll, Testimonials zu nutzen, um Aufmerksamkeit für den Pop-up-Store zu erzeugen und das Verkaufserlebnis weiter zu intensivieren. Dazu eignen sich vor allem prominente Persönlichkeiten, die in gewisser Weise mit den angebotenen Produkten in Kontakt stehen. Bietet ein Unternehmen in seinem Pop-up-Store beispielsweise Sportkleidung an, kann ein bekannter Sportler als Testimonial dienen. Die Aufgaben der Testimonials im Pop-up-Store sind das Erscheinen bei Events, beispielsweise der Eröffnungsfeier, das Werben für den Store und Öffentlichkeitsarbeit durch das Erwähnen des Pop-up-Stores in Interviews.

2.10 Die virale Kommunikation über soziale Netzwerke

An der Spitze des Dreiecks der Erfolgsfaktoren von Pop-up-Stores steht ein Erfolgsfaktor, welcher besonders in Hinblick auf die Zielgruppe *Generation Y* und die Zeit des Web 2.0 entscheidend ist. Dieser Faktor ist die virale Kommunikation über soziale Medien wie Facebook, Twitter und YouTube.

Aus Studien der nah mit der Pop-up-Store-Forschung verwandten Eventforschung kann abgeleitet werden, dass „sowohl die Bekanntheit der Marke als auch ihre Imagewirkung durch eine begleitende Kommunikation vor, nach und während des Pop-up-Stores bedeutend gesteigert werden können" (Baumgarth und Kastner 2012, S. 12). Zu dieser Kommunikation zählt neben Pressearbeit vor allem die Kommunikation über soziale Netzwerke und Blogs. Aufgrund der Gemeinsamkeit in ihren Merkmalen Temporarität, Interaktivität und Inspiration wegen ihres geringen Budgetaufwands sind die sozialen Netzwerke ein wichtiges Element des Erfolgs von Pop-up-Stores (vgl. Baumgarth und Kastner 2012, S. 15).

> **Checkliste: Ist ein Pop-up-Store für mein Unternehmen lohnenswert?**
> - Verkauft mein Unternehmen Produkte des Mode- und Lifestyle-Bereichs?
> - Lässt sich meine Zielgruppe als jung und urban beschreiben?
> - Ist der Standort des geplanten Pop-up-Stores urban und gut erreichbar?
> - Habe ich ein Ladendesign geplant, das zu meiner Marke passt?
> - Werden die angebotenen Produkte exklusiv im Store erhältlich sein?
> - Wird der Pop-up-Store temporär begrenzt?
> - Der Pop-up-Store wird in seiner Form weltweit einmalig sein.
> - Wird ein passendes Rahmenprogramm geben?
> - Habe ich bereits Testimonials für meinen Pop-up-Store?
> - Wird der Pop-up-Store in sozialen Netzwerken begleitet?

Wenn Sie allen oder den meisten (8–10) dieser Aussagen zustimmen können, scheint ein Pop-up-Store für Ihr Unternehmen lohnenswert. Wenn Sie weniger häufig (4–7) Aussagen mit *ja* beantworten können, sollten Sie Ihr Konzept noch einmal überdenken und bestimmte Änderungen vornehmen, beispielsweise den Standort ändern, das Rahmenprogramm ausbessern oder die Exklusivität der angebotenen Produkte steigern. Sollten Sie keiner oder sehr wenigen (0–3) Aussagen zustimmen können, ist ein Pop-up-Store für Ihr Unternehmen zurzeit eher ungeeignet.

2.11 Fazit

Das Konzept der Pop-up-Stores zur Stärkung des Markenimages, zur Realisierung von Kundeninspiration und zur Steigerung des Absatzvolumens (vgl. Baumgarth und Kastner

2012, S. 24) kann sich lohnen, falls die passenden Rahmenbedingungen gegeben sind. Zu diesen zählen zusammengefasst Verkaufsartikel einer emotional aufgeladenen Produktkategorie, eine moderne, urbane Zielgruppe, ein urbaner Standort, ein ansprechendes Ladendesign, Verknappungen auf Produkt- und temporärer Ebene, ein originelles Rahmenprogramm und virale Kommunikation vor, während und nach dem Pop-up-Store.

Fallstudie zur Übung: Der Mercedes-Benz Pop-up-Store in Hamburg
Der Mercedes-Benz-Pop-up-Store wurde im Jahre 2013 von der Hamburger Kreativagentur Drehmoment ins Leben gerufen, um potenzielle Kunden auch außerhalb des üblichen Showrooms durch ein erlebnisorientiertes Vertriebskonzept anzusprechen und neue Modelle zu präsentieren (siehe Abb. 4). Dazu wurde ein mobiler, offener Showroom in der Hamburger Innenstadt platziert und dort über die Marke und ihre Produkte informiert. Probefahrten konnten direkt durchgeführt werden; ebenso konnten sich interessierte Personen für den Newsletter eintragen, um weiterhin über die Marke informiert zu bleiben. Der Showroom wurde vom Vertriebspersonal der nächsten Niederlassung von Mercedes-Benz geführt.

Ziel des Pop-up-Stores war es, das Brand-Image der Marke zu stärken, neue Modelle vorzustellen und vor allem eine jüngere Zielgruppe anzusprechen, da diese kaum in Autohäusern, dafür aber umso häufiger in den Fußgängerzonen von Großstädten anzutreffen ist. Daher wurde der Pop-up-Store auf den Facebook-Seiten von Mercedes und der Agentur Drehmoment beworben. Es sollten pro Tag mindestens 30 Probefahrten generiert werden, was drei Fahrten pro Stunde entspricht, und über 100 Kontaktdaten erhalten werden. Im Store an sich gab es ein Rahmenprogramm mit Musik lokaler Bands und DJs, Auftritte von Künstlern, Catering und Workshops für Kindern, um den Eltern Zeit für eine Probefahrt zu lassen. Das gesamte Programm wurde von einem Moderator begleitet (Abb. 5).

Abb. 4 Der Mercedes-Benz Pop-up-Store in der Hamburger Fußgängerzone

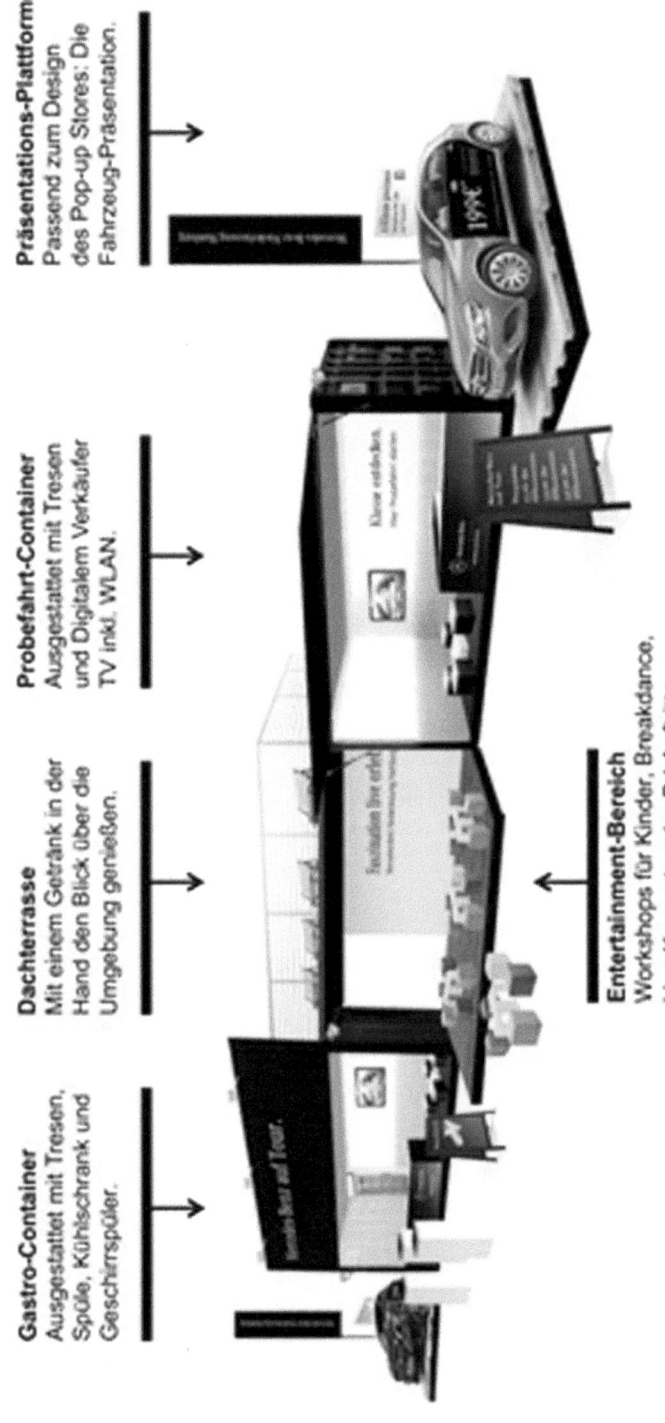

Abb. 5 Grundkonzept des Pop-up-Stores mit Dachterrasse, Entertainment Bereich und Präsentationsplattform

Nach Abschluss des Pop-up-Projekts wurden die durchschnittlichen täglichen Ergebnisse ausgewertet. Dies ergab, dass der Store 250.000 Kontakte pro Tag nachweisen konnte, was heißt, dass jeden Tag im Durchschnitt 250.000 Personen den Store passierten. Von diesen 250.000 kam es zu 90 täglichen Leads, was bedeutet, dass 90 Personen ihre Kontaktdaten den Mitarbeitern des Stores hinterließen, um weiterhin über die Marke Mercedes, Angebote und neue Pop-up-Projekte informiert zu bleiben. Außerdem kam es täglich zu 35 Probefahrten.

Übungsfragen

- Wie war das Erfolgspotential des Pop-up-Stores anhand der vorgestellten Pyramide ad hoc zu bewerten?
- Hat das Pop-up-Projekt Ihrer Meinung nach seine Ziele erreicht?
- Ist das Konzept Ihrer Meinung nach gut in Mercedes☐ Marketing-Konzept eingegliedert?
- Was würden Sie bei einer zukünftigen Wiedereröffnung des Pop-up-Stores ändern? Warum würden Sie diese Änderungen vornehmen?

Literatur

Azzaro, M., Barnes, B., & Schultz, D. (2009). *Building customer-brand relationships*. New York.
Baumgarth, C., & Kastner, O. L. (2012). *Pop-up-Stores im Modebereich. Erfolgsfaktoren einer vergänglichen Form der Kundeninspiration*. Berlin.
Becker, T. (2010). *Reziproke Wirkungen von temporären Produktlinienerweiterungen auf die Stammmarke*. München.
Bergqvist, A., & Leinoff, L. (2011). *Once you pop your customer will shop. A study about pop-up stores*. Kalmar.
Borth, D. (2012). Erfolgsfaktor Design. Eine zweite Chance für den ersten Eindruck gibt es nicht. *Peiner Wirtschaftsspiegel, 17*(2).
Cialdini, R. (2009). *Influence. The psychology of persuasion*. New York.
Erber, S. (2005). *Eventmarketing. Erlebnisstrategien für Marken*. Lech.
Fritz, W. (1993). *Die empirische Erfolgsfaktorenforschung und ihr Beitrag zum Marketing*. Braunschweig.
Gromball, C., & Scholz, S (2006). *Seltenheitseffekte in der Printwerbung. Die Aufschrift Limited Editions als Qualitätssiegel*. München.
Hansen, H. (2005). *Marketing und Vertrieb des Produktes. Der Marketing-Mix*. München.
Hesse, J. (2004). *Erfolgsforschung im Vertrieb. Empirische Analysen von Herstellerunternehmen*. Wiesbaden.
Hurth, J., & Krause, M. (2010). Ortswechsel. Pop-Up-Stores als innovativer Betriebstyp. *Transfer Werbeforschung & Praxis, 56*(1), 33–40.
Levinson, J. C. (2007). *Guerilla Marketing*. Boston.
Niehm, L. S., Fiore, A. M., Jeong, M., & Kim, H.-J. (2007). Pop-up retail's acceptability as an innovative business strategy and enhancer of the consumer shopping experience. *Journal of Shopping Center Research, 13*(2), 1–30.

Nowicki, J. (2009). Ein langer Leerstand wäre eine Katastrophe. *Textilwirtschaft, 64*(22), 26.
Picot-Coupey, K. (2012). *Pop-up stores as a foreign operation mode for retailers*. Rennes.
Rittinghaus, N. (2012). *Pop-Up-Stores als Instrument des Marketings*. München.
Rosenstiel, L., & Neumann, P. (2002). *Marktpsychologie. Ein Handbuch für Studium und Praxis*. Darmstadt.
Schlesinger, T., & Prager, T. (2005). *Zur Bedeutung von Affinität beim Imagetransfer in der Praxis sportbezogener Marketing-Events*. Chemnitz.
Schmidradler, S. (2010). *Pop-Up-Marketing im Textil- und Schuhfachhandel: Pop-Up-Stores und Pop-Up-Places, Potenzial im Großraum Wien*. Wien: VDM Publishing.
Schmitt, B., & Mangold, M. (2004). *Kundenerlebnis als Wettbewerbsvorteil. Mit Customer Experience Management Marken und Märkte gestalten*. Wiesbaden.
Steffenhagen, H. (2008). *Marketing. Eine Einführung*. Stuttgart.
Surchi, M. (2011). The temporary store. A new marketing tool for fashion brands. *Journal of Fashion Marketing and Management, 15*(2), 257–270.
Thompson, D. (2012). *Pop-Up Business for Dummies*. Hoboken.
Thinius, J. (2012). *Events. Erlebnismarketing für alle Sinne. Mit neuronaler Markenkommunikation Lebensstile inszenieren*. Wiesbaden.
Weinberg, P., Groeppel-Klein, A., & Kroeber-Riel, W. (2009). *Konsumentenverhalten*. München.
Weinschenck, S. (2009). *Neuro Web Design. What makes them click*. New Jersey.
Winter, K. (2009). *Wirkung von Limited Editions für Marken. Theoretische Überlegungen und empirische Überprüfung*. Wiesbaden.

Internetquellen

Alexa Rank Urbanaras. http://www.alexa.com/siteinfo/urbanara.de. Zugegriffen: 3. Juli 2013.
Apple Corps. (2013). The beatles bus. http://www.thebeatles.com/#/news/The_Beatles_Bus. Zugegriffen: 22. Juni 2013.
Berkum, M. WEM. Multi-channel marketing vs. cross-channel marketing. http://www.cmswire.com/cms/web-engagement/wem-multichannel-marketing-vs-crosschannel-marketing-011700.php. Zugegriffen: 17. Juni 2013.
Berliner Mietspiegel. (2013). http://www.stadtentwicklung.berlin.de/wohnen/mietspiegel/. Zugegriffen: 1. Juli 2013.
Budranowska, C. (2010). Marketing approaches to pop up stores: An exploration of social networking. http://eprints.bournemouth.ac.uk/15678/. Zugegriffen: 22. Juni 2013.
Clicktrough Rate For Standard Banners Hits Bottom, Stops Declining. http://www.mediamind.com/clickthrough-rate-standard-banners-hits-bottom-stops-declining. Zugegriffen: 18. Juni 2013.
Coffee Circle. http://www.coffeecircle.com/. Zugegriffen: 1. Juli 2013.
Crescenti, M. Karstadt forciert Multichannel-Strategie. http://www.derhandel.de/news/technik/pages/Onlinehandel-Karstadt-forciert-Multichannel-Strategie-5839.html. Zugegriffen: 24. Juni 2013.
Definition Guerilla. http://oxforddictionaries.com/definition/english/guerrilla. Zugegriffen: 16. Juni 2013.
Definition SWOT-Analyse. http://wirtschaftslexikon.gabler.de/Definition/swot-analyse.html#definition. Zugegriffen: 4 Juli 2013.
Die Trends im Handel 2020. http://www.kpmg.de/docs/20120418-Trends-im-Handel-2020.pdf. Zugegriffen: 14. Juni 2013.

Ebay eröffnet Ladengeschäft in Berlin. http://www.derhandel.de/news/technik/pages/E-Commerce-Ebay-eroeffnet-Ladengeschaeft-in-Berlin-9253.html. Zugegriffen: 10. Juni 2013.

Esch, F.-R. Definition Brandland. http://wirtschaftslexikon.gabler.de/Definition/brandland.html. Zugegriffen: 18. Juni 2013.

Esch, F.-R. Definition Flagship-Store. http://wirtschaftslexikon.gabler.de/Definition/flagship-store.html. Zugegriffen: 18. Juni 2013.

Experten: Stationärer Einzelhandel im tiefen Wandel. http://www.heise.de/resale/meldung/Experten-Stationaerer-Einzelhandel-in-tiefem-Wandel-1767228.html. Zugegriffen: 13. Juni 2013.

E-Commerce-Umsatz in Deutschland 1999 bis 2012 und Prognose für 2013 (in Milliarden Euro). http://de.statista.com/statistik/daten/studie/3979/umfrage/e-commerce-umsatz-in-deutschland-seit-1999/. Zugegriffen: 14. Juni 2013.

Facebook Nemona Pop Up Shop. https://www.facebook.com/pages/Nemona-Pop-Up-Shop/295572063881275?fref=ts. Zugegriffen: 3. Juli 2013.

Facebook Urbanaras. https://www.facebook.com/urbanara.de. Zugegriffen: 1. Juli 2013.

Facebook Veranstaltung zu Urbanaras Pop Up Shop. https://www.facebook.com/events/486683061365876/permalink/486688191365363/. Zugegriffen: 1. Juli 2013.

Google Trends. http://www.google.de/trends/. Zugegriffen: 18. Juni 2013.

Gray, B. (2012). 10th anniversay of first NYC pop-up. Retailers look back. http://commercialobserver.com/2012/12/on-10th-anniversary-of-first-nyc-pop-up-retailers-look-back/. Zugegriffen: 18. Juni 2013.

Guerilla Marketing. History and definition. http://de.slideshare.net/guerrilheiros/guerrilla-marketing-history-and-definition. Zugegriffen: 17. Juni 2013.

Howe, N. & Strauss, W. Millennials rising. The next generation. http://www.fcg.gov/documents/Millennials_Rising_bkreview.pdf. Zugegriffen: 1. Juli 2013.

Inpolis Unternehmen. http://www.inpolis.de/inpolis-unternehmen_de.html. Zugegriffen: 22. Juni 2013.

Janke, K. Urbanara steigt in die TV Werbung ein. http://etailment.de/thema/e-commerce/urbanara-steigt-in-die-tv-werbung-ein-598. Zugegriffen: 28. Juni 2013.

Kirchgeorg, M. Definition marketing. wirtschaftslexikon.gabler.de/Definition/marketing.html#definition. Zugegriffen: 17. Juni 2013.

Kolbrück, O. Urbanara und eBay. Warum Online-Händler große Lust auf Pop-up-Stores haben. https://docs.google.com/document/d/1fJVwhO5DcZu20m3c1zg_0FwFIivZzru5G660rs95FTE/edit#. Zugegriffen: 1. Juli 2013.

Koch, B. Mehr Investitionen. Das Budget für Online Marketing steigt. http://onlinemarketing.de/news/mehr-investitionen-budget-fuer-online-marketing-steigt. Zugegriffen: 15. Juni 2013.

Lackes, R. Definition Web 2.0. http://wirtschaftslexikon.gabler.de/Archiv/80667/web-2-0-v8.html. Zugegriffen: 13. Juni 2013.

Mayer de Groot, R. Marken-Kooperationen. Wie Sie die Chancen nutzen und die Risiken vermeiden. http://www.mayerdegroot.com/de/download/Veroeffentlichung_Marken-Kooperationen_-_Wie_Sie_die_Chancen_nutzen_und_die_Risiken_vermeiden.pdf. Zugegriffen: 20. Juni 2013.

McCambley, J. Die Zukunft der Online-Werbung. http://www.harvardbusinessmanager.de/meinungen/artikel/a-891344.html. Zugegriffen: 19. Juni 2013.

Medman, N., & Windisch, E. (2008). Understanding the digital natives. http://www.ericsson.com/ericsson/corpinfo/publications/ericsson_business_review/pdf/108/understanding_digital_natives.pdf. Zugegriffen: 21. Juni 2013.

Nemona Pop-Up-Shop. http://www.berlin.de/special/shopping/aktuell/3066405-1979315-nemona-popupshop.html. Zugegriffen: 1. Juli 2013.

Nemona Pop Up Shop. http://www.berlindesignblog.de/index.php/nemona-pop-up-shop/. Zugegriffen: 1. Juli 2013.
Nemona Pop Up Shop bei Karstadt am Hermannplatz. http://www.tip-berlin.de/kultur-und-freizeit-shopping-und-stil/nemona-pop-shop-bei-karstadt-am-hermannplatz. Zugegriffen: 1. Juli 2013.
Nemona Pop Up Shop. Les créateurs de Neukölln s´exposent. http://berlinpoche.de/magazine/magazine/nemona-pop-up-shop-les-createurs-de-neukolln-sexposent/. Zugegriffen: 1. Juli 2013.
Nemona Pop Up Shop Map. http://nemona.de/pop_up_shop.html#map. Zugegriffen: 22. Juni 2013.
Nemona Pressemitteilung. http://nemona.de/presse/nemona_pop_up_shop.pdf. Zugegriffen: 22. Juni 2013.
Nemona. Über uns. http://nemona.de/ueber_uns.html. Zugegriffen: 22. Juni 2013.
Pelz, W. Von der Motivation zur Volition. http://www.fachsymposium-empowerment.de/fileadmin/pdf/Volition/volition_motivation.pdf. Zugegriffen: 15. Juni 2013.
Pop Up Shop Urbanara – Berlin. http://www.blume-pr.de/newsroom/2012/11/pop-up-shop-urbanara-berlin/ Zugegriffen: 1. Juli 2013.
Seitz, P. (2009). Pop-up stores fill retail space as vacancies hit decade highs. http://news.investors.com/Article/512109/200911111856/Pop-Up-Stores-Fill-Retail-Space-AsVacancies-Hit-Decade-Highs-.htm. Zugegriffen: 15. Juni 2013.
Sinus Institut. http://www.sinus-institut.de/. Zugegriffen: 15. Juni 2013.
Sinus-Institut. (2010). Die Sinus Milieus. http://www.sinus-institut.de/fileadmin/dokumente/Infobereich_fuer_Studierende/Infoblatt_Studentenversion_2010.pdf. Zugegriffen: 15. Juni 2013.
Sjurts, I. Definition E-commerce. http://wirtschaftslexikon.gabler.de/Definition/e-commerce.html. Zugegriffen: 13. Juni 2013.
Sinus Milieus. http://www.sinus-institut.de/loesungen/sinus-milieus.html. Zugegriffen: 2. Juli 2013.
The Marketing Budgets 2013 Report. Branchenreport Internethandel der IFH Retail Consultants. http://onlinemarketing.de/news/mehr-investitionen-budget-fuer-online-marketing-steigt. Zugegriffen: 13. Juni 2013.
URBANARA Pop Up Shop Video. http://www.youtube.com/watch?v=uOSAXF9Sbno. Zugegriffen: 28. Juni 2013.
URBANARA TV Spot Video. http://www.youtube.com/watch?v=tvH2HipxY_8. Zugegriffen: 28. Juni 2013.
Urbanaras Blog. http://www.urbanara.de/blog/. Zugegriffen: 1. Juli 2013.
Vacant. http://govacant.com/. Zugegriffen: 15. Juni 2013.
Vogue. (2012). Pop-up-Stores. 12. Mai 2011. http://www.vogue.de/mode/mode-news/tendenz-pop-up-stores. Zugegriffen: 15. Juni 2013.
"Love at First Touch". Urbanara eröffnet Pop Up Shop in Berlin. http://www.grazia.com/en/news/urbanara_110712.html. Zugegriffen: 28. Juni 2013.

Francesca Gursch vollendete im Juli 2013 ihren Bachelor of Arts in Kommunikationsmanagement an der SRH Hochschule Berlin als Jahrgangsbeste. Seit Oktober 2013 studiert sie den Masterstudiengang Marketing and Sales Management an der EAE Business School in Barcelona. Nebenher arbeitet sie seit 2010 für das Berliner Unternehmen Asperado als Online Marketing Managerin und erlangte 2012 die Google-Zertifizierung als Adwords-Spezialistin.

Giulia Gursch ist Absolventin des Bachelorstudiengangs Kommunikationsmanagements der SRH Hochschule Berlin und studiert zur Zeit im Master Marketing and Sales Management in Barcelona. Seit 2010 arbeitet sie für das Berliner Unternehmen Asperado und absolvierte ein Praktikum mit anschließender Werkstudententätigkeit bei dem Berliner Start-up Urbanara.

Gamification

Natallia Shauchenka, Anabel Ternès und Ian Towers

1 Definition und Anwendungsbereiche[1]

Der Begriff Gamification taucht in der internationalen Forschung schon Anfang 2000 auf, aber das Phänomen erhielt keine große Aufmerksamkeit bis zur zweiten Hälfte des Jahres 2010, als multiple Anwendungen von Gamification in verschiedenen Bereichen, wie Finanzen, Produktivität, Gesundheit, Bildung, Nachhaltigkeit, entwickelt und eingesetzt werden.

Spezialisten für Digitales Marketing und Interaktionsdesigner befanden das Konzept als sehr nützlich und attraktiv für ihre Produktentwicklung.

Der kommerzielle Erfolg von Gamification basiert auf zwei Schwerpunktbereichen:

1. Wachsende Akzeptanz und Verbreitung von Spielen verschiedener Art, online und offline, im täglichen Leben.
2. Wachsende Motivation der Nutzer und Bereitschaft sich mit einem Produkt spielerisch anhand von Designelementen zu befassen.

---

[1] Groh (2012).

N. Shauchenka (✉)
SRH Hochschule Berlin, Ernst-Reuter-Platz 10, 10587 Berlin, Deutschland
E-Mail: natallia.shauchenka@googlemail.com

A. Ternès · I. Towers
Ernst-Reuter-Platz 10, 10587 Berlin, Deutschland
E-Mail: anabel.ternes@srh-hochschule-berlin.de

I. Towers
E-Mail: ian.towers@srh-hochschule-berlin.de

© Springer Fachmedien Wiesbaden 2014
A. Ternès, I. Towers (Hrsg.), *Internationale Trends in der Markenkommunikation*,
DOI 10.1007/978-3-658-01517-6_3

Trotz der wachsenden Popularität von Gamification und den konstant immer mehr werdenden Applikationen in verschiedenen Bereichen wurden nur wenige Versuche unternommen, Gamification wissenschaftlich zu definieren. Die gebräuchlichste Definition stammt Deterding (2011) aus seiner wissenschaftlichen Arbeit „Gamification: Toward a definition"[2]. Deterding definiert Gamification als „the use of game design elements in non-game contexts". Um das Phänomen Gamification besser zu verstehen, wird die Definition im Einzelnen erläutert.

1.1 Game

Zuerst geht es um die Trennung der Begriffe Game und Spiel. Der Begriff „Spiel" kann übergeordnet verwendet werden, für verschiedenste Spiele und Spielobjekte, wie Spielzeug bzw. Spielsachen, für beides gleichwertig. „Gaming" und „Spielen" sollten als zwei verschiedene Aktivitäten definiert werden. Während Spielen das mehr freie und expressive Spielen, auch Improvisieren meint, ist Gaming im Kontrast dazu assoziiert mit klar definierten Regeln und Zielen.

1.2 Element

Der größte Unterschied zwischen gamifizierten Systemen und Spielen ist die Verwendung von Sets mit gamifizierten Elementen statt der Durchführung einer Aktion als Hauptziel. Deshalb hat der Gaming-Prozess auch immer soziale Bedeutung in Hinblick auf das Engagement und Involvieren von Personen. Die Sets von Game Elementen können dargestellt werden als typische Elemente, die sowohl innerhalb eines Games als auch außerhalb gefunden werden können (Freie Elemente), die aber zur gleichen Zeit auch einzigartig sind für jeden gamifizierten Prozess (Beschränkte Elemente). Die Definitionen von Game Sets und gamifizierten Elementen sind bisher nicht vollständig entwickelt worden und lassen derzeit noch einige Diskussionsbereiche offen.

1.3 Design

Deterding identifiziert fünf Ebenen von Game Design-Elementen:

1. Game Interface Design-Muster – am meisten übliche Game Komponenten, die verwendet werden im Kontext von bekannten Problemen, meistens in Form von Abzeichen, Plaketten, Aufklebern, Ranglisten oder Stufen.

---

[2] Deterding et al. (2011).

2. Game Design-Muster und -Mechanismen – Teile des Game-Designs, die den gamifizierten Prozess beeinflussen, wie z. B. Bedingungen an Zeit und Ressourcen.
3. Game Design-Prinzipien und -Methoden – diese sind dazu gedacht, den Benutzer durch die Aktivität des Problemlösens zu führen. Beispiele für solche Prinzipien sind klare Ziele und eine Varianz von Game-Stilen.
4. Game Modelle – Die Konzepte oder Modelle, die gamifizierte Prozesse interessanter machen, wie beispielsweise Fantasie-Elemente, Objekte oder Prozesse, die Neugierde wecken, Herausforderungen u. v. m.
5. Game Design Methoden – spezielle Praktiken und Prozesse des Game Designs, wie z. B. Spiel-Testung und wertbewusstes Game Design.

1.4 Non-game Kontexte

Normalerweise werden game-designte Elemente eingeführt, um den Benutzer zu unterhalten. Bei Gamification werden diese Elemente allerdings verwendet, um das Engagement und die Motivation der Benutzer zu stärken. Non-game Kontexte sollten deshalb darauf nicht limitierend wirken hinsichtlich Verwendung, Kontext oder Medieneinsatz. Darüberhinaus enthält die Definition von Gamification nicht die Gamification von Spielen, denn dieser Prozess repräsentiert nur eine Ausweitung des Spiels und bleibt damit ein Element von Game Design und nicht Gamification.

1.5 Beschreibung von „Gamification"

Die Definition von Gamification – Nach Deterding die Verwendung von Game Design Elementen in non-game Kontexten – trennt Gamification von Spielen, wie man den Begriff in der Alltagssprache verwendet. Der Schwerpunkt wird hier auf gamifizierende Elemente eines Prozesses gelegt anstelle auf den gamifizierenden Prozess als Ganzen.

Alternative Erklärungsweisen von Gamification werden von Huotari und Hamari in ihrer Arbeit „Gamification from the perspective of service marketing" (2011) vorgeschlagen. Sie nähern sich dem Begriff Gamification aus der Perspektive des Service Marketing und definieren es als ein

> service packing where a core service is enhanced by a rules-based service system that provides feedback and interaction mechanism to the user with an aim to facilitate and support the users' overall value creation[3].

Diese Definition wird oft kritisiert als zu breit und zu umfassend. Die Definition von Deterding dagegen schaffe deutlicher einen klaren theoretischen Rahmen[4].

---

[3] Huotari und Hamari (2011).
[4] Werbach und Hunter (2012).

2 Gamification Theorien

2.1 Organismische Integrationstheorie

Die Organismische Integrationstheorie (OIT) ist aus der Selbstbestimmungstheorie entstanden, entwickelt von Deci und Ryan (1991)[5]. Die Selbstbestimmungstheorie ist auf individuelle Treiber einer Person fokussiert, die ohne äußeren Input wählen und entscheiden. Die OIT, eine Untertheorie innerhalb der Selbstbestimmungstheorie, stellt dar, wie man durch verschiedene Aktivitäten externe Motivation in die Vorstellung einer Person von sich selbst integriert. Das unterstützt, den Grad externer Kontrolle zu beurteilen, zusammen mit dem Drang, eine Aktivität umzusetzen.

Dieses bedeutet im Einklang mit der Theorie,

> the more internalized the extrinsic motivation the more autonomous the person will be when enacting the behaviors[6].

Das meint auch, dass, wenn ein Individuum eine Aktivität erbringen muss, gefolgt von einer Belohnung, die nicht auf diese Aktivität ausgerichtet ist, diese Aktivität wahrscheinlich nicht integriert werden kann, da die Belohnung dann wahrgenommen wird als ein Versuch, das eigene Verhalten zu kontrollieren.

Wenn die Belohnung andererseits emotional wahrgenommen und bewertet wird und mit dem eigenen Selbstwertgefühl und den eigenen Statuswerten übereinstimmt, entwickelt sie eine introjizierte Regulation des Verhaltens. Dies führt dazu, dass sie weitaus mehr intrinsisch akzeptiert wird. In diesem Fall führt der Kontrollaspekt der Belohnungen zu einem Verlust interner Motivation.

Daher sollte sich eine Person mit den Zielen einer Aktivität selbst identifizieren und eine persönliche Bedeutung zu dieser aufbauen können. Dies führt weitaus mehr dazu, ein autonomes, internalisiertes Verhalten zu stimulieren, weil die Ziele mit den eigenen persönlichen Werten assoziiert werden können.

Damit betont OIT die Bedeutung, ein gamifiziertes System zu entwickeln, das für den individuellen Teilnehmer einen Bedeutung hat und ihn langfristig positiv motiviert, auch für die nachfolgenden Non-game-Aktivitäten. Es steht allerdings auch fest, dass eine Aktivität durch externe Kontrollen, die in die Aktivität eines gamifizierten Prozesses integriert sind, negativ wahrgenommen werden kann. Um das zu vermeiden, müssen die game-basierten Elemente für den Nutzer belohnend, motivierend und relevant genug sein, ohne die Notwendigkeit externer Belohnungen vergeben zu müssen[7].

---

[5] Deci und Ryan (1991).
[6] Self-Determination theory (2013).
[7] Ryan und Deci (2008).

2.2 Situative Relevanz und situativer motivationaler Nutzwert[8]

Ein anderes wichtiges Konzept im Zusammenhang von Gamification ist das Konzept der situativen Relevanz.

Für den Fall, dass ein Nutzer das Bedürfnis nach Information hat, sollte das einzige relevante Dokument oder die einzige relevante Lösung diejenige sein, die das Bedürfnis nach Information behebt. Die Relevanz des Dokumentes oder der Lösung kann aber nur vom jeweiligen individuellen Nutzer erhoben werden und zwar nur in einem bestimmten Moment beim Suchprozess und zwar im direkten Anschluss daran. Das bedeutet, dass auch in dem Fall, wenn einige Nutzer ähnliche oder gleiche Anfragen haben, aber unterschiedliche Informationshintergründe, ein Dokument, das die Bedürfnisse der Suchanfrage erfüllt, für einen Nutzer relevant und erklärend sein kann, für die anderen allerdings nicht.

In Zusammenhang von Gamification gilt das Konzept der situativen Relevanz, wenn Ziele für den Nutzer kreiert werden. Wenn eine externe Person Ziele für den Nutzer entwirft, ist es schwierig, unpassende oder als falsch empfundene Vorentscheidungen und Beurteilungen komplett zu vermeiden, wenn man entscheidet, was relevant ist für eine Anfrage.

Es ist nicht möglich, zu entscheiden, ob die Ziele relevant sind für die Ziele jedes Nutzers und seine Bedürfnisse, ohne dass man den konkreten Nutzer jeweils fragen kann. Das bedeutet aber auch, dass, beispielsweise, wenn ein punkte-basiertes Gamificationssystem für eine Aktivität gilt, das Ziel der Bewertungspunkte möglicherweise für den Nutzer nicht relevant ist, wenn die Aktivität für den Nutzer nicht relevant ist.

Wenn der Nutzer partizipiert an der Entwicklung und Adaptierung eines gamifizierten Systems auch als Abstimmung auf seine Bedürfnisse, dann lassen sich für ihn bedeutungsvolle Game-Elemente und -Ziele auswählen, die mit den persönlichen Interessen und Werten des Nutzers korrespondieren.

Um den Ablauf zu unterstützen, den Game Designer als Elemente von Gamification im Kontext bezeichnen, wurde das Konzept des situativen motivationalen Nutzwertes auf gamifizierte Systeme angewendet. Die Idee hinter diesem Konzept betont, dass der Nutzer nur dann durch gamifizierte Elemente motiviert werden kann, wenn das Element für den individuellen Nutzer eine Bedeutung hat und zu seinem persönlichen Hintergrund passt.

Deterding führt hier auch die Bedeutung des organisationalen Kontextes an, der hinter der gamifizierten Aktion steht. Daher muss man bedenken, dass, wenn die Belohnung für eine Aktivität allein finanziell ist, die Tendenz eher besteht, dass die Gamification nur als eine Kontrollaktivität wahrgenommen wird, als wenn es sich dabei nur um ein Abzeichen, einen Sticker oder eine hohe Listung auf einer Tafel mit der Präsentation der Besten handelt.

---

[8] Deterding et al. (2011).

2.3 Universelles Lern-Design[9]

Das Universelle Lern-Design (UDL) führt instruktionale Designer durch den Prozess der Entwicklung von geeigneten Kursinhalten für eine sehr unterschiedliche Lerngruppe. Als ein Ergebnis soll der Kurs so entwickelt sein, dass er es den Nutzern ermöglicht, verschiedene Wege des Lernens zu gehen. So wird ein Kurs aussagekräftiger und nutzenbringender für eine größere Zahl an Lernenden.

Nach dem Universellen Lern-Design gibt es drei Strategien, um aussagekräftige Inhalte für Lernende zu entwickeln:

1. Das „Was" untersucht verschiedene Wege der Präsentation des Lerninhaltes.
2. Das „Wie" stellt verschiedene Aktivitäten für den Lernenden bereit, um auch den Lernerfolg am Inhalt entlang zu zeigen.
3. Das „Warum" initiiert das Engagement und den Motivationsprozess und hilft dem Nutzer, den Inhalt zu internalisieren.

Im Zusammenhang mit Gamification zeigt UDL Wege auf, wie sich für den Nutzer Bedeutungen generieren lassen, bei denen er sich angesprochen fühlt. Damit wird ihm ermöglicht, das vorgegebene Ziel zu erreichen und dies auf verschiedenen Wegen zu zeigen. Daher sollte das Gamification System in Einklang mit UDL entweder dem Nutzer verschiedene gleich gewichtige Wege aufzeigen, um das Ziel zu erreichen oder ihm die Möglichkeit geben, eigene Ziele und Leistungen zu entwickeln, um engagiert und motiviert zu bleiben, während er die Aktivität ausübt und im Anschluss daran.

Wenn die drei Strategien von UDL auf Gamification angewendet werden, wirkt sich das „Was" auf die Elemente von Non-game-Aktivität aus, die mithilfe der Game Design Elemente substituiert werden.

Das „Wie" steht bei Gamification für die Präsentation von gamifizierten Elementen. Diese können präsentiert werden als Punkte oder als Leistungssystem oder als andere sinnvolle Elemente, die verbunden werden können zu der erbrachten Non-game-Aktivität. Den Nutzern sollen verschiedene Wege bereitgestellt werden, um ihre Ergebnisse zu erreichen in Zusammenhang mit der Fähigkeit, für sich den nachhaltigsten und aussagekräftigsten Weg zu wählen.

Das „Warum" untersucht die Wege, um den Gamification Prozess zu internalisieren und mit dem Hintergrund des Nutzers zu verbinden. Wenn das Punktesystem des Gamification Prozesses nur eine quantifizierte Evaluation der Umsetzung der Aktivität wiedergibt, ohne eine tiefere Verbindung herzustellen, kann der Nutzer keine bedeutungsvolle Verbindung zu der Aktivität aufbauen.

Insgesamt lässt sich feststellen: wenn dem Nutzer verschiedene Wege für das „Was", das „Wie" und das „Warum" zur Verfügung gestellt werden, erscheint der Gamification Prozess dem Nutzer sinnvoller und verbindlicher.

---

[9] Nicholson (2012).

2.4 Spieler-generierter Inhalt[10]

Das Konzept des spieler-generierten Inhaltes hat seinen Ursprung in Rollenspiel-Games und erlaubt es den Teilnehmern, im Spiel Inhalt zu entwickeln und abzuändern, mit dem dann andere interagieren können. Das Konzept impliziert, dass im Zusammenhang mit der Benutzung der Game Designer nicht nur ein Spiel entwickelt, sondern auch ein System entwickelt, das dem Nutzer ermöglicht, dieses Spiel erst aufzubauen und weiterzuentwickeln.

Dieses Konzept ermöglicht den Nutzern ein weitaus aussagekräftigeres Erlebnis, indem sie sich eigene Ziele setzen. Beispielsweise geschieht dies im Kontext von Lerninhalten, bei denen es darum geht, dass der Nutzer spezielle vordefinierte Ergebnisse in einer bestimmten Zeit erreicht. Hier sollte ihm eine bestimmte Entscheidungsfreiheit gewährt werden, die unter bestimmten Bedingungen stattfindet. Diese können so mit Wahlmöglichkeiten verknüpft werden, dass diese sowohl für den Nutzer als auch für die Organisation bzw. das Unternehmen dahinter sinnvoll werden. In diesem Fall sollten Organisationen bzw. Unternehmen transparent sein bezüglich ihrer Bedingungen, da in diesem Fall der Nutzer die Gründe für diese Bedingungen besser verstehen kann, bessere Vorstellung davon hat, was die Lernerfolge und deren Hintergrund betrifft und ein besseres Verständnis bezüglich des Prozesses, wie die gamifizierten Elemente seinen Lernerfolg verstärken können.

Nebenbei erlaubt das Konzept den Nutzern, ihre eigenes Bewertungs- und Ranglistensystem zu entwickeln, Tools, um verschiedene Aspekte von Aktivität zu messen, eigene Motivationsmethoden zu entwickeln und mit anderen Nutzern zu interagieren. Das sollte das Bestreben des Nutzers stimulieren, Elemente, die mit Freude und Spaß verbunden sind, zu Non-game-Aufgaben hinzuzufügen, bei denen es keine externen Belohnungen gibt.

Nutzer, die das gleiche oder die ähnliche Ziele weiter verfolgen, tendieren dazu, Gruppen zu bilden, um Erfahrungen zu teilen und Wissen um Non-game-Aktivität, woraus sich eine wirklich internalisierte Lernerfahrung bildet.

2.5 Nutzer-zentriertes Design[11]

Das nutzer-zentrierte Design summiert, was alle Theorien in dieser Richtung miteinander verbindet: Der Nutzer bildet den Mittelpunkt.

Daher sollten die Bedürfnisse und Ziele der Nutzer oberste Bedeutung haben bei jedem Schritt des Gamification Prozesses. Auch wenn jede Theorie den Prozessdesigner mit einer unterschiedlichen Perspektive auf den Nutzer darstellt, ist doch das zentrale Ziel das

---

[10] Ibid.
[11] Ibid.

Gleiche, Game-Design-Elemente in einen Non-Game-Kontext zu integrieren und damit eine aussagekräftige Gamification zu entwickeln.

Wenn externe Belohnungen verwendet werden, um das Nutzerverhalten zu kontrollieren, was heißt, dass die Interessen der Nutzer nicht im Fokus des Prozesses liegen, entstehen negative Emotionen für den Nutzer in Bezug auf den Non-Game-Kontext und in einem solchen Fall wird Gamification von beiden Seiten folgerichtig als unbedeutend und sogar nachteilig verstanden.

Auf der anderen Seite resultieren sinnvolle nutzerzentrierte Game-Design-Elemente aus der positiven Veränderung in der Denkweise bzw. Haltung des Nutzers. Um das zu erreichen, sollten sich Prozessdesigner folgende Frage stellen: „Wie profitiert der Nutzer davon?", bevor Entscheidungen getroffen werden.

Information ist eine andere entscheidende Komponente des nutzer-orientierten Designs. Der Nutzer sollte mit mehr Information versorgt werden als nur der Wertung, die er entsprechend seiner Aktivität erhalten hat. Ausschließlich eine Zahl, wenn auch in Relation zu den anderen Nutzern zu kennen, verursacht kein Verstehen auf Seiten des Nutzers für die Ziele und Bedeutungen hinter dem Gamificationssystem. Damit wird der Nutzer in einem solchen Fall nach den Motiven hinter der Rangzahl bzw. hinter der erreichten Wertung fragen.

Da das Bewertungssystem auf den Bedürfnissen und Ausrichtungen einer Organisation bzw. eines Unternehmens basiert, kann es dazu kommen, dass der Nutzer dieses als externe Kontrolle wahrnimmt. Die Transparenz eines solchen Bewertungssystems vermittelt dem Nutzer ein besseres Verständnis der dahinterliegenden Bedeutung und ermöglicht ihm, seine individuellen Ziele zu setzen und Entscheidungen zu treffen innerhalb der Bedingungen, die eine Organisation bzw. ein Unternehmen gesetzt hat, um seine eigenen Ziele zu erreichen.

Der gegenteilige Effekt ist erreicht, wenn ein Gamificationssystem um die Bedürfnisse der Organisation bzw. des Unternehmens herum designt wird. In diesem Fall besteht die Gefahr, dass es zu einer bedeutungslosen Gamification kommt, die sich auf Stufen und Punkte stützt, die zur Prämie führen, die nicht mit der dahinterstehenden Aktivität verbunden sind, nicht die langfristigen Vorteile für den Nutzer in den Blick nehmen und nur darauf fokussiert sind, die finanzielle Situation eines Unternehmens zu optimieren. Prozessdesigner fragen in einer solchen Situation ausschließlich: „Wie profitiert die Organisation davon?", ohne die Interessen der Nutzer zu berücksichtigen.

Der Prozess, den Designer berücksichtigen sollten, ist, dass es nicht nur einen positiven Eindruck über eine Organisation bzw. ein Unternehmen generiert, wenn die Interessen der Nutzer in das Zentrum von Gamification rücken, sondern dass dies auch zu Ergebnissen führt, die langfristige Erfolgen für eine Organisation nach sich ziehen.

Eine aussagekräftige Gamification stellt einen deutlich höheren Anspruch an Designer, da diese nicht mit standarisierten punkte-basierte Herangehensweisen arbeiten können. Anstelle dessen müssen die Game Elemente verbunden sein mit der darunter liegenden Aktivität und müssen für den Nutzer eine Bedeutung haben. Die externen Belohnungen sollten nicht der alleinige Weg sein, um den Nutzer zu motivieren. Anstelle dessen sollte das Belohnungssystem den Nutzer darin unterstützen, die gamifizierten Elemente der Non-Game-Aktivität mit seinen eigenen Zielen und Bedürfnissen zu verbinden.

Da jeder Nutzer unterschiedlich ist und unterschiedliche Ziele verfolgt, wird von Prozessdesignern erwartet, eine Vielzahl an Interaktionsmöglichkeiten anzubieten oder ein Gamificationssystem zu entwickeln, das komplett auf die Bedürfnisse der individuellen Nutzer adaptierbar ist, denn dann wird das Gamificationssystem Relevanz haben.

Das Kommunizieren und Teilhaben an der Anpassung an kundenspezifische Anforderungen ermöglicht Nutzern in Gruppen mit ähnlichen Zielen und Interessen zusammenzukommen, ein weiteres mögliches Ergebnis eines Gamificationsprozesses.

3 Richtlinien für Gamification eines Prozesses[12]

Drei wichtige Richtlinien für Gamification eines Prozesses können von der Selbstbestimmungstheorie abgeleitet werden:

3.1 Menschliche Nähe

Menschliche Nähe ist das universelle Bedürfnis, die Interaktion mit der Gruppe zu suchen und mit der Gruppe verbunden zu sein. Konkret heißt das, dass der Nutzer Mitglied einer Gemeinschaft mit ähnlichen Interessen sein soll, damit die Punkte, die durch eine gamifizierte Anwendung erworben werden, für den Nutzer bedeutsam sind. Der Nutzer sollte die Leistung im Rahmen einer Handlung erbringen, die für ihn wichtig und relevant ist, und die die Gruppe schätzen wird.

Zusammenfassend sind diese drei Konzepte für das Thema *menschliche Nähe* wichtig:

- Bezug zu persönlichen Zielen
- Verbindung zu einer Gemeinschaft oder Gruppe mit ähnlichen Interessen
- eine bedeutsame und relevante Geschichte

3.2 Kompetenz

Kompetenz ist das universelle Bedürfnis, eine effektive Problemlösungskompetenz nachweisen zu können. Im Grunde genommen lassen sich die Aufgaben des Nutzers in zwei Gruppen einordnen: „muss machen" und „möchte gern machen".

Zur ersten Kategorie gehören Konzepte wie Pflicht, Gebot, Arbeit und Effizienz; Konzepte wie Spaß, Spiel, Vergnügen und Entscheidungsfreiheit gehören zur zweiten Kategorie. Die Aufgaben der „muss machen"-Kategorie sollten daher so einfach wie möglich

---

[12] Groh (2012).

sein, die Aufgaben der „würde gern machen"-Kategorie sollten aber eine Herausforderung für den Nutzer darstellen.

Wenn der Nutzer mit interessanten Challenges konfrontiert wird, die immer komplexer werden, und das alles im Rahmen einer Anwendung mit klar definierten Regeln und Zielen, ist er engagierter und noch interessierter. Es ist wichtig, die Ziele so zu definieren, dass man sie durch die Bewältigung eine Reihe kleinerer Aufgaben unterschiedlicher Schwierigkeit erreichen kann. Für eine besonders gute Lernerfahrung ist es erforderlich, dem Nutzer Feedback in Echtzeit zu geben.

Zusammenfassend sind diese drei Konzepte für das Thema *Kompetenz* wichtig:

- die Aufgaben sollen für den Nutzer interessant und herausfordernd sein
- die Ziele sollen klar und gut strukturiert sein
- gutes Feedback

3.3 Autonomie

Autonomie ist das universelle Bedürfnis, das Gefühl zu haben, den eigenen Handel selbst bestimmen zu können. Der Nutzer selber sollte die Initiative zur Teilnahme ergreifen. Das Gefühl der Autonomie kann aber bei extrinsischer Anreizen verloren gehen, wie z. B. bei Geldprämien oder „wenn…dann"-Prämien, da der Nutzer fängt an zu glauben, dass er doch nicht auf eigener Initiative teilnimmt und dass sein Verhalten gesteuert wird.

Prozessdesigner können diese Reaktion verhindern durch die Erstellung von Aktivitäten, die es Nutzern ermöglichen, durch individuelle Anstrengungen ein gemeinsames Ziel zu verfolgen. Es ist auch wichtig, dass das Feedback sich auf Informationen beschränkt; das Feedback sollte nicht versuchen, die Nutzer zu steuern.

Zusammenfassend sind diese drei Konzepte für das Thema *Autonomie* wichtig:

- die Teilnahme am Spiel soll freiwillig sein
- der Nutzer soll seine Autonomie wahrnehmen
- die Aktivität soll für den Nutzer wertvoll sein

4 Warum ist Gamification effektiv?[13]

Die Effektivität von Gamificationansätzen hat mehrere Ursachen:

---

[13] McGonigal (2012).

4.1 Sozialer Einfluss

Gamifizierte Prozesse ermöglichen ein Feedback in Echtzeit von der sozialen Gruppe des Nutzers über seine Performance. Infolgedessen ist es wahrscheinlicher, dass der Nutzer sich so wie erwartet verhält, wenn die Meinung der sozialen Gruppe für ihn wichtig ist. Wenn vom Nutzer erwartet wird, dass er an einem gamifizierten Prozess teilnimmt, sind „Likes", Kommentare u. s. w. eine Anregung weiterzumachen, um den sozialen Erwartungen nachzukommen.

Der Nutzer nimmt die Aktivität als etwas Positives wahr und verhält sich auf die gewünschte Weise, wenn der soziale Einfluss positiv ist und er erwartet, dass andere dieses Verhalten erhoffen und begrüßen.

4.2 Anerkennung

Anerkennung ist ein Ausdruck des sozialen Feedbacks über die Handlungen des Nutzers. Rückmeldungen führen zu gegenseitiger Anerkennung, die die soziale Interaktion fördert und verstärkt. Mit anderen Worten: erhält der Nutzer Anerkennung, fördert dies das gewünschte Verhalten und steigert die vom Nutzer wahrgenommenen positiven Auswirkungen. Darüber hinaus nimmt der Nutzer noch bereitwilliger an der gamifizierten Aktivität teil und nimmt die Aktivität positiv auf, wenn die Aktivität von anderen anerkannt wird.

4.3 Beiderseitiger Nutzen

Die Hauptvorteile des Prozesses liegen darin, dass die gamifizierte Aktivität dem Teilnehmer hilft, seine Ziele zu erreichen und gleichzeitig der Gemeinschaft von Nutzen ist. Wenn der beiderseitige Nutzen von der Gemeinschaft als etwas Positives betrachtet wird, ist es wahrscheinlich, dass der Nutzer im gamifizierten System weitermacht.

5 Kritikpunkte und Herausforderungen

Trotz der raschen Entwicklung werden 80 % aller gamifizierten Prozesse bis 2014 wegen schlechter Prozessgestaltung scheitern. Hierfür gibt es zwei Hauptursachen[14]:

- schlecht angepasste Anreize
- wenig Nutzen für Arbeitnehmer

---

[14] Gartner (2011).

Kritiker von Gamification weisen daraufhin, dass der Korrumpierungseffekt zu ungewollten Verhaltensweisen und unvorhergesehenen Kosten führen kann. Es wird auch die Meinung vertreten, dass Gamification manipulativ und an sich suchterzeugend sei. Unter weiteren Bedenken über die Effektivität von Gamification sind die Auswirkung auf die Qualifikationen und Professionalität der Arbeitnehmer, die Wahrnehmung älterer Generationen und mögliche gefährliche Konkurrenz.

5.1 Der Korrumpierungseffekt in der Gamificationbranche

Der Korrumpierungseffekt ist ein psychologischer Effekt, wobei Menschen, die intrinsisch motiviert waren, eine Tätigkeit auszuüben, es nicht mehr sind, wenn ihnen extrinsische Anreize wie Geld oder Preise angeboten werden.

Wenn der gamifizierte Prozess den Arbeitnehmern die Möglichkeit anbietet, durch ihre Teilnahme Punkte oder andere Prämien zu sammeln, ist es notwendig, dass der Fokus auf die Aktivität selbst gerichtet bleibt. Die Aktivität soll für den Arbeitnehmer bedeutsam bleiben, während die Gamification der Aktivität die Motivation und das Engagement steigern soll. Wenn der Erhalt der Belohnung der Haupttreiber der Tätigkeit ist, ist es unwahrscheinlich, dass die Arbeitnehmer sie ausüben werden, wenn der Anreiz ihnen weggenommen wird. Somit wäre das Ziel nicht erreicht, das Verhalten der Arbeitnehmer nachhaltig zu beeinflussen, und die Gamifizierung des Prozesses hätte nur kurzlebige Effekte gehabt[15].

5.2 Das Risiko unbeabsichtigter Verhaltensweisen

Eine mögliche unbeabsichtigte Auswirkung von Gamification ist der Verlust intrinsischer Motivation und der damit verbundene Fokuswechsel auf die Höhe und Quantität der Belohnungen. Ist die Belohnung aus der Sicht des Individuums wertvoller als die Ausübung der Tätigkeit, die sie belohnen soll, kann das unberechenbare, sogar gefährliche und schädliche Auswirkungen haben.

5.3 Manipulations- und Suchtrisiko

Glückspiele und Zocken sind „extrem wichtige Quellen von machtfreiem Einfluss in der Welt".[16] Aber gerade deswegen wird die Gamification immer beliebter. Kritiker behaupten, dass Organisationen Arbeitnehmer durch ihre Einbindung in gamifizierte Prozesse besser manipulieren und kontrollieren können, was ein Verstoß gegen ethische Normen

---

[15] Zichermann und Cunningham (2011).

[16] Zichermann (2011)

sei. Darüber hinaus sei es möglich, dass Arbeitnehmer gamificationsüchtig werden, wobei der Arbeitnehmer nur die Tätigkeiten ausübt, die im gamifizierten System belohnt werden, und das würde zur Ineffizienz und sinkender Produktivität führen.

5.4 Game Design vs. Gamificationdesign

Game Designer kritisieren oft die Anwendung von gamifizierten Elementen von Gamificationprozess-Designern.

Die Übernahme von gamifizierten Elementen aus dem Game-Umfeld bedeutet den Verlust der Verspieltheit und des Gefühls der Freiheit, die Spiele anbieten sollten. Dadurch wird die Arbeit nicht zu einer lustigen Aktivität, viel mehr werden Spiele ein Teil der Arbeit, insbesondere wenn die Arbeitnehmer dazu gezwungen werden, am gamifizierten Prozess teilzunehmen.

Ein weiterer Kritikpunkt ist die Art, wie Buttons und Levels als Belohnung benutzt werden. Genau wie bei Spielen werden diese Elemente dafür benutzt, den Fortschritt im Prozess deutlich zu machen und Feedback zu geben. Es wird aber argumentiert, dass die Benutzung von diesen Elementen als Belohnung nicht zu einer Internalisierung der Tätigkeit führt, sondern nur eine gutes Gefühl über die Anforderungen der Arbeitgeber vermittelt, unabhängig davon, wie wertvoll die Tätigkeit für den Arbeitnehmer ist.

Bei der Einsetzung von standardisierten Gamifications-Systemen ohne Rücksicht auf den Kontext und Eigenschaften der Teilnehmer bleiben die erhofften Ergebnisse aus, und es könnte sogar zu unvoraussehbaren und unerwarteten Verhaltensweisen führen.

5.5 Kosten

Nicht nur sind die Planung und die Einführung von gamifizierten Systemen von hoher Qualität kostspielig, sondern auch der Betrieb und Weiterentwicklung des Systems. Nicht zu vergessen ist, dass Organisationen auch Geld für Belohnungen ausgeben müssen; die Qualität dieser sollte auch im Laufe der Zeit steigen.[17]

5.6 Die Generationsfrage

Ein wichtiges Thema ist, welche Rolle das Alter des Arbeitnehmers spielt. Ältere Generationen, die nicht digital aufgewachsen sind, könnten eine negative Einstellung zur Gamification haben. In der Tat sind jedoch 58 % aller Social Gamers älter als 40 Jahre.[18] Gamifizierte Elemente können also auch ältere Generationen ansprechen.

---

[17] Ibid.
[18] Infographic: Social Gaming (2012).

5.7 Professionalität

Gegner von Gamification machen sich darüber Gedanken, dass gamifizierte Prozesse den Arbeitsplatz unseriöser machen und den Eindruck erwecken, dass bestimmte Tätigkeiten trivial sind, auch wenn das nicht der Fall ist. Gamificationprozess-Designer sollten also nicht vergessen, dass Gamification an sich kein Spiel ist, und Engagement und Motivation steigern und nicht nur unterhalten soll. Das Erscheinungsbild von gamifizierten Prozessen sollte immer professionell sein und den Fokus auf den Mitarbeiterwert setzen.

5.8 Konkurrenz mit negativen Auswirkungen

Gamifizierte Elemente bieten eine ausgezeichnete Gelegenheit, die Leistungen der Arbeitnehmer zu messen und evaluieren. Trotzdem ist es wichtig, dass die Mitarbeiter nicht vom eigentlichen Zweck der Tätigkeit abgelenkt werden; dies ist besonders in Gruppen ein wichtiges Thema. Die Gruppe darf das Hauptziel nicht aus dem Auge verlieren; das muss der Hauptmotivationsfaktor der Gruppe bleiben und nicht die Leistung der einzelnen Gruppenmitglieder. Bei Gamification soll die Belohnung für erfolgreich erledigte Aufgaben das Gefühl vermitteln, etwas erreicht zu haben, vermitteln, welche Rolle die Aufgabe im Ganzen spielt, und das Lernen und den Wissensaustausch fördern.

6 Praxisbeispiele Gamification

Gamification hat sich auf verschiedenen Gebieten bewährt, wie Bildungsprogramme, Anwendungen im Gesundheitswesen und Business Development Instrumente.

Massive Open Online Courses (MOOC) wie Codecademy.com und Coursera.org sind ausgezeichnete Beispiele von der Gamification im Bildungswesen. Codeacademy wurde 2011 gegründet und hatte schon im Januar 2014 mehr als 24 Mio. Unique User. Das Leitbild des Unternehmens ist „die erste echt im Netz verankerte Bildungseinrichtung aufzubauen". Im Mittelpunkt des Lernangebots stehen Programmiersprachen, von ganz einfachen Web Entwicklungstools wie HTML bis hin zu komplexeren Entwicklungs- und Datenbearbeitungssprachen wie Ruby und Python. Um zu helfen, gute Vorsätze für das neue Jahr einzuhalten, bot Codeacademy im Rahmen des Code Year 2012 jede Woche einen neuen Kurs. Bald hatte das Unternehmen 450.000 Nutzer, die die Grundlage für den Erfolg von Codeacademy bildeten.

Die Theorie der Gamification hilft, den Erfolg von Codeacademy zu nachvollziehen:

- Die Teilnehmer selbst entscheiden, ob sie sich für einen Kurs anmelden oder eine Aufgabe zu Ende machen. Die Motivation ist rein intrinsisch und die jeweilige Belohnung wird nicht als Kontrollinstrument wahrgenommen.

- Das eigentliche Ziel des Lernprozesses ist für den Teilnehmer der Erwerb von erwünschten Fähigkeiten. Das Benotungssystem ist ein Punktesystem, das bei den Aufgaben eingesetzt wird, die ein Teilnehmer abschließen muss, um sein Ziel zu erreichen. Mit jedem Punkt rückt das Ziel ein bisschen näher.
- Der Teilnehmer kann seine Fähigkeiten auf verschiedene Weise unter Beweis stellen, z. B. durch Aufgaben oder Projekte; er kann auch sein Wissen im digitalen Kursforum austauschen.

Die drei Richtlinien für die Gamification eines Prozesses werden bei der Codeacademy berücksichtigt:

- menschliche Nähe: der Teilnehmer ist Mitglied einer Gruppe mit identischen Interessen (Programmierung) und Zielen (Programmierkompetenz); die Gruppenmitglieder haben ähnliche Aufgaben und können ihre Erfahrungen austauschen.
- Kompetenz: in jeder Stufe des Kurses hat der Teilnehmer die Möglichkeit, von seinen neu erworbenen Kenntnissen Gebrauch zu machen – ein Problem lösen oder eine Aufgabe abschließen. Zwischen den Aufgaben kann man leicht unterscheiden: es gibt die „muss machen"-Kategorie und die „würde gern machen"-Kategorie. Bei typischen „muss machen"-Aufgaben muss der Teilnehmer Anweisungen und Funktionen erläutern. In der anderen Kategorie findet man das letzte Projekt, in dem der Teilnehmer zeigen soll, dass er seine Kenntnisse anwenden kann. Der Teilnehmer bleibt engagiert und erhält eine Rückmeldung am Ende jeder Stufe.
- Autonomie: es liegt in der Natur eines MOOCs, dass der Teilnehmer den Entschluss mitzumachen freiwillig trifft, da die Aktivität ein Schritt auf dem Weg zu seinem Ziel ist und daher einen Wert für ihn hat. Darüber hinaus kann der Teilnehmer seinen Zeitplan und sein Engagement selbst bestimmen, was ein hohe Flexibilität erlaubt.

Die Game Design Elemente
Im Layout der Codeacademy-Webseite findet man die Game Design Elemente, wie die Fortschrittsbalken und Buttons im „personal user cabinet" (Abb. 1 und 2)
Der Teilnehmer erhält Feedback, sobald er mit einer Aufgabe fertig ist (Abb. 3)
Die Nutzer der Webseite haben auch die Möglichkeit, online Kontakte zu pflegen, ein Diskussionsforum zu gründen, um mit anderen auszutauschen und Feedback zu erhalten (Abb. 4).
Zusammenfassend lässt sich sagen, dass Codeacademy ein sehr gelungenes Beispiel ist von der Anwendung von den Instrumenten von Gamification im Bildungswesen. Die Ziele der Nutzer (neue Fähigkeiten zu erwerben) und des Unternehmens (Interesse an Programmierung zu fördern) decken sich in einer Win-win-Situation.

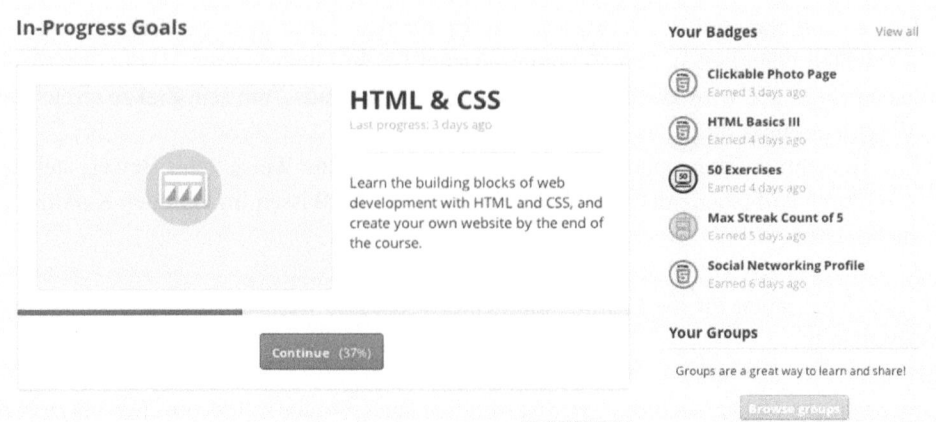

Abb. 1 Beispiel eines „personal user cabinet"

Abb. 2 Buttons

☐ ☆ ◌	Codecademy	Inbox Whoa, five day streak! - f" border="0"> t Codecademy" border="0" style="-ms-interpolation-mode: bicubic;"		23 Mar
☐ ☆ ◌	Codecademy	Inbox Nice work! - f" border="0"> t Codecademy" border="0" style="-ms-interpolation-mode: bicubic;" class="hea		21 Mar
☐ ☆ ◌	Codecademy	Inbox You've got a three day streak! - f" border="0"> t Codecademy" border="0" style="-ms-interpolation-mode: bi		21 Mar

Abb. 3 Feedback

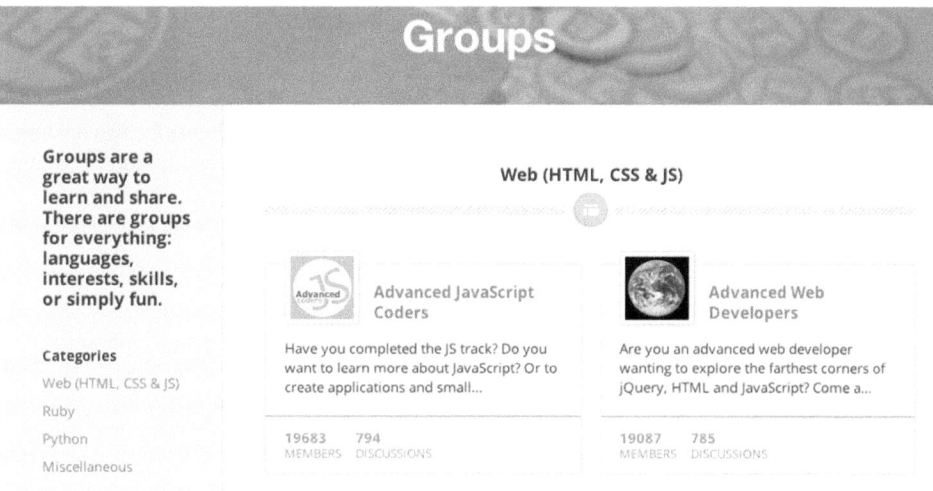

Abb. 4 Gruppen bei Codeacademy

Literatur

Deci, E., & Ryan, R. (1991). A motivational approach to self: Integration in personality. In R. Dienstbier (Hrsg.), *Nebraska symposium on motivation: Vol. 38. Perspectives on motivation* (S. 237–288).
Deterding, S. (2011). Situated motivational affordances of game elements: A conceptual model, CHI 2011.
Deterding, S., Dixon, D., Khaled, R., & Nacke, L. (2011). Gamification: Toward a definition, CHI 2011.
Gartner. (2011). http://www.gartner.com/it/page.jsp?id=1629214. Zugegriffen: 4. Juni 2013.
Groh, F. (2012). Gamification: State of the art definition and utilization. In *Research trends in media informatics* (S. 39–47).
Huotari, K., & Hamari, J. (2011). Gamification from the perspective of service marketing, CHI 2011.
Infographic: Social Gaming. (2012). http://www.digitalbuzzblog.com/infographic-social-gaming-demographicsstatistics-2012. Zugegriffen: 4. Juni 2013.
Kim, S. H., Taher, M., Kankanhalli, A., Cavusoglu, H. (2012). Gamification: A new paradigm for online user engagement. In Proceedings of the 33rd International Conference on Information Systems (ICIS), Orlando.
McGonigal J. (2012). *Reality is broken: Why games make us better and how they can change the world* (S. 21–25).
Nicholson, S. (2012). A user-centered theoretical framework for meaningful gamification. Paper presented at Games+ Learning + Society 8.0 (S. 3–5).
Ryan, R. M., & Deci, E. L. J. (2008). Self-determination theory and the role of basic psychological needs in personality and the organization of behavior. In *Handbook of personality: Theory and research* (S. 654–678). New York.
Sakamoto, M., Nakajima, T., Alexandrova, T. (2012). Value-based design for gamifying daily activities. In *Entertainment Computing – ICEC 2012, Lecture Notes in Computer Science: Vol. 7522* (S. 421–424).

Self-Determination theory. (2013). http://www.selfdeterminationtheory.org/theory. Zugegriffen: 4. Juni 2013.

Werbach K., & Hunter, D. (2012). *For the win: How game thinking can revolutionize your business.* Philadelphia.

Zichermann, G. (2011). Gamification has issues, but they aren't the ones everyone focuses on. http://radar.oreilly.com/2011/06/gamification-criticism-overjustificationownership-addiction.html. Zugegriffen: 4. Juni 2013.

Zichermann, G., & Cunningham, C. (2011) *Gamification by design: Implementing game mechanics in web and mobile apps* (S. 27).

Natallia Shauchenka Nach dem Studium Business Administration arbeitet Natallia Shauchenka bei einem IT-Unternehmen in Berlin in der Produktentwicklung. Ihre Forschungsschwerpunkte sind Gamification, Storytelling und ihre Umsetzungen für die unternehmerische Praxis.

Prof. Dr. Anabel Ternès ist Kommunikationswissenschaftlerin, Journalistin und Diplom-Kauffrau. Sie verfügt über langjährige internationale Führungserfahrung in Marketing, Kommunikation und Business Development, u. a. für Samsonite und Fielmann. Sie hält eine Professur und Studiengangsleitung für International Communication Management, E-Business und Social Media Management an der SRH Berlin International Management University und leitet das Institut für Nachhaltiges Management.

Prof. Dr. Ian Towers ist Professor für BWL und Marketing sowie Studiengangsleiter International Business Administration an der SRH Berlin International Management University. Zudem ist er Mitglied des International Institute for Sustainability Management. Er hat an Universitäten in Nordamerika und Europa gelehrt und war viele Jahre als Marketing Manager, Brand Manager und Business Unit Manager international tätig.

Interkulturelles Marketing durch Dialektik

Dialektische Denkbewegungen für ein erfolgreiches interkulturelles Marketing

Patrick Sourek

> *Because marketing is about messages, not only about what is said but how is is said.*
> *(Trompenaars 2004, S. 305.)*

▶ Die meisten internationalen Werbe- oder Maketingkampagnen werden heute bereits unter Berücksichtigung von Kulturdimensionen, Kulturstandards oder kulturübergreifenden Aspekten initiiert und durchgeführt. Aus der täglichen Arbeit im Training und Coaching mit Menschen, die Produkte in einer anderen Kultur präsentieren oder verkaufen wollen, verfestigen sich oft sehr technische Verfahren, die zwar hilfreich, aber nicht immer zielführend sind. Um dieses Einbahnstraßendenken aufzubrechen und authentisch transkulturell zu handeln, ist eine dialektische Struktur hilfreich.

1 Einleitung

Zum Thema Interkulturelles Marketing wurde und wird immer noch viel gesagt und noch mehr geschrieben. Die Library of Congress verzeichnet alleine 72 Werke, die exakt diesen Titel tragen. Meinen Kollegen und mir sind alleine mehr als 20 verschiedene Thesenpapiere alleine aus dem deutschsprachigen Raum dazu in den letzten Jahren in die Hände gefallen, und es gibt eine schier unendliche Zahl an Veröffentlichungen rund um das Thema Marketing, welche das Thema Interkulturalität streifen. Warum also noch ein weiterer Beitrag zu diesem Thema? Ist denn da nicht bereits alles gesagt?

P. Sourek (✉)
Rupprechtstraße 12, 50937 Köln, Deutschland
E-Mail: patricksourek@me.com

Ein Buch zu diesem Thema, das man getrost als Klassiker bezeichnen darf, ist das Werk von Jean-Claude Usunier und Julie Anne Lee (2005) „Marketing across cultures", welches 1992 zum ersten Mal erschien und mittlerweile in der 6. Auflage ein so breites Spektrum des Marketings unter interkulturellen Aspekten abdeckt, dass kaum Wünsche offen bleiben.

Was dieses Werk auszeichnet, sind nicht nur die Detailkenntnisse beider Autoren, sondern auch ein Aspekt, von dem in diesem Beitrag besonders die Rede sein soll: Was muss ich wissen und wie kann ich dieses Wissen in der Praxis richtig anwenden, um kulturadäquat handeln, also verkaufen oder werben zu können? Im Appendix jedes Kapitels von „Marketing across cultures" finden sich Fallbeispiele, Übungen und allerlei Anschauliches, welches dieses Wissen in konkrete Situationen einbringt. Was hier wie eine kleine Buchrezension klingt, ist ein Aspekt, der den meisten Ausführungen großer und kleinerer Theoretiker oftmals fehlt: Der Transfer des Gelernten in die Praxis mittels eines dialektischen Denkmusters.

So liegt der Fokus dieses Beitrags bereits am Ende einer Kette von akkumuliertem Wissen zu diesem Thema, welches vielfältig zur Verfügung steht. Die Aufmerksamkeit liegt bei der Vermittlung dieses Wissens und seiner praktischen Umsetzung im Training und Coaching. Die meisten Agenturen und Marketingschaffenden sind mittlerweile davon überzeugt, dass es nicht ausreicht, normatives Wissen über kulturelle Differenzen als Fußnote einer Marketingkampagne zu sehen oder sich einfach der stets bemühten Kulturdimensionen Hofstedes oder Halls zu bedienen, um sie dann in eine Kampagne einfach einzubauen oder sie ihr überzustülpen.

Dies bringt einen weiteren Aspekt zum Vorschein, den man bei aller Auseinandersetzung mit interkulturellem Marketing vermeiden sollte: eine allzu technische Perspektive von Kultur, die jeden Dimensionen oder Standards zu eigen sind. Sicherlich ist es nicht unerheblich zu wissen, wie eine Farbe in einem kulturellen Kontext gedeutet wird oder wie sich das Verhältnis von Menschen zu Maskulinität und Femininität auf das Kaufverhalten auswirkt. Dies alles hat seine Relevanz und findet auch in der praktischen Umsetzung während eines Trainings seinen Ort. Ob es zielführend ist, wird jedoch von anderen Faktoren bestimmt: von der eigenen Bereitschaft, sich auf Kulturen einzulassen und die eigene Kultur besser zu verstehen. Wie dies gelingen kann und damit auch authentisches interkulturelles Marketing funktionieren kann, wird in zwei Schritten erläutert.

2 Zwei Schritte zum Selbst- und Fremdbild

Ausgangspunkt jedes interkulturellen Trainings und globaler Marketingstrategien ist das Selbst- und das Fremdbild. Wie sehe ich mich und wie sehe ich andere Menschen bzw. andere Kulturen? Wodurch wird mein Handeln determiniert und welche Faktoren bestimmen das Weltbild und damit auch das Handeln meines Gegenübers in der Zielkultur?

Für unsere Überlegungen sind dabei zwei Fragen entscheidend:

- *Was ist Kultur eigentlich und was bedeutet sie für mein Handeln im Kontext von Werben und Verkaufen?*
- *Was muss ich tun, damit beide Elemente nicht auf einer theoretischen Ebene stehenbleiben, sondern wie eine Anleitung zum Marketing einen nachprüfbaren Erfolg versprechen?*

Dies wird mittels eines dialektischen Denkmusters erreicht.

3 Kultur

Bevor wir über Interkulturalität sprechen, wird von uns ein Standpunkt abverlangt. Nämlich was Kultur eigentlich ist. Aus der Vielheit der einzelnen Komponenten, die wir in ihrer Gesamtheit als Kultur bezeichnen, können vier Elemente hervorgehoben werden, die für die nachfolgenden Betrachtungen relevant sind:

1. Sprache
2. Die Herstellung von Artefakten
3. Sinnattributionen durch Symbole
4. Institutionen

3.1 Sprache

Edward Sapir und Benjamin Lee Whorf (zitiert nach Caroll 1956) haben die Hypothese aufgestellt, dass die Sicht, die Menschen auf ihre Welt haben, mit der Struktur der Sprache zusammenhängt, die sie sprechen. Lässt man Teilnehmer aus unterschiedlichen Kulturkreisen ein Artefakt oder eine Situation beschreiben, so stellt man fest, dass sehr unterschiedliche Dinge dabei herauskommen. Manche Sprachen haben mehrere Wörter für Dinge, die in anderen Sprachen grammatikalisch hervorgehoben werden. So gibt es im Ungarischen oder im Chinesischen unterschiedliche Wörter für ältere oder jüngere Schwester. Manche Begriffe kommen in einigen Sprachen gar nicht erst vor, und wieder andere haben eine völlig andere Bedeutung. So steht die Sonne im ägyptischen Arabisch für etwas Furcht einflößendes, während sie in anderen Kulturen als etwas sehr Positives gesehen wird.

Sprache gibt also immer auch eine Wertigkeit mit auf den Weg, beschreibt Werte und Normen einer Kultur. Diesen Aspekt gilt es bei allen dialektischen Denkmustern immer zu berücksichtigen. Sie helfen uns z. B. bei der Markenführung oder beim Storytelling, wenn Ideen weiterentwickelt werden, um ein neues Produkt zu beschreiben oder um kulturgerecht zu werben.

3.2 Herstellung von Artefakten

Fertigkeiten und Wissen in Kulturen werden durch die Dinge ausgedrückt, die Kulturen produzieren, reproduzieren und weiterentwickeln. Dies soll keinen Ethnozentrismus darstellen, sondern uns vor Augen führen, dass Produkte, die in anderen Kulturen beworben werden, immer auch einen Bezug zu den eigenkulturellen Produkten herstellen werden. Dies kann durch Ablehnung oder Akzeptanz erfolgen.

Damit sind nicht nur physische Dinge gemeint, sondern auch intellektuelle, musisch-künstlerische oder Dienstleistungen. Hierbei darf es nicht zu einer hierarchischen Ordnung im Sinne eines „besser oder schlechter" kommen, sondern zu einer möglichst wertfreien Betrachtung der Dinge die Kulturen hervorbringen. Denn dieses Hervorbringen von Dingen eröffnet uns ebenfalls eine Weltsicht anderer Menschen, die uns wichtige Indikatoren für ein interkulturelles Marketing liefern.

3.3 Symbole

Ein wichtiger Punkt bei der Betrachtung des Selbst- und Fremdbildes ist die kulturspezifische Bedeutung von Zeit und Raum. Diese wird oft durch religiöse oder weltanschauliche Symbole dargestellt. Kulturen versuchen hier, eine Verbindung zwischen der physischen und der metaphysischen Welt herzustellen. Moralische Vorstellungen sowie die Haltung zu Leben und Tod werden durch Symbole genauso attribuiert wie wissenschaftliche oder das metaphysische verneinende Haltungen. Mit dem Einzug der Wissenschaften und durch normative Erkenntnisse geprägte Weltsichten sind neue Symbole aufgetaucht, die Kulturen ermöglichen, das Unaussprechbare greifbarer zu machen.

Für das interkulturelle Marketing haben Symbole natürlich eine herausragende Bedeutung, um Inhalte zu transportieren, die Sprache und Institutionen nicht vermitteln können.

3.4 Institutionen

Institutionale Elemente sind das Fundament jeglicher kultureller Prozesse. Sie sind das Bindeglied zwischen einzelnen Subjekten und der Gruppe. Dies können die Familie, religiöse oder politische Organisationen sein, in denen der Einzelne die Belange des täglichen Lebens mit Hilfe von Regeln und Gesetzen bewerkstelligen kann. Diese Regeln sind nicht statisch. Im Gegenteil: Der Einzelne kann sie aktiv mitgestalten und verändern. Malinowski (1994) führt sieben kulturübergreifende Prinzipien an, welche durch Institutionen geformt werden:

1. Reproduktion
2. Territorialität

3. Physiologie
4. die Neigung des Menschen zur Gemeinschaft mit anderen
5. Arbeit
6. Hierarchie
7. Macht

Alle sieben Elemente dürfen in unserem Zusammenhang nicht isoliert voneinander betrachtet werden. Sie liefern uns bei dialektischen Denkmustern eine wichtige Matrix, die quasi im Hintergrund immer mitgedacht wird. Eine Einbettung in das dialektische Prinzip bringt Werbeschaffenden mehr als nur den Blick über den eigenen Tellerrand: Sie führt zu ungeahnten Möglichkeiten bei der Markenfindung im anderskulturellen Kontext.

4 Dialektische Denkmuster im interkulturellen Kontext

Der berühmte Blick über den Tellerrand ist bereits der erste Schritt. Doch erst ein Hineinversetzen in die Position des anderen kann zu einem für beide Seiten positiven Ergebnis führen, für den Käufer wie für den Verkäufer. Meist berücksichtigen unsere Überlegungen im interkulturellen Marketing nur die eine Denkrichtung. Wenn ich zum Beispiel überlege, welche Farben ich für ein Produkt verwende, um es dann auch erfolgreich in einem anderen kulturellen Kontext zu vermarkten, so überlege ich natürlich, welche Farben in der Zielkultur mit welchen Attributen versehen werden. Gelingt es jedoch, einen dialektischen weiteren Schritt zu gehen und weitere Farben in Betracht ziehe, so ergeben sich aus diesen Denkbewegungen wieder zahlreiche neue kreative Ideen, die in ihrer Mehrdimensionalität zu ungeahnten Ergebnissen führen können.

Die Dialektik hat ihre Ursprünge in der abendländisch-griechischen Philosophie, wo sie in der Rhetorik als bewusstes Mittel zur Meinungsbildung eingesetzt wurde (Popper 1965). Die mittelalterliche Scholastik kommt in ihren Disputationen bei Befolgung einer strikten Pro-Contra-Abwägung zu den bis heute unübertroffenen Denkgebäuden christlicher Philosophie. Als Erklärungsmuster für die Natur- und Menschheitsgeschichte diente die Dialektik im deutschen Idealismus insbesondere Hegel. Dort bedienten sich Marx und Engels mit ihrer historisch-materialistischen Sichtweise und formulierten einen regelrechten dialektischen Entwicklungsprozess. An den sieben kulturübergreifenden Prinzipien Malinowskis lässt sich bereits das Prinzip der Dialektik im unterkulturellen Marketing ausprobieren. Am Beispiel der Reproduktion lassen sich folgende Denkmuster ausprobieren (siehe auch Abb. 1):

- Welchen Stellenwert haben Familie und Kinder in meiner Kultur?
- Wie haben sich das Bild und die Einstellung der Menschen zu Reproduktion in meiner Kultur verändert und was hat zu dieser Veränderung geführt?

Abb. 1 Dialektische Form mit Synthese

- Welchen Stellenwert haben diese Fragen in meiner Zielkultur, in der ich etwas verkaufen will?
- Kann mein Produkt einen kulturübergreifenden Aspekt wiedergeben?

Diese und viele weitere Fragen kann man nun dialektisch gegeneinander halten, um aus den Ergebnissen wieder neue Erkenntnisse zu generieren, die man wiederum mit anderen Ergebnissen konfrontiert usw. Sehr erfolgreich haben sich solche dialektischen Denkübungen im interkulturellen Kontext gezeigt, wo ein Kreativteam aus kulturell verschiedenen Mitgliedern sich auf dieses dialektische Denkmodell einlässt und so Ergebnisse generiert, die dann in eine erfolgreiche unterkulturelle Marketing Kampagne fließen.

Ein gelungenes Beispiel dialektischer Markenführung ist die Werbekampagne des US-amerikanischen Sportartikelherstellers Nike aus dem Jahr 2007 (vgl. Abb. 2). Die Agentur DMG Peking hat nämlich die in erster Linie als Gegensätze zu erkennenden Faktoren einer mehrtausendjährigen Tradition (Zielland China, Peking) und einer futuristisch anmutenden Sportausrüstung (Nike) in ein großartiges Produkt gegossen, welches durch ein Basketballturnier mit 6000 Teilnehmern in Peking flankiert wurde. Unter dem Namen „Schlacht der neun Tore" konnte DMG an die Tradition anknüpfen, dass Peking früher von neun Toren bewacht wurde, und organisierte ein Turnier in der Verbotenen Stadt.

Abb. 2 Werbeplakat für Nike der Agentur DMG, Peking, 2007

Literatur

Caroll, J. B. (1956). *Language, thought and reality: Selected writings of Benjamin Lee Whorf.* Cambridge: MIT.
Malinowski, B. (1994). *A scientific theory of culture and other essays.* Chapel Hill: University of North Carolina Press.
Popper, K. R. (1965). Was ist Dialektik? *Logik der Sozialwissenschaften,* S. 262–290.
Trompenaars, F. (2004). *Marketing across cultures.* Chichester: Capstone.
Usunier, J.-C., & Lee, J. A. (2005). *Marketing across cultures.* FT Prentice Hall: Pearson.

Patrick Sourek arbeitet bei den Carl DuisbergCentren im Bereich Learning, Training & Development als Trainer, Coach und Berater. Durch seine Arbeit für deutsche und internationale Unternehmen in Greater China ist seine Expertise in den Bereichen deutsch-chinesisches Führungskräftetraining, interkulturelles Teamtraining und Konfliktmanagement sehr gefragt. Für seinen kulturübergreifenden Beratungsansatz wurde er von deutscher und chinesischer Seite ausgezeichnet.

Reputationsmarketing

Unternehmensführung 2.0: Warum der gute
Ruf in der globalen und digitalisierten Welt ein
erfolgskritischer Geschäftsfaktor ist

Christopher A. Runge und Anabel Ternès

1 Einführung

Derzeit kursiert in den Medien ein prominentes Fallbeispiel, das eindrucksvoll belegt, wie wichtig und fragil zugleich die Reputation von Unternehmen ist. Die Rede ist vom schwer angeschlagenen ADAC, der u. a. durch organisationsstrukturelle Intransparenz und geschönte Zahlen sozusagen tiefe Kratzer in seinem gelben Lack bekommen hat. Das Vertrauen, das sich die „gelben Engel" im autoaffinen Deutschland über Jahrzehnte aufgebaut haben, ist binnen weniger Tage durch ein immenses mediales Echo zerstört worden. Aktuelle Umfragen zeigen, dass 72 % der Deutschen kein Vertrauen mehr in den Automobilclub haben (vgl. Abendzeitung 2014). Zwar mögen sich die Austrittszahlen noch in Grenzen halten, doch in langfristiger Hinsicht könnte dieser Imageverlust dem ADAC deutlich schaden. Es kann Jahre dauern und viele kommunikative, transparenz- und vertrauensfördernde Anstrengungen kosten, um das Image wieder aufzubessern.

Insgesamt erkennen mehr und mehr Unternehmen in den letzten Jahren immer deutlicher, dass die eigene Reputation quasi als Asset, also als immaterieller Vermögensgegenstand einen großen Einfluss auf den Markterfolg hat. Gerade durch die omnipräsenten Informationsmöglichkeiten des Internets entscheidet der Ruf bzw. das Ansehen im Wesentlichen darüber, wie ein Unternehmen von außen wahrgenommen wird. Untersuchungen zu diesem Thema lassen es zu, folgende Erfolgsformel mit Blick auf Reputationsmarketing

C. A. Runge (✉)
R&R Strategy Consulting GmbH, Friedrichstraße 133, 10117 Berlin, Deutschland
E-Mail: c.runger@rr-unternehmensgruppe.com

A. Ternès
Ernst-Reuter-Platz 10, 10587 Berlin, Deutschland
E-Mail: anabel.ternes@srh-hochschule-berlin.de

© Springer Fachmedien Wiesbaden 2014
A. Ternès, I. Towers (Hrsg.), *Internationale Trends in der Markenkommunikation*,
DOI 10.1007/978-3-658-01517-6_5

zuzuspitzen: Unternehmen muss es gelingen, das wahrgenommene Außenbild mit dem angestrebten Image in Einklang zu bringen, sodass sich keine auf das Image negativ auswirkenden Widersprüche ergeben (vgl. hierzu Schwalbach 2000). Alleine das neue Konzept Reputationsmarketing verdeutlicht, dass es hierbei längst um ein bedeutsames Handlungsfeld der Unternehmensführung geht, das für einen nachhaltigen Wachstumskurs nicht vernachlässigt werden darf. Hinzu kommt ein dynamisches Wirtschaftsumfeld mit globalen Märkten, das sich zudem durch eine zunehmende Produkthomogenisierung auszeichnet. Dies erklärt, warum das Themengebiet Reputationsmanagement immer mehr in den Fokus der Wirtschaftswissenschaften rückt. Der theoretischen Fundierung jedoch steht eine Unternehmenspraxis entgegen, in der aktives bzw. strategisches Reputationsmanagement mehrheitlich noch nicht organisatorisch verankert ist, wenngleich dessen große Relevanz durchaus von Entscheidungsträgern anerkannt wird (vgl. hierzu Schürmann 2006).

Ausgehend von der Erkenntnis, dass strategisches Reputationsmarketing über die Wettbewerbsfähigkeit und den Markterfolg eines Unternehmens entscheiden kann, werden in diesem Beitrag Praxisbeispiele im Hinblick auf Schlüsselfaktoren vorgestellt, bevor es um die Erläuterung von möglichen Vorgehensweisen in der Unternehmensführung geht. Ein guter Ruf ist aber nicht nur absatztechnisch für Unternehmen entscheidend: In Zeiten des akuten und sich weiter verschärfenden Fachkräftemangels wird es auch darauf ankommen, sich im Kampf um die besten Köpfe als attraktiver Arbeitgeber zu platzieren. Unternehmen mit einem hervorragenden Ruf haben es leichter, bestens qualifizierte Mitarbeiter zu gewinnen, als solche, die gleich durch zahlreiche Skandalmeldungen erst gar nicht den Gedanken an eine (Initiativ-)Bewerbung aufkommen lassen.

Nach einer definitorischen und kompakten theoretischen Einführung werden in diesem Beitrag zwei Praxisbeispiele betrachtet. Anschließend werden praxisorientierte Empfehlungen zum Thema Reputationsmanagement erörtert, die durch ein knappes Fazit pointiert zusammengefasst werden.

2 Definitionen und theoretischer Hintergrund: Es gilt, das Konstrukt „Reputation" mit Blick auf Unternehmensspezifika messbar zu machen

Der Begriff „Reputation" beschreibt ein Konstrukt, das nicht unmittelbar greifbar ist. Grundsätzlich sollte man sich verdeutlichen, dass es viele subjektiv gefärbte Variablen gibt, die auf die *wahrgenommene* Reputation wirken. Da es sich um ein wahrgenommenes Bild handelt, kann diese subjektive Einschätzung logischerweise gezielt gesteuert werden. Hier genau setzt strategisches Reputationsmarketing an. Die Tatsache, dass Reputation eher ein „unsichtbares" Konstrukt ist, macht auch die betriebswirtschaftliche Notwendigkeit für ein aussagekräftiges Controlling deutlich. Um Transparenz und Zielgenauigkeit von Maßnahmen zu erhöhen, muss Reputation aus Sicht eines jeden Unternehmens operationalisiert werden, um den Wert zahlenbasiert nachvollziehen und vor allem messen zu können.

Schwalbach (2000, S. 1) definiert Reputation als das „von Außenstehenden wahrgenommene Ansehen eines Unternehmens", wobei die zentralen Werte *Glaubwürdigkeit*, *Vertrauenswürdigkeit*, *Verlässlichkeit* und *Berechenbarkeit* eine Grundvoraussetzung für eine hohe Reputation seien. Die wertorientierte Betrachtung verdeutlicht eindrucksvoll, warum der ADAC aktuell so sehr an Image und wichtigem Vertrauen eingebüßt hat. Daher sollten Unternehmen immer auch versuchen, ihren sozialen Status aktiv zu verbessern, denn immer mehr Kunden erwarten ein verantwortungsvolles Handeln in Zeiten knapper werdender Ressourcen (vgl. zu diesem Aspekt Fombrun und Shanley 1990). In diesem Sinne umfasst modernes strategisches Reputationsmarketing

> Planung, Aufbau, Pflege, Steuerung und Kontrolle des Rufs einer Organisation gegenüber allen relevanten Stakeholdern. [...] Da Reputation nicht nur von Kommunikation, sondern v. a. vom beobachteten Organisationsverhalten abhängt, betont das Reputationsmanagement die Notwendigkeit, Handlung und Kommunikation von Unternehmen aufeinander abzustimmen, sodass Reputationsmanagement den Anspruch der integrierten Kommunikation ausdrückt und ein Teil der Unternehmenskommunikation ist. (Springer Gabler 2014)

Fombrun (2001) bringt die notwendigen Anforderungen für Unternehmen in Bezug auf Reputationsmarketing auf den Punkt: Unternehmen müssen für Kunden in der öffentlichen Wahrnehmung sichtbar und durch ihr Profil unterscheidbar sein, kommunikative Maßnahmen sollten transparent, authentisch und vor allem konsistent zu den angestrebten Zielen sein. Zu Beginn jeder strategischen Ausrichtung müssen natürlich alle relevanten Stakeholder mit ihren Wünschen und Erwartungen möglichst exakt bestimmt werden, nur so kann Reputationsmarketing mit einer wünschenswerten Zielgenauigkeit vorangetrieben werden. Wichtig ist hier die theoretische Differenzierung zwischen *Image* und *Reputation:* Images, gemäß der Bedeutung *Bilder,* sind demzufolge Vorstellungen, die sich Betrachter machen. Reputation meint dagegen die Aggregation dieser Bilder zu einem absoluten Wert, der letztlich über die wahrgenommene Qualität und Absatzerfolge entscheidet. Eine schlechte Reputation führt demnach zu einer schlechten Service- bzw. Qualitätseinschätzung. Eine hohe Reputation führt zu einem stark ausgeprägten Vertrauen, das für die langfristige Kundenbindung wichtig ist. Will ein Unternehmen zu Kunden Vertrauen aufbauen, so muss es die Erwartungen der Stakeholder kennen und erfüllen. Beispiele für solche reputationsrelevanten Erwartungen sind in Anlehnung an Niederhäuser und Rosenberger (2011, S. 105):

- *Funktionale* Reputation: Grad der Leistungserfüllung (wahrgenommene Qualität der Produkte, Innovationsfähigkeit des Unternehmens)
- *Soziale* Reputation: Berücksichtigung und aktive Formung von gesellschaftlichen Werten und Normen, Übernahme von Verantwortung
- *Authentizität* und *emotionale Attraktivität* von Unternehmen: Wie sehr können Kunden begeistert und animiert werden? Hier ist Apple als „IT-Trend-Setter" beispielhaft zu nennen (vgl. Niederhäuser und Rosenberger

Ziel aller strategisch ausgerichteten Anstrengungen im Bereich Reputationsmarketing muss es sein, Außenwahrnehmung und Realität anzupassen, d. h., bei allen relevanten Stakeholdern sollte eine als optimal wahrgenommene Reputation erreicht werden. Dies kann nur sichergestellt werden, wenn die Leistung eines Unternehmens mit seiner Reputation übereinstimmt. Hüttl (2005) führt diesbezüglich aus, dass eine hohe Reputation für Unternehmen, die eine geringe wirtschaftliche Leistungsfähigkeit aufweisen, ein Risiko darstelle, denn letztlich wirkt die wahrgenommene Leistungsfähigkeit auf den Ruf direkt ein. Ist die Reputation jedoch schlechter als die eigentliche Leistungsfähigkeit, so können kommunikative Maßnahmen dazu beitragen, den Ruf zu verbessern. Hier zeigt sich erneut, dass ein einheitliches Bild ohne Widersprüche für eine hohe Reputation erfolgskritisch ist. Insofern offenbart sich, dass Reputationsmanagement eben nicht nur aus dem Managen des Rufes besteht, vor allem der Kommunikation der getroffenen Maßnahmen kommt mit Blick auf die Stakeholder eine Schlüsselrolle zu. Dabei müssen Unternehmen im Zeitalter des Web 2.0 ganzheitlich denken und vorgehen, Reputationsmarketing ist online sowie offline konsequent zu betreiben. Mittels Blogs, interaktiver Unternehmensseiten oder Fanpages auf Facebook und Co. ist es möglich, Meinungen aktiv zu beeinflussen und Vertrauen zu schaffen. Ziel aller Anstrengungen muss es sein, vertrauensvolle und belastbare Beziehungen zu allen wichtigen Stakeholdern aufzubauen. So ergeben sich wertvolle Bindungspotenziale für Kunden und Unternehmen. In wirtschaftlichen Krisenzeiten erweist sich eine hohe Reputation als wichtiger Eckpfeiler, um ein Unternehmen trotz schwierigster Umstände auf (Wachstums-)Kurs zu halten. Zu Beginn muss die Reputation eines jeden Unternehmens bestimmt werden, denn oftmals ergeben sich zum eigentlich gewollten Wahrnehmungsbild deutliche Differenzen. Zur Messung der Reputation ist ein unternehmensspezifischer Faktorenkatalog aufzustellen, sodass das Konstrukt letztlich annäherungsweise erfasst werden kann.

Abgeschlossen werden sollen die theoretischen Hinweise mit der aktuellen Feststellung, dass Unternehmen Reputation als erfolgskritischen Wert ansehen. Mehrheitlich ist aber in der unternehmerischen Praxis weder eine operative noch eine strategische Verankerung gegeben. Daher erscheint es geboten, einen praxisorientierten Blick auf den Prozess des Reputationsmarketings zu werfen. Die folgenden Praxisbeispiele sollen dazu dienen, die Dimensionen und mögliche Auswirkungen von Maßnahmen zu beleuchten.

3 Unternehmen haben einen guten Ruf zu verlieren: Praxisbeispiele in der kritischen Betrachtung vor dem Hintergrund der geschilderten Theorie

Was hat ein Dromedar in lasziven Latexstiefeln mit einem Mann gemeinsam, der sich in der Wildnis vor einem Lagerfeuer mit einem brennenden Stock eine Zigarette anzündet? Gemeinsamkeiten findet man hier keine. Dies war auch von der damaligen Agentur gewollt, die für Camel eine Neupositionierung in der Außendarstellung geschaffen hatte. Der Kunde, der sich bis dahin mit der ersten Darstellung identifiziert hatte, sah sich plötzlich einer komplett anderen Markenaussage gegenüber. Vor diesem Hintergrund kann man die bis heute nicht aufgefangenen Umsatzeinbrüche der einst erfolgreichen Zigarettenmarke Camel verstehen. Es handelt sich bei den beiden Darstellungen um zwei gegensätzliche Werbefiguren der genannten Zigarettenmarke.

In den 1970er Jahren wurde ein wildes Lebensgefühl inszeniert, dessen Genusshöhepunkt eine Camel-Zigarette war. Gezeigt wurde getreu dem Motto „*Where a man belongs*" das Bild von einem Mann, der meilenweit für eine Camel-Zigarette durch die Wildnis ging. In den 70er Jahren wurde so erfolgreich ein Bild von Männlichkeit gezeichnet, das Abenteuer und Freiheit suggerierte und so als sehr nachahmenswert erschien (siehe Abb. 1, links).

Doch in den 1990er Jahren vollzog die Marketingabteilung eine radikale Kehrtwende: Was früher von Natur, Männlichkeit und Abenteuer lebte, wurde nun mit einem witzig gemeinten Latex-Dromedar in das Gegenteil verkehrt (Abb. 1, rechts). Die Auswirkungen dieser Werbung auf das Brand sind bis heute deutlich spürbar: Immer weniger Menschen kauften Camel-Zigaretten, heute handelt es sich in Deutschland um ein Produkt mit geringem Marktanteil. Zu der Kampagne mit dem Latex-Kamel gab es auch ein Plüschtier zu kaufen, was vor allem Kinder- und Jugendschützer auf den Plan rief. Der Marke wurde vorgeworfen, dass sie Kinder zum Rauchen animieren wolle, was einem Tabubruch gleichkam. Es folgten drastische Umsatzeinbußen durch ein ramponiertes Image, das sich bis heute nicht wieder erholen konnte.

Die Werbedarstellungen in Abb. 2 und 3 zeigen Camel-Werbungen aus dem Jahr 2007, ein Versuch, die Stimmung der erstgezeigten Werbung mit einem modernen Image zu verbinden. Die Landschaft erinnert stark an die ersten Camel-Werbungen – eine Position in der Abgeschiedenheit, die Weite einer Landschaft, aus der Perspektive einer einzigen Person, verbunden mit einem Hauch von Abenteuer. Schon mit der verniedlichten Kamel-Darstellung hatte Camel die Kritik von Kinder- und Jugendschützern auf sich gezogen

Abb. 1 Camel-Werbung: Wandel der Markenaussage, Werbung aus den 70ern und 90ern. (Quellen: tobacco.stanford.edu; http://www.camel.mfluhr.de/Camel08.htm, von McCann-Erickson)

und hatte demnach schon Erfahrung mit einem daraus resultierenden Reputationsschaden. Jetzt gab es wieder Kritik, denn Camel zeigt bei einer der Werbungen einen Jungen, der ein Kamel mit Licht in das Dunkel der Nacht malt. Dass hier ein Kind gezeigt wurde und damit die Idee nah war, Camel wolle schon Kinder zum Zigarettenkonsum verführen, wurde nicht nur von Kinder- und Jugendschützern, sondern jetzt auch von vielen Privatpersonen auf verschiedenen sozialen Plattformen im Internet kritisiert.

Dieses Beispiel aus der Werbung veranschaulicht sehr eindrucksvoll, wie sensibel man mit einer hohen Reputation umgehen muss.

Was lässt sich aus diesem Beispiel mit Blick auf modernes Reputationsmanagement ableiten? Auch theoretischer Sicht wurde mit diesem Umschwenken in puncto Werbung

Abb. 2 Camel-Werbung: Wandel der Markenaussage, aktuelle Werbung 1. (Quelle: http://photobucket.com/images/Discover+More+in+Camel+Ad+Campaign+|+HownWow.Com?page=1)

Abb. 3 Camel-Werbung: Wandel der Markenaussage, aktuelle Werbung 2. (Quelle: http://photobucket.com/images/Discover+More+in+Camel+Ad+Campaign+|+HownWow.Com?page=1)

die soziale Reputation von Camel schwer beschädigt, das Unternehmen hat offensichtlich die Erwartungen von Kunden bzw. gesellschaftliche Normen verletzt. Die Authentizität ist aufgrund dieses Kurswechsels verloren gegangen, positive Emotionen der früheren Kampagnen zwecks Kundenbindung sind verloren gegangen. Zentrale Werte der Reputation wie *Glaubwürdigkeit*, *Verlässlichkeit* und *Berechenbarkeit* wurden ignoriert. So kam es, dass sich einzelne negative Images zu einer insgesamt negativen Reputation aggregierten, unter der das einst erfolgreiche Unternehmen bis heute zu leiden hat. Unter der gezielten Berücksichtigung moderner Forschungserkenntnisse des Reputationsmanagements wäre Camel dieser fatale Marketing-Fehler sicher nicht passiert. Wer Marketing bzw. die Unternehmenskommunikation strategisch lenkt und langfristig denkt, wird sich der Gefahren eines solch radikalen Kurswechsels sicher bewusst. Zudem wären die Konsequenzen in der heutigen, digitalisierten Welt mit Sicherheit noch drastischer, da im Internet sicherlich ein imageschädigender Shitstorm losgetreten worden wäre (man erinnere sich an den *#Aufschrei* auf Twitter im Kontext der Sexismus-Debatte rund um Rainer Brüderle). Heute sind Unternehmen in der Pflicht, Reputationsmanagement ganzheitlich zu gestalten, denn alleine das gewaltige mediale Echo im Internet reicht aus, um eine Marke zu schädigen. Gemäß den einleitenden Definitionen muss ein Unternehmen nach außen ein stimmiges Bild abgeben und positive Assoziationen ermöglichen. Ein kurzer Blick auf die Abbildungen reicht aus, um zu verstehen, warum die Marke Camel bis zum heutigen Tage so sehr an Authentizität und letztlich Reputation verloren hat. Durch einen fatalen Fehler wurde dem Unternehmen die wirtschaftliche Grundlage für einen nachhaltigen Markterfolg dauerhaft entzogen.

Wenden wir uns noch einem sehr aktuellen Beispiel zu, das zeigt, dass selbst die große Fußballbegeisterung der deutschen Bevölkerung nicht vor einem kapitalen Imageschaden bewahren kann. Der Konsumgüterhersteller Procter & Gamble musste so jüngst ein Werbedesaster für Waschmittelpackungen hinnehmen, mit denen eigentlich die positive Stimmung im Land rund um die Fußball-Weltmeisterschaft in Brasilien genutzt werden sollte. So wurde auf einer Großpackung ein Deutschlandtrikot abgebildet, die Rückennummer 88 allerdings (die sich eigentlich auf die Anzahl der Waschladungen bezieht) sorgte für ein gewaltiges mediales Echo. Höchst problematisch an der Ziffer 88 ist ihre Verwurzelung in rechtsextremen Kreisen (u. a. als Code für Heil Hitler), sodass vor allem in sozialen Netzwerken eine Flut aus scharfer Kritik und Häme auf das Unternehmen einprasselten. Procter & Gamble reagierte prompt auf dieses PR-Debakel und kündigte an, diese Verpackung nicht mehr auszuliefern. Zudem distanzierte sich Procter & Gamble von jeglichem rechten Gedankengut und verwies auf Werte wie Respekt, Toleranz und Vielfalt. Man bedauere die falschen Assoziationen, die niemals hätten provoziert werden dürfen (vgl. n-tv 2014).

Obwohl das Unternehmen betont, dadurch keinen wirtschaftlichen Schaden zu haben, wurde die Sonderpackung, die im Übrigen ein multikulturelles Team entwickelt hatte, sofort vom Markt genommen (vgl. Procter & Gamble 2014). Dies zeigt, welche Macht letztlich das Internet und die Kundenmeinungen haben, aber auch, wie schnell angreifbar bzw. fragil die soziale Reputation eines Unternehmens ist, spätestens seit dem Web 2.0. Es gilt, kommunikative Schnellschüsse zu vermeiden und PR-Aktionen äußerst sorgfältig zu planen, denn via Internet verbreiten sich solche Bilder schnell, die in der Folge ungewollte Images zu einem Unternehmen erzeugen können, die sich in den Köpfen der Verbraucher und Kunden festsetzen. Die möglichen Auswirkungen einer solchen missglückten Kampagne lassen sich hinterher kaum noch steuern, selbst wenn keine böse Absicht dahintergesteckt haben mag. Daher ist es besser, im Vorfeld alle möglichen Konsequenzen zu bedenken. In Anlehnung an die angeführte Definition muss es beim Reputationsmanagement zwingend darum gehen, „Handlung und Kommunikation von Unternehmen aufeinander abzustimmen". Ansonsten besteht die Gefahr, dass Kunden die kommunizierten Unternehmenswerte nicht mehr anerkennen und sich enttäuscht (ggf. für immer) abwenden.

4 Der Prozess des Reputationsmarketings kompakt und praxisorientiert beleuchtet

In diesem letzten Teil wird das strategisch relevante Handlungsfeld Reputationsmarketing kompakt und praxisorientiert beleuchtet, um Entscheidungsträgern konkrete Ansatzpunkte für die Implementierung in der Unternehmensführung bzw. Organisation aufzuzeigen. Dies erscheint vor dem Hintergrund, dass in vielen Unternehmen noch keinerlei strategische Umsetzung von Reputationsmanagement anzutreffen ist, dringend geboten, um sich für einen nachhaltigen Wachstumskurs aufzustellen. Abbildung 4 fasst den Prozess und alle notwendigen Bestandteile zusammen:

Wird Reputationsmanagement strategisch bzw. ganzheitlich als elementarer Bestandteil der Unternehmensführung verstanden, so steht die Strategieentwicklung logischerweise am Beginn aller Anstrengungen. Hierzu sind in externer Hinsicht alle relevanten Stakeholder mit ihren Erwartungen zu identifizieren, geeignete Kommunikationskanäle und Instrumente sind dementsprechend zu wählen. Die Identifikation von Multiplikatoren kann dabei helfen, die Durchschlagskraft von Maßnahmen zu erhöhen. Auch die interne Ausgangssituation ist gezielt zu berücksichtigen, um den Weg zum Soll-Zustand konkret beschreiben zu können: Welches Kundenverständnis herrscht vor? Inwiefern beeinflusst die Corporate Identity die wahrgenommene Reputation? Stimmen inneres und äußeres Bild des Unternehmens überein? Wo offenbaren sich reputationsrelevante Unstimmigkeiten? Wie ist das Unternehmen im Internet aufgestellt? Hierbei geht es vor allem um Betrachtungen zur sozialen und funktionalen Reputation eines Unternehmens, da diese direkt auf die wahrgenommene Qualität von Produkten oder Dienstleistungen wirken. Nach der Strategieaufstellung und der organisatorischen Verankerung und Implementierung sind entsprechende Kampagnen(-Initiativen) zu kommunizieren, wobei unbedingt auf Stimmigkeit zu achten ist. Die kommunikativen Maßnahmen müssen die Erwartungen der Stakeholder und die *Corporate Identity* treffen, damit sich ein schlüssiges Bild ergibt, das Transparenz und somit letztlich Vertrauen ermöglicht. Monitoring & Reporting im

Anschluss an Kampagnen ist wichtig, um die Qualität der verbreiteten Inhalte zu prüfen bzw. qualitativ zu analysieren, wie diese auf Empfänger wirken. Gerade die Darstellungen im Internet sind zu jeder Zeit im Auge zu behalten. Es geht hierbei um aktives Gestalten, nicht primär darum, nur zu reagieren. Eine professionelle Responseanalyse und Feedback sind unabdingbare Prozessbestandteile, um die Wirksamkeit und Reichweite der gewählten Instrumente zu messen und Veränderungen des Images nachvollziehen zu können. Wie bereits dargestellt, handelt es sich bei Reputation um ein abstraktes Konstrukt, das per se schwer messbar ist. Daher ist es im Controlling mit Blick auf Unternehmensspezifika zu operationalisieren, um Maßnahmen zu optimieren und Reputationseffekte wertorientiert nachvollziehen zu können. Akzeptanz und organisationales Commitment können letztlich nur gefördert werden, wenn verdeutlicht wird, welchen wertschöpfenden Nutzen Reputa-

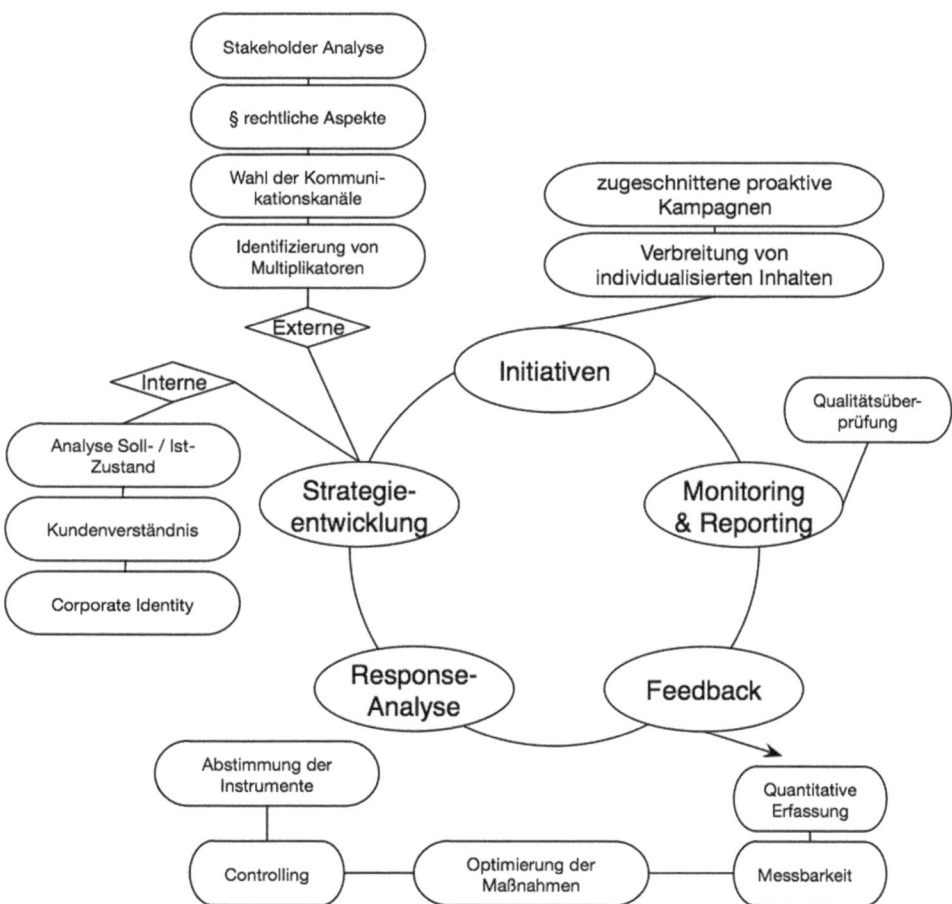

Abb. 4 Prozess des Reputationsmanagements

tion konkret stiftet. Somit ergibt sich weiteres Identifikationspotenzial für Führungskräfte und Mitarbeiter, die dies wiederum auf Kunden und potenzielle Mitarbeiter ausstrahlen können.

Insgesamt empfiehlt es sich, zu Beginn aller Maßnahmen Entscheidungsträger und Mitarbeiter für dieses erfolgskritische Thema zu sensibilisieren, denn die beste Reputationsmanagementstrategie ist wertlos, wenn sie nicht von allen gelebt und effektiv in der Organisationsstruktur verankert wird. Hier zeigt sich, dass angesichts des in vielen Unternehmen fehlenden Know-hows eine externe Strategieberatung oft alternativlos ist, zumal so objektiver Input zu neuen Ansätzen und frischen Ideen beitragen kann.

5 Ein praxisorientiertes Fazit: Ausblicke auf Reputationsmarketings als bedeutsames Handlungsfeld der Unternehmensführung

In diesem Beitrag ist deutlich geworden, dass das Konstrukt „Reputation" sehr sensibel ist und eines aktiven, strategischen Managements bedarf. Nur so können Unternehmen die in der Forschung identifizierten Marktchancen, die sich durch eine hohe Reputation ergeben, konsequent nutzen.

Grundlage für eine hohe Reputation bilden Werte wie Vertrauenswürdigkeit, Berechenbarkeit, Verlässlichkeit und Glaubwürdigkeit, so wie sie auch im Kontext der Praxisbeispiele diskutiert wurden. Eine weitere Grundvoraussetzung im skizzierten Prozess des Reputationsmanagements ist eine überzeugende und in sich stimmige Kommunikationsstrategie, die auf alle relevanten Stakeholder und die Corporate Identity ausgerichtet ist. Man sollte sich verdeutlichen, dass der Aufbau einer hohen Reputation Zeit benötigt und nicht mit einmaligen Haurruck-Aktionen zu bewerkstelligen ist. Es lohnt sich, in eine hohe Reputation zu investieren, denn Unternehmen mit einem guten Ansehen können höhere Preise verlangen, Kunden binden, Beschaffungskosten senken, die besten Mitarbeiter für sich gewinnen/motivieren und insbesondere in Krisenzeiten vom Image als immateriellem Wert einen Wettbewerbsvorteil ziehen.

Die weltweite Finanzkrise hat verdeutlicht, dass eine hohe Reputation die Konjunkturanfälligkeit von Unternehmen erheblich reduzieren kann. Zudem wirkt sie profilschärfend, um sich in der Wahrnehmung von Wettbewerbern abzugrenzen. Dies betrifft die Gewinnung sowohl von Kunden als auch neuen Mitarbeitern im Kontext des Fachkräftemangels. Die angesprochenen Werte der Reputation können sich vor allem in unsicheren und dynamischen Umfeldbedingungen als Schlüssel zur Kundenbindung erweisen, die durch eine zunehmende Produkthomogenisierung immer schwieriger erreichbar scheint.

In umgekehrter Richtung haben die Praxisbeispiele gezeigt, wie schnell die Reputation dauerhaften Schaden nehmen kann, der nur über einen sehr langen Zeitraum und wenn überhaupt nur teilweise behoben werden kann. Umso dringlicher scheint es geboten, auf Managementebene strategisch voranzuschreiten, denn die hohe betriebswirtschaftliche Relevanz von Reputation lässt keinen anderen Schluss zu. Der skizzierte Prozess des Reputationsmanagements legt nahe, dass eine externe Strategieberatung notwendig ist, um das äußere mit dem inneren Unternehmensbild aus einer objektiven Sichtweise vergleichen zu können, da der eigene „Unternehmens-Denkkosmos" sehr verzerrend wirken kann. Zugleich können so unternehmensspezifische Instrumente und Abläufe professionell implementiert werden, um von Beginn an größtmögliche Effizienz sicherzustellen.

Die theoretischen Betrachtungen und eingebundenen Praxisbeispiele zeigen ganz deutlich, dass der Aspekt der Ganzheitlichkeit von entscheidender Bedeutung ist: Reputationsmanagement ist online und offline zu denken respektive auszugestalten. Das Internet ist mittlerweile der erste Weg, den Kunden und potenzielle Mitarbeiter nutzen, um sich über ein Unternehmen ein Bild zu verschaffen. Schlechte Bewertungen oder negative PR erweisen sich hier als äußerst schädlich. In Anlehnung an das beschriebene Vorgehen (siehe Abb. 4) ist ein gezieltes Monitoring zu betreiben, um kommunikative Anstrengungen nicht ins Leere laufen zu lassen. Gerade im stark krisengebeutelten und von einem tiefen Vertrauensverlust gekennzeichneten Finanzsektor sollte etwa im Vorfeld eines angestrebten Börsenganges kein Detail außer Acht gelassen werden. Reputationsmanagement sollte immer positiv und aktiv verstanden werden: Es geht nicht primär darum, rufschädigende Inhalte zu verhindern, sondern darum, das Image durch professionelle und zielgruppenspezifische Kommunikation aktiv zu verbessern. Ohne Frage muss es beim Reputationsmanagement eher um Agieren statt Reagieren gehen, denn wer nur noch reagieren kann, hat alles darauf Folgende womöglich nicht mehr unter Kontrolle.

Literatur

Abendzeitung. (2014). Affäre um Gelbe Engel. 25. Februar 2014. www.abendzeitung-muenchen.de/inhalt.affaere-um-gelbe-engel-umfrage-72-prozent-haben-kein-vertrauen-mehr-in-adac.e3a-5e6f7-f42d-4303-8d4b-c3b883f5ee47.html. Zugegriffen: 12. Mai 2014.

Fombrun, C. (2001). Corporate reputation – Its measurement and management. *Thexis, 18,* 23–26.

Fombrun, C., & Shanley, M. (1990). What's in a name? Reputation and corporate strategy. *Academy of Management Journal, 33,* 233–258.

Hüttl, M. (2005). *Der gute Ruf als Erfolgsgröße*. Berlin: Erich Schmidt Verlag.

n-tv. (2014). Werbe-Desaster bei P & G – Ariel druckt Nazi-Code auf Packungen. 9. Mai 2014. http://www.n-tv.de/wirtschaft/Ariel-druckt-Nazi-Code-auf-Packungen-article12797781.html. Zugegriffen: 20. Mai 2014.

Niederhäuser, M., & Rosenberger N. (2011). *Unternehmenspolitik, Identität und Kommunikation: Modell – Prozesse – Fallbeispiele*. Wiesbaden: Gabler.

Procter & Gamble. (2014). Pressemitteilung über den offiziellen Twitter-Account von PG. https://twitter.com/PGDeutschland. PGDeutschland. Zugegriffen: 9. Mai 2014.

Schürmann, P. (2006). Mehrwert dank geschärften Sinnen. *Bilanz, 12,* 51.

Schwalbach, J. (2000). Image, Reputation und Unternehmenswert. In B. Bearns & J. Raupp (Hrsg.), *Information und Kommunikation in Europa* (S. 285–294). Berlin: Vistas Verlag.

Springer Gabler. (Hrsg.). (2014). Reputationsmanagement: Gabler Wirtschaftslexikon. wirtschaftslexikon.gabler.de/Definition/reputationsmanagement.html. Zugegriffen: 12. Mai 2014.

Christopher A. Runge B.A. ist Ökonom und hat BWL an einer internationalen Managementhochschule in Berlin studiert. Als Geschäftsführer der R&R Unternehmensgruppe, einer Unternehmensberatungsgruppe mit Sitz in Berlin und Dependancen in Zürich und London, berät Christopher A. Runge Unternehmen in den Bereichen Reputationsmanagement, Strategieberatung sowie Unternehmensfinanzierung mit großer Leidenschaft. Als Autor diverser Publikationen hält er regelmäßig Vorträge u. a. zum Thema Reputationsmanagement.

Prof. Dr. Anabel Ternès ist Kommunikationswissenschaftlerin, Journalistin und Diplom-Kauffrau. Sie verfügt über langjährige internationale Führungserfahrung in Marketing, Kommunikation und Business Development, u.a. für Samsonite und Fielmann. Sie hält eine Professur und Studiengangsleitung für International Communication Management, E-Business und Social Media Management an der SRH Berlin International Management University und leitet das Institut für Nachhaltiges Management.

Markenidentität durch wertorientierte Mitarbeiterkommunikation

Tobias Stähler

1 Soziale Werte im wertorientierten Mitarbeitermarketing

Gemeinsame soziale Werte spielen als probates Orientierungsmittel sowohl für Mitglieder informeller Gruppen als auch für Angestellte eines Unternehmens eine wichtige Rolle. Durch sie lassen sich Unternehmens- oder Markenidentitäten vermitteln. Sie ermöglichen durch eine gemeinsame, von allen geteilte Entwicklung eine Komplexitätsreduktion in der Vermittlungsarbeit der Kommunikationsabteilung. Die Verankerung einer nachhaltigen Markenidentität kann so erleichtert werden. Dieser Beitrag stellt nach einer thematischen Verortung das für die Unternehmenskommunikation fruchtbare soziologische Wertekonzept in Abschn. 3.1 vor. Eine bekannte Schwierigkeit des Konzepts – sie liegt augenscheinlich im Zuordnen des Werte-Phänomens (Wer setzt Werte?/Wie setzt man sie um?) und im Messbarmachen (Wo finden sich Werte in der Kommunikation?) – wird in Abschn. 3.2 gelöst. Abschn. 3.3 proklamiert einen Methodenmix aus Interviews und Netzwerkanalyse als elegantes empirisches Vorgehen zur Werteanalyse. Beispielhaft angewendet wird dieses in Kap. 4 am Projekt „25 Jahre Gesundheitskasse" des AOK Bundesverbandes (im Folgenden „BV") und der Medienagentur KomPart. Dort wird gezeigt, welche formalisierten Unternehmenswerte durch welche Akteure innerhalb der Unternehmen kommuniziert werden und unter welchen Bedingungen diese Prozesse ablaufen. Dabei zeigen sich Werte als indizierbare Träger von Informationen, die sich zur Ansprache konkreter Beschäftigungsgruppen eignen, sobald sie in rezipierbare Formen umgesetzt werden. Mögliche weitere Erhebungsschritte und Empfehlungen zur Wertekommunikation werden in Kap. 5 identifiziert.

T. Stähler (✉)
SRH Hochschule Berlin, Ernst-Reuter-Platz 10, 10587 Berlin, Deutschland
E-Mail: tobiasstaehler@srh-hochschule-berlin.de

2 Werte und Sustainability in der Unternehmenskommunikation

Die Forderung nach sozialer, ökonomischer und ökologischer Nachhaltigkeit (Sustainability) stellt Unternehmen vor neue Herausforderungen (vgl. Rogall 2012; Schaltegger et al. 2007) und hat sich bereits zu einem prägenden Faktor in verschiedenen gesellschaftlichen Bereichen entwickelt (vgl. Rogall 2012, S. 32, 747; Porter und Kramer 2006; Bossel 1999, S. 17 f.). Für Unternehmen und andere Organisationen bedeutet dies, dass das eigene Handeln, dessen Beweggründe – aber auch die begleitende Kommunikation – eben an dieser Forderung auszurichten sind. Ihre Eigenschaften sind unter anderem aus dem privaten Bereich oder aber der Habermasschen Diskursethik bekannte, wünschenswerte Zuschreibungen an Kommunikationspartner in einem idealisierten, gleichberechtigten Dialog: eine möglichst hohe Transparenz, längerfristige Gültigkeit der Aussagen sowie die Konsistenz genutzter Kommunikationselemente (vgl. Köberer 2010, S. 18). Übertragen auf die alltäglichen Aufgaben der Unternehmenskommunikation bedeutet dies: Es sind nicht nur einzelne „News" oder singuläre Stellungnahmen von Interesse. Vielmehr müssen kommunikationseigene Nachhaltigkeitsprofile entwickelt und geschärft werden. Ein vorausschauendes Handeln sollte langfristige Beziehungspotenziale bei Kunden und Mitarbeitern aufbauen und nutzen. Falls nötig, ermöglicht dies auch ein umfassendes Kontextmanagement in gesellschaftlichen Foren (vgl. Mast 2012, S. 42 f.).

Soziale Werte bilden ein Fundament dieser Tätigkeit. Doch wird dieses Konstrukt in der Unternehmenskommunikation häufig verkürzt rezipiert oder aber statisch definiert. Dies hat vor allem zwei Gründe: Entweder laufen „Werte" in Texten zu übergeordneten betriebswirtschaftlichen Ansätzen mit, ohne eindeutig bestimmt zu werden – so zum Beispiel bei der Corporate Social Responsibility, dem Stakeholder-Ansatz oder in Diskussionen zur Wirtschaftsethik. Oder es herrscht eine unklare Bestimmung vor, wenn Unternehmen davon sprechen, dauerhaft „Werte" zu schaffen. Häufig rutschen sie in die Bedeutung quantifizierbarer Kapitalwerte ab oder sie assoziieren sich gerne mit „Überzeugungen" und „Glaubensgrundsätzen", die ihrer Natur nach ein Stück weit von der Praxis tatsächlichen sozialen Handelns entfernt aufgestellt sind (vgl. Bayer 2013; Deutsche Bank 2014; Fisher und Lovell 2006, S. 297; Lautmann 1969).

Für den Bereich der externen Kommunikation eignen sich klassische betriebswirtschaftliche Ansätze zur Bestimmung und Umsetzung sozialer Werte nur bedingt. Organisationen mit sozialem Auftrag orientieren sich daher an einem recht neuen, handlungsnahen und gesellschaftsorientierten Marketingansatz. Dieser proklamiert eine konsistente Abstimmung externer wie auch interner Maßnahmen, da er ein ganzheitlich vermitteltes Unternehmensbild zum Ziel hat (vgl. Brugger 2008, S. 8; Mast und Fiedler 2005). Hierzu befördert er Akzeptanz und Reputation von Organisationen und arbeitet so auch am Image seiner Marke(n). Bei der internen Kommunikation gewinnt Sustainability durch einen identitätsorientierten Ansatz an Bedeutung, welcher die Unternehmensmarke für Mitarbeiter attraktiv macht (vgl. Kernstock 2009, S. 9). Auch die Arbeit mit Unternehmenswerten lässt sich hier verorten. Der Ansatz der „Nachhaltigkeitskommunikation" integriert externe und interne Kommunikation. Er beschreibt deren zusammenhängende Kommunikationsaufgaben als dialektisch (vgl. Meyer 2012; Brugger 2010; Michelsen 2005, S. 25) und geht zudem genügend in die Breite: Nachhaltigkeit zeigt sich dort, wo man über die alte Daumenregel „tue Gutes und rede darüber" hinausgeht und eine sich über Jahre fortschreibende Vermittlung der Firmenaktivitäten verfolgt, welche für die Kunden ein positives Markenimage erschafft und für Mitarbeiter einen „*kulturbildenden Effekt*" sowie eine „*strukturbildende und steuernde Funktion*" beinhaltet (Brugger 2008, S. 17, vgl. Porter und Kramer 2006). Marken werden somit zu einem umfassenden Identitätsträger.

Das Konzept der sozialen Werte eignet sich gut, um ein nachhaltiges Kommunikationsprofil zu etablieren. In den Sozialwissenschaften wird es seit dem einschlägigen aber als einseitig kritisierten Verbau mit der Maslowschen Bedürfnispyramide durch Inglehart intensiv diskutiert. Ein Gros der Abhandlungen sucht programmatisch nach Hinweisen auf unterschiedliche Wertedimensionen, erarbeitet deren kategoriale Trennschärfe oder stellt Anschlussfähigkeit her. Häufig bleiben die Ausführungen daher ohne verwendbare Empfehlungen (vgl. Inglehart 1977; Klein 1995; Klein und Pötschke 2001; Ritz 2012). Hinzu kommt, dass Werte häufig als „*vorempirische Konstrukte*" gesehen werden, welche soziales Handeln und menschliche Wahrnehmungen erklären, jedoch nicht als Teil dieser Aktivitäten wahrgenommen werden. So modelliert man sie zu normativen Erwartungsstrukturen oder allgemeinen Maßgaben, nach denen Menschen ihr Leben ausrichten (vgl. Groddeck 2011, S. 59 f.). An dieser Stelle soll daher der Anspruch auf eine analytische Perspektive auf die veräußerte Kommunikation unterstrichen werden. Das Ziel ist es, ein Wertemanagement für Unternehmen zu ermöglichen.

Zur Bedeutung von Werten wird ebenfalls oft angefügt, sie würden stets von einer Mehrheit der Menschen geteilt (vgl. Fisher und Lovell 2008, S. 152; Rokeach 1973). Dies ist aus heutiger Sicht und mit Blick auf den Trend „Wertepluralismus" kritisierbar. Die Transformation der Werte wurde einigerorts bereits selbst als Wert ausgerufen (vgl. Z-Punkt GmbH 2007; Bolz 2014). Aktuelle Beispiele aus der Wirtschaft – wie z. B. die Case-Study in diesem Artikel – zeigen, dass es sehr wohl gelingen kann, Mitarbeiter durch wertorientierte Kommunikation zu erreichen und gleichzeitig auch andere Akteure als potenzielle Arbeitskräfte anzusprechen. Vor allem in Gesellschaften mit säkular-rationalen Werten bzw. Selbstentfaltungswerten lässt sich ein ausgeprägter Wertepluralismus ausmachen, der zahlreiche Profil-Kombinationen für eine wertorientierte Mitarbeiterkommunikation ermöglicht. Zum Aufbau einer langfristigen Markenidentität erlangt die Kommunikation mit Werten im Unternehmen daher in Behavioral-Branding-Programmen respektive im Bereich des Mitarbeiter-Marketings an Bedeutung (vgl. Esch 2009, S. 37; Esch et al. 2009, S. 121, 133).

Eine langfristig angelegte und integrierte, wertorientierte interne Unternehmenskommunikation findet insbesondere Platz bei Unternehmungen aus dem Servicesektor, die durch intensiven Kontakt mit Kunden ein Markenimage aufbauen und bei Organisationen, welche einem bestimmten gesamtgesellschaftlichen Benefit zuarbeiten. Der Trend, mit Werten einen Unternehmensstandpunkt zu formen, verfolgt die Absicht, „*Vertrauens- und Orientierungsanker*" zu schaffen (Kolbrück 2009). Eine umfangreiche Information der Mitarbeiter zu diesen Werten und auch deren Kontrolle sind die Ziele dieses Vorhabens.

Abb. 1 Verortung des Nachhaltigkeitstrends „Wertorientierten Mitarbeiterkommunikation"

Insgesamt lässt sich dieser Trend „Wertorientierte Mitarbeiterkommunikation" wie in Abb. 1 gezeigt verorten.

3 Zum Werteverständnis

3.1 Sozialwissenschaftliche Dimensionen von Werten

Werte werden in verschiedenen Sozialwissenschaften als gängige, kollektiv geteilte Annahmen zu wünschens- oder erstrebenswerten Umständen definiert. Sie wirken sinngebend innerhalb sozialer Systeme und dienen deren Abgrenzung. Sie regeln außerdem das Verhalten der Mitglieder und sind wandelbar (vgl. Luhmann 1984, S. 94 f.). Kurz, sie sind das *summum bonum* des Handelns. Seit Nitzsches „Umwertung aller Werte" wird der Plural dieses Begriffs genutzt und ermöglicht eine immer umfassendere Typenbildung. An dieser Stelle sollen nur drei der wichtigen Polarisierungen des Wertefeldes kurz dargestellt und erläutert werden.

Zunächst können Terminalwerte – wie etwa Glück oder Freundschaft – als letztendlich erstrebenswerte Zustände von instrumentellen Werten getrennt betrachtet werden. Letztere geben Verhaltensweisen vor, um jene endgültigen Werte zu erreichen. Durch eine fröhliche Grundhaltung erlangt man Glück, durch Ehrlichkeit gewinnt man Freunde. Empirisch angewendet wurde diese Aufteilung zuerst durch den polnisch-amerikanischen Sozialpsychologen Milton Rokeach, der die Rangfolge von je 18 unterschiedlichen *„terminal values"* und *„instrumental values"* in einer Befragung feststellte (vgl. Reinhold 2000, S. 374; Rokeach 1968a, b, 1973). Die Unterscheidung der Werte erfolgt hier anhand ihrer Abstraktheit, denn instrumentelle Werte können bereits als ein erster Schritt der Umsetzung auf die Anwendungsebene betrachtet werden.

Dichotome Unterscheidung von Werten (Auswahl)
Terminalwerte vs. Instrumentelle Werte: Während die ersteren auf finale, erstrebenswerte Zustände ausgerichtet sind, bieten die letzteren den Weg zum Erreichen der endgültigen Werte. Beispiel: Innerer Frieden wird durch Friedfertigkeit erreicht. Der ehrbare Kaufmann verhält sich ehrlich.

Immaterielle vs. Materielle Werte: Geistige oder religiöse Werte sind meist nicht greifbar. Oft wird der Verzicht auf Statussymbole als geistige Reifung erlebt, während die Hinwendung zu Eigentum als materielle Weiterentwicklung gesehen wird.
Universelle vs. Spezifische Werte: Macht oder Hilfsbereitschaft sind durch viele Kulturen geteilte Werte, während Unabhängigkeit, Selbstbestimmung oder Nähe als Spielformen der Erreichbarkeit von bestimmten Kulturen oder Gruppen geteilt und gegenüber anderen vertreten werden.

Eine weitere Unterscheidung, nämlich die in immaterielle und materielle Werte, liegt quer zur ersten Polarisierung. Als Beispiel soll hier weiterhin „Glück" fungieren: Dieses kann, ausgerichtet auf geistige bzw. religiöse Werte, also durch Befolgung eines bestimmten Lebenswandels erlangt werden, eventuell auch durch Verzicht. Freilich kann es ebenfalls durch den Besitz statusgenerierender Güter erreicht werden. Die Wege zum Glück sind recht vielfältig und nicht umsonst sprechen motivationale Ansätze von intrinsisch und extrinsisch motivierten Menschen. Beide Formen schließen sich jedoch nicht grundsätzlich aus. Zwar wird der Verzicht auf Statussymbole häufig als individuelle geistige Reife gewertet und erlebt; die Fokussierung auf die höheren Ebenen der Maslowschen Pyramide geht aber häufig einher mit Veränderungen auf den niedrigeren Stufen – also einer Entwicklung auch materieller Bedürfnisse. Aktuelle Arbeiten zum Wertewandel zeichnen auch eine kulturelle Überformung dieser Wertentwicklung (vgl. Inglehart und Welzel 2005, S. 33, 45, 2010). Polarisiert wird hier nach der Ausrichtung menschlicher Bestrebungen.

Schließlich wird eine zunehmende Pluralisierung von Werten in der postmodernen Ära konstatiert. Neben universellen, von allen geteilten, gibt es spezifischere Werte, welche lediglich durch eine bestimmten Anteil der Gesellschaft, eventuell auch nur von einer recht kleinen Akteursgruppierung vertreten wird. So sind nach Schwartz Macht oder Hilfsbereitschaft in vielen Gesellschaften geteilte Werte, während Unabhängigkeit, Selbstbestimmung oder Nähe als Spielformen der Erreichbarkeit sowohl positiv als auch negativ erlebt bzw. unterschiedlich ausgestaltet werden können (vgl. Schwartz 1994; Sennett 1998). Ein Beispiel bieten hier soziale Milieus, die einen eigenen Wertekanon entwickeln. Wiederum in allen Zeiten beispielhaft kann die Adoleszenz gelten, die als eine vorübergehende Umdeutung des Werteverständnisses gegenüber der arrivierten, nächstälteren Generation verstanden werden kann. Diese letzte Polarisation verweist auf die Ausdifferenzierung der Gesellschaft.

3.2 Konkretisieren in Normen und Handlungsempfehlungen

Eng verknüpft mit Werten, jedoch weniger abstrakt, ist deren Übertragung in Normen – also aus Werten abgeleitete, verhaltensorientierte Regeln. Diese gelten in spezifischen Situationen und erfüllen die Erwartungen von Einzel- oder Gruppenakteuren in diesen Situationen. Die Erfüllung von Normen wird ebenfalls als erstrebenswert angesehen, in manchen Fällen hat sie gar einen Verpflichtungscharakter. *„Normen schaffen Normalität"* (Bahrdt 2003, S. 45). Sie schaffen z. B. „freie Güter". Die Information, welche Tageszeit gerade ist, wird auf höfliches Fragen gerne weitergegeben. Normen können bei Verstößen sanktioniert werden und sie regeln auch extreme Verhältnisse. Aber: Wenn auch gewünscht, akzeptiert und wiederkehrend (vgl. Popitz 2006, S 76 f.; Jürgen und Donges 2013, S. 153), so lassen sich Normen doch nicht aktiv auf jeden artgleichen Prozess anwenden. Daher sind sie für das Verfassen eines Organisations- oder Servicehandbuchs nicht ausreichend. Ein besetzter Sitzplatz wird einer älteren Dame nur durch eine Person angeboten. So holen Normen zwar definierte Werte von ihrem abstrakten Sockel herunter, doch sie stecken zu sehr im Vergleich mit anderen potenziellen Normenvollziehern. Vielleicht ist die Dame im Bus noch zwei Reihen entfernt. Fast automatisch ergibt sich der Gedanke: Soll ich schon reagieren oder bietet der Mitfahrer weiter vorne seinen Platz an? Zuständigkeiten sind daher nicht die Stärke dieses Phänomens.

Werte geben also eine allgemeine Handlungsrichtung vor und Normen setzen möglichen Handlungen zu erwartende Grenzen (vgl. Abels 2009, S. 33; Parsons 1960, S. 177). Um Werte funktional und handlungsanleitend für einzelne Mitarbeiter nutzen zu können, bedarf es noch weiterer Arbeitsschritte in den Unternehmensbereichen Interne Kommunikation und Human Resources. Eine bewährte Praxis verwendet bewusste Motivatoren in der Personalentwicklung zur Förderung und Weiterbildung. 2013 erklärte die Deutsche Gesellschaft für Personalarbeit (DGFP) handlungsleitende Werte und deren Umsetzung zum Thema ihrer Hauptkonferenz. Dies unterstreicht die Prominenz des HR-Themas (vgl. DGFP 2013, S. 4). Eine Bedingung für die Umsetzung in der Kommunikation sind relevante mediale Kanäle und darin einige handhabbare Rubriken und Elemente, die sich für die Vermittlung werttragender Handlungsempfehlungen eignen. Zu den Rubriken könnten etwa „exemplarisches Handeln", „Anregungen", „Wissenserweiterung" oder „Weiterentwicklung individueller Skills" zählen. Wichtig ist die Loslösung von Vorschriften, Regeln und dergleichen. Mögliche Inhalte wären zum Beispiel:

- Beispiele für das Engagement oder die Präsenz des Unternehmens
- Umsetzung extern kommunizierter Ansprüche an die Mitarbeiter/innen
- Beispielhaft agierende Mitarbeiter/innen des Unternehmens im Profil
- Produkt- und Prozessinnovationen inklusive Anreiz zur Nachahmung
- …

Durch diese Inhalte wird kommuniziert, dass Mitarbeiter in die Lage versetzt wurden, die Werte des Unternehmens tragen zu können und zu verinnerlichen. Handlungsbeispiele und Empfehlungen regen die Adressaten der Medien an, Ähnliches zu vollbringen.

3.3 Empirisches Vorgehen

Empirisch instruktiver als die Suche nach Wertvorstellungen ist die die Betrachtung formaler – d. h. gesetzter – Werte in Unternehmen und Organisationen, welche intentional in die Kommunikation eingearbeitet werden. Eine Untersuchung interner Medien sollte demnach klare Ergebnisse bringen.

Das Potenzial sozialer Werten für die Unternehmenslenkung und insbesondere für eine nachhaltige interne Unternehmenskommunikation ist aus den bisherigen Ausführungen leicht abzulesen: Sie sind funktionierende Konstrukteure von Sinn. Sie sind veränderbar. Sie lassen sich auf verschiedene Akteursgruppen ausrichten. Um Werte empirisch zu fassen und eine Aussage über deren Stand in der Unternehmenskommunikation geben zu können – also einen Ist-Zustand zu erheben – zieht der Artikel in Kap. 4 eine aktuelle Case-Study aus dem Bereich der Health Industry heran. An die obigen Darstellungen anschließend und mit Verweis auf ein soziologisches Werteverständnis (vgl. Bahrdt 2003, S. 45 f.; Hillmann 1988, S. 593 f.) zusammengefasst, gilt für soziale Werte:

- Soziale Werte an sich haben kein ideelles Sein und sind daher nicht genau durch einzelne Begriffe ausreichend zu bezeichnen, wohl aber sind sie **indizierbar**.
- Nicht alle sozialen Werte werden notwendigerweise von einer Großzahl von Menschen geteilt. Sie können (als einzelner Wert oder Set von Werten) auch **individuell** oder **gruppenspezifisch** ausgeprägt sein.
- Soziale Werte können
  a. **mit Handlungen** von Akteuren und/oder **Prozessen** eines Unternehmens verbunden werden. Durch diese Verbindung werden sie konkretisiert und für Mitarbeiter des Unternehmens greifbar.
  b. **exklusiv mit Normen** verbunden werden, die, wie auch die Verbindung mit konkreten Handlungen und Prozessen, anleitend wirken können. Normen taugen jedoch nur eingeschränkt für die Ausgestaltung von Unternehmensprozessen, da sie unabhängig von klar geregelten Zuständigkeiten funktionieren.
- **Wertorientierte Mitarbeiterkommunikation** findet vor allem in den in a) und b) genannten Formen statt, um eine langfristige Werteentwicklung zu garantieren.

Jede Organisation verfügt bereits über soziale Werte. Um eine langfristig funktionierende und ausreichend flexible Grundlage für eine wertorientierte Mitarbeiterkommunikation zu schaffen, sollte sich die jeweilige Organisation als ersten Schritt ihrer Werte bewusst werden. Bestehen bereits formalisierte (= festgelegte) Werte als Zielvorgabe, sind diese durch eine Befragung ihrer Mitarbeiter bzw. ihrer Kunden zu spiegeln. Dies sollte regelmäßig geschehen, sodass Entwicklungen und Fortschritte im Empfinden der Firmenwerte erhoben werden können. Ebenfalls sollte beachtet werden, dass, neben der Beeinflussung der Werteeffizienz durch das Unternehmen selbst, auch der gesellschaftliche Wertewandel in die Untersuchungen mit einbezogen wird. So sind zum Beispiel politische oder ökonomische Krisen große Wertekatalysatoren und beeinflussen die „*Elemente der höchsten Sinngebungs-, Integrations- und Kontrollebene des gesellschaftlichen Zusammenlebens*" stark (Hillmann 1988, 2006, S 123; Heisterhagen und Hoffmann 2003).

Mit dieser Vorarbeit kann nun ein je nach Interesse abgegrenzter Bereich der Unternehmenskommunikation auf Werte hin untersucht werden. Den Einstieg für Forscher bieten zunächst **Experteninterviews** (vgl. Meuser und Nagel 1994, S 180 f.), die Informationen zur Aufnahme der Werte im Unternehmen (deren Funktion, Implementation und Entwicklung) und insbesondere der internen Kommunikation bieten. Mit den Interviewten können dann – möglichst gemeinsam mit den Interviewern – **egozentrierte Netzwerke** (vgl. Borucki 2013, S. 234) erhoben werden, welche die Wertekommunikation im Unternehmen durch ein Schneeball-Verfahren Schritt für Schritt ergänzen. Durch jede neue Perspektive vervollständigt sich so der Blick auf das Gesamt-Netzwerk. Weitere empirische Ergänzungen sind von der letztendlichen Absicht der Erhebung abhängig.

Die Forscher sollten sich außerdem einen Überblick zu outgesourcten Kommunikationsprozessen verschaffen. Es ist in vielen Fällen nicht davon auszugehen, dass die gesamte Kommunikation durch das eigene Haus erledigt wird. Auch aus Sicht der Verantwortlichen bei damit beschäftigten Agenturen und Verlagen sind daher Interviews zu führen.

Die beschriebenen Erhebungselemente beantworten folgende Forschungsfragen:

- Welche Werte werden zu welchen Gelegenheiten kommuniziert?
- Wer sind die Beteiligten/wichtigen Beteiligten an der Wertekommunikation?
- Welche Medien, Rubriken, Kommunikationsformen werden für die Wertekommunikation genutzt?
- Gibt es Optimierungsbedarf im Hinblick auf den Austausch der beteiligten Akteure? (Dichte des Netzwerks, Entfernung der wichtigsten Akteure im Netzwerk etc.)

4 Markenwertentwicklung durch den AOK Bundesverband und KomPart

4.1 Die AOK im deutschen Gesundheitssystem

Das deutsche Gesundheitssystem ist dezentral und föderal organisiert. Der Staat delegiert Entscheidungsmacht an nichtstaatliche, öffentliche Organisationen, wie z. B. an Ärzte- und Krankenhausvereinigungen oder auch Krankenkassen. Diese Körperschaften bestimmen Leistungen, Preise und Standards. Ein bemerkenswertes System, welches seit nunmehr 130 Jahren entwickelt wird. Fast ohne Verzögerung gründeten sich 1884 – nach der umfassenden Sozialgesetzgebung Bismarcks – die Ortskrankenkassen. Ihre Zahl lag zunächst weit über 8000; bis 1991 konnte sie bereits auf 276 reduziert werden. Nach weiteren Zusammenschlüssen gibt es heute elf regionale Allgemeine Ortskrankenkassen (AOKs) (AOK 2013).

Seitdem im Jahre 1993 das Gesundheitsstrukturgesetz mit dem Ziel einer langfristigen Stabilisierung der Beitragsraten in Kraft trat und 1996 die freie Wahl der gesetzlichen Krankenkasse durch die Versicherten möglich wurde, stehen die Krankenkassen faktisch in Konkurrenz zueinander. Im Zuge dieser Entwicklung veranlasste die AOK 1998 und 2008 Studien zu den Unternehmenswerten – von Mitarbeiter- wie auch von Kundenseite. Der Hauptunterschied: Die zweite Studie ließ auf ein deutlich positivere Innensicht schließen, während die Außenwahrnehmung unverändert in der Schublade „Zuweisungskasse" steckte (AOK 2013), also mit der Assoziation verbunden war, vor allem finanzschwachen

Gruppen eine Absicherung im Krankheitsfall zu ermöglichen. Die Verbesserung der Innensicht wird als Verdienst der Kommunikationsstrategie „Gesundheitskasse" gewertet, welche seit nunmehr 25 Jahren das Bild der AOK nach außen und innen prägt.

An der koordinierenden Spitze der regionalen AOKs steht heute der Bundesverband (BV). Dieser arbeitet in enger Kooperation mit der Medienagentur KomPart – einer gemeinsamen Tochter der AOK und des wdv-Verlags. 1996 in Bonn und Bad Homburg gegründet, bildet die KomPart seit ihrem Umzug nach Berlin im Jahr 2008, eine „Tür-an-Tür"-Partnerschaft mit dem BV am Hackeschen Markt. Die besondere Nähe ist der größte Asset der etwa 35 Medien- und Healthcare-Experten. Zahlreiche informelle Gespräche bis hinauf zur Geschäftsführerebene ergeben sich im Tagesverlauf und ermöglichen auch eine intensive Diskussion um die gemeinsamen Firmenwerte der AOK. Die KomPart stellt verschiedene Medien für den BV und die regionalen AOKs her. Die wichtigsten internen Medien – „:intro" und „:intro-online" – werden außerdem alle zwei Monate in einer Redaktionskonferenz diskutiert.

4.2 GINS, föderale Konstruktion und traditioneller Partner

Die bereits durchgeführten Studien der AOK bieten eine aussagekräftige Basis zur Werteentwicklung und beziehen Markenimage und Markenidentität aufeinander (vgl. Esch 2009, S. 37). Der sich entwickelnde Wertekanon wurde in den letzten 25 Jahren weiterentwickelt; in den vergangenen 18 Jahren arbeiteten KomPart und AOK gemeinsam daran. Um die jetzige Situation und Selbsteinschätzung zu erheben, sind ausgesuchte Items zu den Unternehmenswerten und deren individueller Einschätzung im Interview-Leitfaden enthalten.

4.2.1 Die formalisierten AOK-Werte

Im Kommunikationskonzept „Gesundheitskasse" vertritt die AOK die formalisierten Werte **Gesundheit, Innovation, Nähe** und **Sicherheit**. „Gesundheit" ist ein klassischer terminaler Rokeach-Wert, der meist als „physisches und mentales Wohlbefinden" definiert wird. Für die deutschen „Kranken"-Kassen ist eine positive Umformulierung durch den AOK-Claim „Gesundheitskasse" und dessen prominente Platzierung im Webauftritt selbsterklärend und entspricht der englischen Bezeichnung „Health Insurance". „Innovation" könnte eher als wirtschaftlich-instrumenteller Wert bezeichnet werden. Er findet sich bei zahlreichen Firmen aus unterschiedlichen Branchen im „Mission Statement" (z. B. bei Siemens oder Nestlé). Insgesamt wird „Innovation" als am wenigsten ausgeprägter Wert der Organisation angesehen – an dem auch beständig und intensiv gearbeitet wird. Bei der Beziehungsanalyse der Werte zeigt sich später, dass vor allem die lange Geschichte der AOK als verlässlicher Gesundheitspartner die Ausgestaltung von „Innovation" beeinflusst. „Nähe" und „Sicherheit" sind mehr als die ersten beiden auch personale Werte. Sie lassen sich direkt in der Dienstleistung vor Ort vermitteln. „Sicherheit" findet sich auch bei Rokeach als terminaler Wert, ist dort aber eher auf die eigene Familiensituation bezogen. Er kann auch als universeller menschlicher Wert gelten. „Nähe" kann das nicht. Häufig wird Nähe in der Forschung nicht konkret als Wert genannt und erhoben, sondern steckt in anderen instrumentellen Werten wie Zuneigung oder Unabhängigkeit, die ja eine bestimmte Nähe bzw. Ferne implizieren. Das eine wie das andere kann als erstrebenswert angesehen werden.

Der von der AOK Bayern „GINS" abgekürzte Wertekanon soll die regionalen AOKs in eine gemeinsame Richtung entwickeln und somit eine identifizierbare AOK-Gesamthaltung ermöglichen. Er funktioniert also, indem er Themenbereiche zur Diskussion vorgibt – und das beständig und repetitiv. Diese Orientierungsfunktion wird auch umgekehrt genutzt. So wird das Unternehmenshandeln *ex post* auf Konsistenz hin hinterfragt:

> Alles was passiert, in den AOKs und auf Bundesebene, dass muss sich immer die Frage gefallen lassen: werden unsere Werte gespiegelt – also Entscheidungen müssen sich die Frage gefallen lassen: ist dieses, was wir vorhaben auch innovativ? Spiegelt das den Wert Innovation oder vermittelt es Sicherheit oder Nähe? (5 Man MAR)

Für das serviceorientierte Angebot ist aber auch die Entwicklung der einzelnen Angestellten von Bedeutung. Sie werden durch die Orientierung am Wertekanon bei der Entwicklung eines eigenständigen, normen- und wertbasierten Handelns unterstützt. Final baut dies auch einen Eigenstolz auf die Organisation auf. Insgesamt sind die Werte der AOK Teil der strategischen Planung des Unternehmens, welches ein *„vorausschauendes Handeln"* und eine *„Konzentration der Kräfte"* zum Ziel hat (Schaltegger et al. 2007, S. 44). Freilich kann das nicht durch die interne Kommunikation alleine erreicht werden. Ebenso ist dies Aufgabe einer nachhaltigen Personalentwicklung.

4.2.2 Werteinterpretation

Werte müssen immer unterfüttert werden. Die Fragen „Was meint man damit?" oder „Was bedeutet dieser Wert heute?" sind ständige Begleiter der Wertekommunikation. Sie werden nunmehr aus den Interviews heraus interpretiert.

„Gesundheit" ist neben „Nähe" einer der Kernwerte der AOK und führt nach TNS Infratest 2014 auch den aktuellen, gesamtgesellschaftlichen Wertekanon an. Heute steht, noch vor der Gesundwerdung, eine gesund erhaltende Präventionsarbeit an erster Stelle der Kundenerwartungen. Zwei Punkte erscheinen den Interviewten als wichtig. Zum einen: eine gute Performance, eine *„gute Leistungsdarbietung"* bei einem gleichzeitig *„ausgewogenen Preis-Leistungs-Verhältnis hinzukriegen"* (1 CMO). Dieses zeigt sich als prozesshafte, nie abgeschlossene Aufgabe. Neue Behandlungswege müssen evaluiert und in das Gesamtangebot der Kassenleistungen integriert werden. Zum anderen: Die Gesunderhaltung sollte die konkrete Handschrift der AOK tragen. Damit schwingt der Anspruch mit, trotz regional eigenständiger AOKs eine ausgewogene und einheitliche Sichtweise des Gesamtunternehmens für den Kunden zu produzieren. Bei der Interpretation dieses Wertes wird daher intensiv auf gemeinsame Darstellungsweisen geachtet – textuell und auch durch die Bildsprache. Damit verbunden: ein Abheben des Gesamtpakets gegenüber den Mitbewerbern.

„Innovation": Wird sich im Interview nicht direkt auf die GINS-Formel berufen, nennen die Interviewpartner diesen Wert meist an letzter Stelle. Er erscheint noch nicht durch das gesamte System AOK gleichmäßig implementiert worden zu sein. Innovationen sind nach der Aussage mehrerer Interviewter im Umfeld der föderal organisierten AOK schwierig. Einige der sehr konkreten und lokalen Angebote wie etwa der innovative Hebammenservice in der Regionaldirektion Bad Kreuznach (2009 mit dem Mehrwert-Award ausgezeichnet), sind direkt vom Engagement der Mitarbeiter abhängig. Andere Vorstöße sind noch kurzlebiger. Die interne Kommunikation hat hier die Aufgabe, zeitnah beispielhafte Lösungen an andere regionale AOKs zu vermitteln. Auch langlebige Programme wie etwa „AOK Junior", bei dem auch zahlreiche Kinder- und Jugendärzte mitgestalten, verbreitet sich nicht oder nur langsam hin zu anderen Regionen. Dies könnte als Schwachpunkt ausgelegt werden, doch befördert das Erkennen regionaler Bedürfnisse auch eine innovative „Start-up-Kultur", was definitiv als Stärke zu werten ist. Der Gesamtorganisation kann ein „föderaler Schattenwert" attestiert werden, der im deutschen Gesundheitssystem einzigartig ist. Schattenwert hat hier die Bedeutung eines positiv nutzbaren Wertes, der jedoch – bewusst oder unbewusst – nicht Eingang in den formalen Kanon findet. Gleichzeitig etabliert sich der Wert „Innovation" von der langen Geschichte des Branchenprimus, weshalb „Tradition" als zweiter Schattenwert bezeichnet werden kann.

„Nähe" ist ebenfalls verschieden interpretierbar. Einige AOKs halten ein umfangreiches Netz an Filialen, in denen die Versicherten eine persönliche Nähe mit ihren Beratern erfahren können. Andere regionale AOKs, z. B. die AOK Hessen, schaffen ein hervorragendes Online-Angebot und vermitteln eine vielseitiges Angebot im Internet, welches vor allem für die junge Generation attraktiv sein dürfte. Insgesamt zeigt sich der Wert „Nähe" widerspruchsfrei zu den anderen Formalwerten oder auch regionalen Werten, die in den Interviews erwähnt wurden. Das gute Netzwerk der AOK verbindet sich mit der Sicherheit für ihre Kunden; die regionale Nähe befördert auch spezielle Angebote.

„Sicherheit" wird häufig implizit verbunden mit lebendigen sozialen Kontakten und Netzwerken, etwa in der Familie oder innerhalb des Unternehmens, doch werden relativ selten konkrete Maßgaben, Normen oder Handlungen erwähnt, die Sicherheit transportieren sollen. Ein Hinweis auf die Darstellung der Werte im Geschäftsbericht der AOK lässt eine weitere Analyse ausgewählter Geschäftsdokumente als sinnvoll erscheinen. Klar dargestellt werden die Verbindung zu den Werten Nähe und Gesundheit:

> Sicherheit – ich bin stabil 130 Jahre alt ich habe Weltkriege, Inflation und Wirtschaftskrisen überlebt. Ich bin auch dann ein verlässlicher Partner für Dich, wenn es ganz eng wird, gesundheitlich. (I3 CEO)

Und wieder schwingt Tradition mit. Doch Sicherheit meint auch, eine nachhaltige, d. h. risikoarme, Organisationsführung der AOK.

Aus den Nennungen der vier Interviewten kann eine „Wertelandkarte" der internen Kommunikation gezeichnet werden, welche die Verknüpfungen der Werte, ihre Gegenüberstellungen – samt der Schattenwerte – darstellt. Beim direkten, dichotomen Vergleich

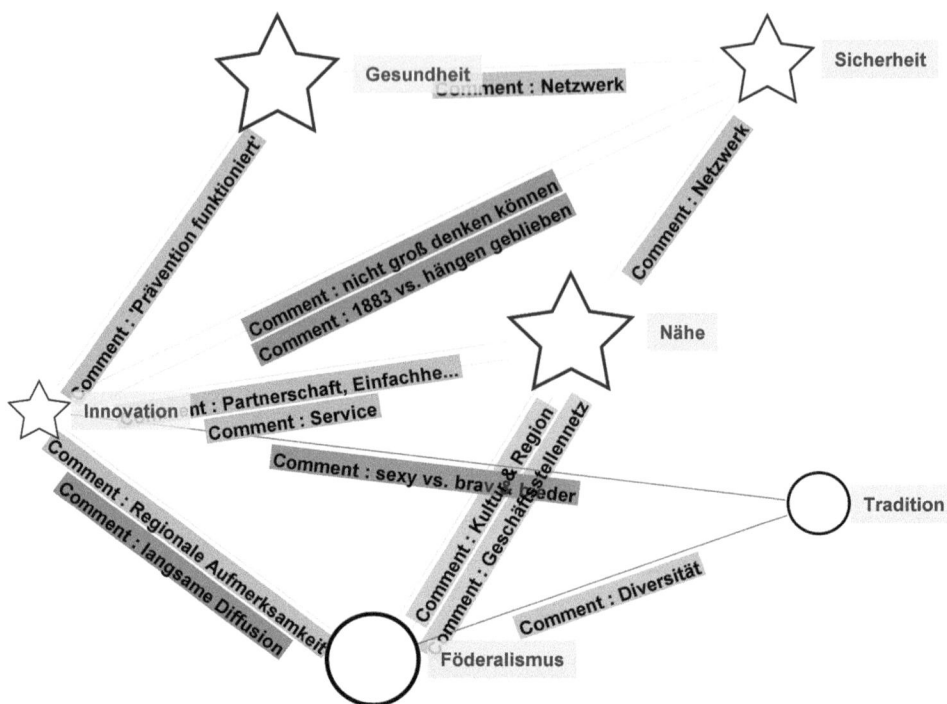

Abb. 2 Die Wertrelationen des AOK BV als Ergebnis der Interviewauswertung zeigt zwei „Schattenwerte"

der Werte (Schattenwerte) werden Argumente verwendet, die an den Verbindungen als Kommentare sichtbar gemacht sind. Die Konsistenz des Wertekanons kann so überprüft und eventuelle Ergänzungen vorgenommen werden. Etwa: Die föderale Struktur lässt nur eine langsame Diffusion der Innovationen zu (negative Beziehung); eine besondere regionale Aufmerksamkeit fördert die Innovation (positive Beziehung). Die Größe der Werte-Icons entspricht der Konsistenz und Widerspruchsfreiheit in den durchgeführten Interviews (vgl. Abb. 2).

4.2.3 Wertekommunikation

Die interorganisationale Kommunikation zu wertrelevanten Themen zwischen KomPart und dem AOK BV erfolgt im Wesentlichen zwischen dem Ressort „Interne Kommunikation" auf der Seite der Agentur und auf Kundenseite mit den Geschäftsbereichen „Markt", „Personalentwicklung" und „Politik". Hier geht es vor allem um projektspezifische Themen, welche fast die gesamte Kommunikation zur Umsetzung der AOK-Firmenwerte ausmachen. Darüber hinaus gibt es noch einen „*5%-Bereich*" der, weniger strukturiert, eine reflektierende „*Metaebene*" ermöglicht (*I3 CEO*). Ab dem gehobenen Management bis zur Geschäftsführerebene wird über die Markenentwicklung gesprochen. Und somit auch über die Entwicklung der Firmenwerte. Diese wiederkehrenden Situationen werden auch genutzt, um regionale Unterschiede in der Entwicklung und Umsetzung der Werte zu erörtern.

In periodischen, internen Print- und Onlinemedien der KomPart sind – abgestimmt durch die gemeinsame Dachkampagne – Grundinterpretation und Maßgaben zur Umsetzung der Werte verarbeitet. Sie beziehen sich auf den Kundenkontakt, geben Best-Practice-Beispiele, erläutern Servicestandards. Die Mitarbeiterkommunikation wird außerdem abgestimmt auf externe Kommunikationsmaßnahmen wie TV- und Radio-Spots, Anzeigenkampagnen, Medienkooperationen. Für die Ausarbeitung dieser Medieninhalte sind auch weitere Firmen beauftragt. Diese und alle anderen an der Wertekommunikation beteiligten Akteure können aus einer Netzwerkperspektive sichtbar gemacht werden.

4.3 Egozentrierte Netzwerke

Generell sind für die Betrachtung sozialer Netzwerk deren Grenzen von herausragender Bedeutung: In quantitativen Projekten aufgrund der von der Gesamtgröße abhängigen Kennzahlen; in eher qualitativ orientierten Untersuchungen aufgrund der Signifikanzentscheidung für die Konstitution des Netzwerks (vgl. Scott 2013, S. 44). Für eine visualisierende Datenerhebung eignet sich in diesem Fall ein egozentriertes Netzwerkdesign, da interorganisational verknüpfte Kommunikation erhoben werden soll. Jene Gruppierungen sind durch die Tortenstücke der grafischen Darstellung (AOK BV, KomPart, Residual) vorgegeben und können von den Befragten selbsttätig in den Netzwerkplan eingearbeitet werden. Die Zentralisierung ist dann auch in diesem Sinne zu verstehen: Ego steht nicht zwingend im Zentrum, doch ist die erhobene Information zur Vernetzung jeweils auf einen Akteur zurückzuführen. Im Zentrum stehen Akteure, welche für die werteorientierte interne Kommunikation die höchste Bedeutung durch Ego zugesprochen bekommen. Egozentrierte Netzwerke sind ein besonders geeignetes Instrument, wenn einige, jedoch nicht alle Akteure eines Netzwerks bekannt sind. Die konzentrischen Kreise und Tortenstücke produzieren hier Sinnvorgaben für die Informanten. Sie beziehen sich auf die Position und die inhaltliche Bedeutung von Kommunikationsvorgängen innerhalb eines interorganisationalen, projektbezogenen Netzwerks (vgl. Kahn und Antonucci 1980; Hollstein und Pfeffer 2010). Erhoben werden die Netzwerke durch einen strukturierten Netzwerkplan (vgl. Schönhuth und Gamper 2013, S. 15).

Ursprünglich präferierte man für diese Analyse einen bestimmten Zeithorizont, etwa das Jahr 2013, um einen ausgewogenen Blick auf die Beteiligung der Akteure zu haben. Zuletzt entschied man sich aber für ein projektspezifisches Design, denn:

> Die Gesamtkommunikation über den Bundesverband [BV] läuft eher ereignisorientiert, dass der BV sagt, wir haben ein bestimmtes Ereignis, wie z. B. ‚25 Jahre Gesundheitskasse' und wir feiern das jetzt und das ist sozusagen der Nenner, wo sich alle AOKs committen können, die werden auch alle eingeladen. Das ist ein Riesen-Fest, eine Veranstaltung, wo man sich auch selber feiert, wo man sich trifft, wo man sich miteinander austauscht, wo man sich näherkommt […]. (15 Chief Editor)

Aus den Interviews lässt sich entnehmen, dass in den unterschiedlichen Projekten wertrelevanter Unternehmenskommunikation häufig ganz unterschiedliche Mitarbeiter in der „Zulieferer-Position" sind. Dies erklären die Interviewten auch aus der Tür-an-Tür-Situation in Berlin heraus. Einige der Angestellten sind für die Wertevermittlung jedoch zentral und man findet sie in den Teams der meisten der im Jahr 2013 durchgeführten Projekte (Typ A). Auch wenn diese in manchen Projekten eine isolierte Position einnehmen; zum einen gerade sie und zum anderen die besonders gut vernetzten Akteure des jeweiligen Projektes (Typ B) sind wichtige Experten für ein aussagekräftiges Interview (vgl. Reilly 2014). In unserer beispielhaften Untersuchung wurden bei einem Kick-off-Gespräch geeignete Kandidaten für die Erhebung bestimmt.

Interviewpartner und Netzwerkbeispiel in der Case Study
Aus dem AOK Bundesverband:
1: CMO/Statusgruppe 2, Bereich Marketing, Typ B
5: Man MAR/Statusgruppe 3, Bereich Marketing, Typ A
Von KomPart:
13: CEO/Statusgruppe 1, Typ A
15: Chief Editor/Statusgruppe 2, Bereich Interne Kommunikation, Typ B – Das Netzwerk-Beispiel stammt von diesem Akteur (Abb. 3)

4.3.1 Netzwerkinterpretation

Aus forscherischen Gründen beschränkt sich dieses Kapitel auf die Interpretation einer subjektiven Netzwerksicht. Ja nach Perspektive, Dichte und Reichweite des „persönlichen" Netzwerks können Anzahl und Einschätzung der Akteure variieren. Wie in Abschn. 3.3 angemerkt, werden diese Perspektiven akkumuliert, d. h., die Wichtigkeit der Akteure gemittelt und die Akteure sowie deren Verbindungen ergänzt. Eventuell können auch nachträgliche Gespräche der Vollständigkeit dienlich sein. Sollten weitere Interviewpartner gewonnen werden, um zusätzliche Perspektiven zu gewinnen, so eignen sich relativ zentrale Positionen – also Akteure, denen eine große Bedeutung zugesprochen wird (etwa Nr. 41) oder aber gut vernetzte Positionen (etwa Nr. 22) für ein weiteres Unterfüttern der Daten.

Die beiden am besten vernetzten Akteure sind auf der Seite der KomPart Akteur Nr. 15, ein Chefredakteur, der die Projektleitung zum Jubiläumsmagazin innehat, sowie beim AOK BV Akteurin Nr. 1 aus dem Marketingbereich. Sie hält die Verbindung zu den Vertretern der regionalen AOKs (mit Halo, Nr. 31 bis 39), die nicht direkt mit KomPart an wertorientierten Inhalten arbeiten. Akteurin Nr. 22 stellt eine Besonderheit dar. Es handelt sich um eine externe Redakteurin, die aufgrund ihrer Beschäftigungsgeschichte über eine überdurchschnittlich gute interorganisationale Vernetzung verfügt. Während Akteurtyp B (Nr. 1 und 15) die meisten projektbezogenen Informationen geben können, ergänzt Akteurtyp A (Nr. 5 und 13) die Informationen um die langfristige Perspektive und leistet die Einordnung des Projekts in die gesamte Kommunikation um die Firmenwerte. Bei Bedarf kann der jeweilige Frageleitfaden eine Spezifikation in diese Richtung erfahren.

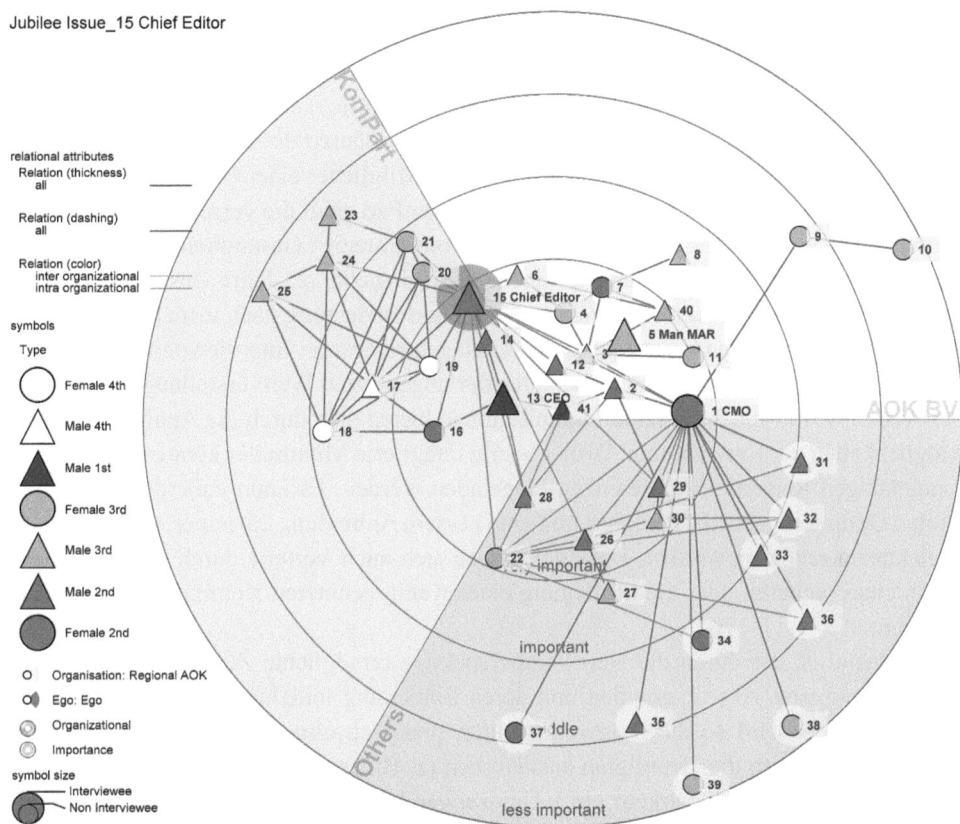

Abb. 3 Ein individuelles, egozentriertes Netzwerk werterelevanter Kommunikation im Projekt „Jubiläumsmagazin" aus der Sicht von Akteur Nr. 15, erstellt mit Vennmaker

Bei den zweiseitigen Verbindungen (Kanten) des Netzwerks fällt auf, dass interorganisationale Verbindungen durch die beteiligten Akteure im Durchschnitt als wichtiger gewertet werden als jene innerhalb der Organisation. Dies und die dichte Clique der KomPart-Mitarbeiter/innen (Nr. 17 bis 25) zeigen, dass beide Partner definitiv selbstständig arbeiten. Es handelt sich in diesem Fall um zwei absolut eigenständige Firmennetzwerke mit intensiven, projektorientierten Kontakten.

5 Fazit und mögliche Weiterentwicklungen

Ausgehend von der Identifikation des Trends zur nachhaltigen, wertevermittelnden Kommunikation, stellte dieser Artikel empirische Maßnahmen zur Erhebung und Analyse relevanter Akteure und kommunikativer Beziehungen in der internen Unternehmenskommunikation vor. Nachhaltigkeit wird gleichsam selbst als Wert bezeichnet (vgl. Wippermann und Krüger 2013). Werte zeigen sich dabei als empirisch durchaus fassbares Element der Corporate Communication und außerdem der langfristigen Entwicklung von Mitarbeitern. Ein distinkt soziologischer Wertebegriff richtet die Aufmerksamkeit auf eine mögliche Profilbildung durch eine bewusste Werteauswahl und erläutert dessen notwenige Interpretation in Normen und Handlungsbeispielen für die Mitglieder einer Organisation.

Die Untersuchung der Case Study AOK BV/KomPart zeigt die verschiedenen formalisierten Werte auf, die als Teil der Kommunikationsstrategie „Gesundheitskasse" gespielt werden. Am Beispiel des Jubiläumsprojekts, dem Magazin „25 Jahre Gesundheitskasse" konnten die beteiligten Akteure ihrer Verortung und Bedeutung nach visualisiert werden. Aus der weitergehenden Auswertung der Aussagen relevanter Interviewpartner resultiert eine Wertelandkarte der gesetzten aber auch der ungenutzten Wertvorstellungen innerhalb des AOK BV. Für die beteiligten Organisationen bieten sich durch die Analyse konkrete Möglichkeiten der Entwicklung: Bisher wenig integrierte Mitarbeiter können z. B. zu den regelmäßigen Redaktionskonferenzen eingeladen werden. Es kann außerdem auf einen akuten Optimierungsbedarf reagiert und eine bessere Anbindung einzelner Akteure an das Projektteam realisiert werden. Eventuell lassen sich auch Vorteile durch die Implementation eines weiteren oder die Stilllegung eines wenig genutzten Kommunikationskanals eruieren.

Spannend ist der durch die Netzwerkperspektive ermöglichte Zugang zu individuellen Akteuren bzw. Akteursgruppen und deren Einbettung innerhalb der Organisationen. Veranschaulicht wird so die Netzwerkstruktur, praktisch also die verschiedenen Kanäle, auf welchen sich die Beteiligten austauschen (z. B. Berliner Nachbarschaft, Redaktionskonferenzen, E-Mail-Verkehr etc.). Das verwendete Netzwerk-Tool Vennmaker (vgl. Schönhuth 2009) ist keineswegs empirisch ausgelastet, sondern kann weitere Attribute fassen und einer visuellen Analyse zugänglich machen (etwa die Prominenz der genannten Akteure, die Intensität der Kommunikation usw.).

Weiterhin sind, durch einen Abgleich mit der tatsächlich dokumentierten, medialen Praxis, etwa durch eine qualitative Inhaltsanalyse (vgl. Mayring 2010), die bisher erhobene Informationen noch vertief- und konkretisierbar. Neben der textuellen Inhaltsanalyse wäre auch eine grafische Analyse der Bildsprache möglich, die nach visuellen Anknüpfpunkten zur Vermittlung von Werten fahndet. So können die beteiligten Akteure mit der tatsächlichen medialen Ausgestaltung der Kommunikation verbunden werden. Ein derartiges Ergebnis würde aufzeigen, welche Akteure an den konkreten Umsetzung bestimmter Werte in Handlungsbeispiele, Prozessbeschreibungen oder normhaften Regeln beteiligt sind. Nutzen könnte ein Unternehmen dies beispielsweise zur Zusammenstellung eines Experten-Teams zur Ausarbeitung eines Einzelwertes oder in einer Marktanalyse, in welcher Mitbewerber gegenübergestellt werden.

Literatur

Abels, H. (2009). *Einführung in die Soziologie* (Bd. 2). Wiesbaden: Die Individuen in ihrer Gesellschaft.
AOK Bundesverband. (Hrsg.). (2012). *The AOK and the German Healthcare System*. AOK Mediathek.
AOK Bundesverband. (Hrsg.). (2014). *Zahlen und Fakten 2013*. AOK Mediathek.
Bahrdt, H.-P. (2003). *Schlüsselbegriffe der Soziologie*. München: C.H. Beck.
Bayer. (Hrsg.). (2014). *Geschäftsbericht 2013: Nachhaltigkeit* (S. 84). Bayer. http://www.bayer.de/de/sustainable-development-policy.aspx. Zugegriffen: 11. März 2014.
Bolz, N. (2014). Wertewandel. Werteindex.de. http://www.werteindex.de/werte/. Zugegriffen: 1. April 2014.
Borucki, I. (2013). Armutspolitische Netzwerke lokaler Parteien und sozialer Träger. Eine quantitative Studie mit Hilfe der visuellen Datenerhebung mit VennMaker. In M. Schönhuth, M. Gamper, M. Kronenwett, & M. Stark (Hrsg.), *Visuelle Netzwerkforschung. Qualitative, quantitative und partizipative Zugänge* (S. 227–248). Bielefeld: Transcript.
Bossel, H. (1999). Indicators for sustainable development: Theory, method, applications. IISD. http://www.ulb.ac.be/ceese/STAFF/Tom/bossel.pdf. Zugegriffen: 1. April 2014.
Brugger, F. (2008). Unternehmerische Nachhaltigkeitskommunikation. Ansätze zur Stärkung unternehmerischer Nachhaltigkeit. CSM. http://www2.leuphana.de/umanagement/csm/content/nama/downloads/download_publikationen/71-9_download.pdf. Zugegriffen: 1. April 2014.
Brugger, F. (2010). *Nachhaltigkeit in der Unternehmenskommunikation: Bedeutung, Charakteristika und Herausforderungen: Bedeutung, Charakteristika und Herausforderungen*. Wiesbaden: Springer Gabler.
Deutsche Bank. (2014). Website – Kulturwandel und Unternehmenswerte. https://www.db.com/cr/de/konkret-kulturwandel.htm. Zugegriffen: 11. April 2014.
DGFP e.V. (Hrsg.). (2013). Megatrends und HR Trends 2013. DGFP Praxispapiere. Praxispapier 3/2013. http://static.dgfp.de/assets/publikationen/2013/DGFP-Studie-Megatrends-und-HR-Trends2013.pdf. Zugegriffen: 1. April 2014.
Esch, F.-R. (2009). Markenidentität als Basis für Brand Behavior. In T. Tomczak, et al. (Hrsg.), *Behavioral branding. Wie Mitarbeiterverhalten die Marke stärkt* (S. 35–46). Wiesbaden: Gabler.
Esch, F.-R., Hartmann, K., & Strödter, K. (2009). Analyse und Stärkung des Markencommitment im Unternehmen. In T. Tomczak, et al. (Hrsg.), *Behavioral branding. Wie Mitarbeiterverhalten die Marke stärkt* (S. 121–139). Wiesbaden: Gabler.
Fisher, C., & Lovell, A. (2008). *Business ethics and values: Individual, corporate and international perspectives*. Harlow: Financial Times Prentice Hall.
Groddeck, V. von. (2011). *Organisation und Werte*. Wiesbaden: Formen.
Heisterhagen, T., & Hoffmann, R.-W. (2003). *Lehrmeister Währungskrise!* Wiesbaden: VS Verlag für Sozialwissenschaften.
Hillmann, K.-H. (1988). Arbeits- und Leistungswerte im Wandel: vom Wiederaufbau zur Wachstumskrise. In Hoffmann-Nowotny & Hans-Joachim (Hrsg.), *Kultur und Gesellschaft: gemeinsamer Kongress der Deutschen, der Österreichischen und der Schweizerischen Gesellschaft für Soziologie, Zürich 1988. Beiträge der Forschungskomitees, Sektionen und Ad-hoc-Gruppen*. Zürich: Seismo.
Hillmann, K.-H. (2006). Werte und Wertewandel aus soziologischer Perspektive. Brentano Studien 11 (2004/2005), Röll. (S. 123–138).
Hollstein, B., & Pfeffer, J. (2010). Netzwerkkarten als Instrument zur Erhebung egozentrierter Netzwerke. In H. G. Soeffner (Hrsg.), Wiesbaden: Unsichere Zeiten.

Inglehart, R. (1977). *The Silent Revolution: Changing Values and Political Styles among Western Publics.* Princeton: Princeton University Press.

Inglehart, R., & Welzel, C. (2005). *Modernization, cultural change and democracy.* New York: Cambridge University Press.

Inglehart, R., & Welzel, C. (2010) Changing mass priorities: The link between modernization and democracy. *Perspectives on Politics, 8*(2), 551–567.

IUCN, UNEP, WWF. (Hrsg.). (1991). *Caring for the Earth. A Strategy for sustainable living.*

Jürgen, J., & Donges, P. (2013). Normativität in den Öffentlichkeitstheorien. In: M. Karmasin, M. Roth, & B. Thomaß (Hrsg.), *Normativität in der Kommunikationswissenschaft* (S. 151–170). Wiesbaden: Springer.

Kahn, R. L., & Antonucci, T. C. (1980). Convoys over the life course. Attachment, roles, and social support. In P. B. Baltes & O. G. Brim (Hrsg.), *Life span development and behavior* (Bd. 3, S. 253–286). New York: Academic.

Kernstock, J. (2009). Behavioral Branding als Führungsansatz. In T. Tomczak, et al. (Hrsg.), *Behavioral Branding. Wie Mitarbeiterverhalten die Marke stärkt* (S. 3–33). Wiesbaden: Gabler.

Klein, M. (1995). Wieviel Platz bleibt im Prokrustesbett? Wertewandel in der Bundesrepublik Deutschland zwischen 1973 und 1992. *Kölner Zeitschrift für Soziologie und Sozialpsychologie, 47,* 207–230.

Klein, M., & Pötschke, M. (2001). Wertewandel und kein Ende Antwort auf die Replik von Helmut Thome. *Zeitschrift für Soziologie, 30*(6), 489–493.

Köberer, N. (2010). Wert-volle Werbung: Transparenz als werbeethisches Prinzip. In *Wert und Werte der Marketing-Kommunikation* (S. 17–34). Köln: Halem.

Kohlbrück, O. (2009). Nachhaltigkeit braucht Emotionen: Interview mit Markenexperte Heribert Meffert. In Horizonte.net. http://www.horizont.net/aktuell/marketing/pages/protected/Nachhaltigkeit-braucht-Emotionen-Interview-mit-Markenexperte-Heribert-Meffert_88113.html?id=88113&page=1&params. Zugegriffen: 1. April 2014.

Lautmann, R. (1969). *Wert und Norm.* Opladen.

Luhmann, N. (1984). *Soziale Systeme.* Suhrkamp.

Mast, C. (2012). *Unternehmenskommunikation.* UTB.

Mast, C., & Fiedler, K. (2005). Nachhaltige Unternehmenskommunikation. In G. Michelsen & J. Godemann (Hrsg.), *Handbuch Nachhaltigkeitskommunikation* (S. 565–576). München: Oekom.

Mayring, P. (2010). *Qualitative Inhaltsanalyse.* Beltz.

Meffert, H., Burmann, C., & Koers, M. (2005). *Markenmanagement. Identitätsorientierte Markenführung und praktische Umsetzung.* Wiebaden: Gabler.

Meuser, M., & Nagel, U. (1994). Expertenwissen und Experteninterview. In R. Hitzler (Hrsg.), *Expertenwissen. Die institutionalisierte Kompetenz zur Konstruktion von Wirklichkeit* (S. 180–192). Opladen: Westdeutscher Verlag.

Meyer S. (2012). Strategische Nachhaltigkeitskommunikation in Unternehmen: Motive, Chancen und Risiken in der Anwendung.

Michelsen, G. (2005). Nachhaltigkeitskommunikation: Verständnis – Entwicklung – Perspektiven. In G. Michelsen & J. Godemann (Hrsg.), *Handbuch Nachhaltigkeitskommunikation. Grundlagen und Praxis* (S. 25–41). München: Oekom.

o.V. Kulturwandel und Unternehmenswerte Deutsche Bank 01.03.2014 Deutsche Bank. https://www.db.com/cr/de/konkret-kulturwandel.htm. Zugegriffen: 1. April 2014.

Parsons, T. (1960). Authority, legitimation and political action: In T. Parsons (Hrsg.), *Structure and process in modern societies.* New York: Free Press.

Popitz, H. (2006). *Soziale Normen.* Frankfurt a. M.: Suhrkamp.

Porter, M. E., & Kramer, M. R. (2006). Strategy & society: The link between competitive advantage and corporate social responsibility. *Harvard Business Review, 84*(12), 78–92.

Price, L. L., & Arnould, E. J. (1999). Commericial friendships: Service provider-client relationships in context. *Journal of Marketing Research, 63*(4), 38–56.

Reilly, J. (2014). Social isolation and influence in political communication networks. XXXIV. Sunbelt Conference in St. Pete Beach, Florida.

Reinhold, G. (Hrsg.). (2000). *Soziologie Lexikon*. Oldenbourg.

Ritz, K. (2012). *Kulturbewusste Personalentwicklung in Werteorientierten Unternehmen*. Wiesbaden: Springer.

Robecosam. (Hrsg.). (o. J.). Sustainability investing. http://www.robecosam.com/de/sustainability-insights/uber-sustainability/sustainability-investing.jsp. Zugegriffen: 1. April 2014.

Rogall, H. (2012). Nachhaltige Ökonomie, 2. überarbeitete und stark erweiterte Aufl. *Ökonomische Theorie und Praxis einer Nachhaltigen Entwicklung*. Marburg: Metropolis.

Rokeach, M. (1968a). A theory of organization and change within value-attitude-systems. *Journal of Social Issues, 1,* 13–33.

Rokeach, M. (1968b). *Beliefs, attitudes, and values: A theory of organization and change*. San Francisco: Jossey-Bass.

Rokeach, M. (1973). *The nature of human values*. New York: The Free Press.

Schwartz, S. H. (1994). Are there universal aspects in the structure and contents of human values? *Journal of Social Issues, 50*(4), 19–45.

Schaltegger, S., Herzig, C., Kleiber, O., Klinke, T., & Müller, J. (2007). Nachhaltigkeitsmanagement in Unternehmen. Von der Idee zur Praxis: Managementansätze zur Umsetzung von Corporate Social Responsibility und Corporate Sustainability. Herausgegeben vom BMU, Econsense & CSM Lüneburg. http://www.econsense.de/sites/all/files/nachhaltigkeitsmanagement_unternehmen.pdf. Zugegriffen: 3. März 2014.

Schaltegger, S., Dorli H., Windolph, S. E., & Hörisch, J. (2011). Organisational involvement of corporate functions in sustainability management. An empirical analysis of large german companies. Centre for Sustainability Management (CSM). www2.leuphana.de/umanagement/csm/content/nama/downloads/download_publikationen/Schaltegger_Harms_Windolph_Hoerisch_Organisational_Involvement.pdf. Zugegriffen: 1. April 2014.

Schönhuth, M. (2009). Participatory appraisal of a personal network with VennMaker. Trier. http://vennmaker.kronenwett-adolphs.com/files/Schoenhuth-1stTestTut-Migrants-Engl-23Mrz2009-All.pdf#page=2&zoom=auto,256,0. Zugegriffen: 1. April 2014.

Schönhuth, M., & Gamper, M. (2013). Visuelle Netzwerkforschung – eine thematische Annäherung. In M. Schönhuth, M. Gamper, M. Kronenwett, & M. Stark (Hrsg.), *Visuelle Netzwerkforschung. Qualitative, quantitative und partizipative Zugänge* (S. 9–32). Transcript.

Scott, J. (2013) *Social network analysis* (3. Aufl.). Sage.

Stähler, T., Ternès, A., & Towers, I. (2014). German Federal Association of Local Health Insurance funds („AOK") and their publishing agency „KomPart": a value-oriented internal communication network. XXXIV. Sunbelt Conference in St. Pete Beach, Florida.

Sennett, R. (1998). *Der flexible Mensch – die Kultur des neuen Kapitalismus*. Berlin: Berlin Verlag.

Walter, B. von, Henkel, S., & Heidig, W. (2009). Mitarbeiterassoziationen als Treiber der Arbeitgeberattraktivität. In: T. Tomczak (Hrsg.), *Behavioral Branding – Wie Mitarbeiterverhalten die Marke stärkt* (2. Aufl., S. 295–315). Wiesbaden: Gabler.

Weibler, J. (2008). *Werthaltungen junger Führungskräfte. Böckler Forschungs Monitoring 4*. Hans Böckler Stiftung.

Wippermann, P., & Krüger, J. (2013). *Werte-Index 2014*. Deutscher Fachverlag.

World Value Survey. (Hrsg.). http://www.worldvaluessurvey.org/.

Z-Punkt GmbH. (Hrsg.). (2007). Beispieltrend: Zunehmender Wertepluralismus. http://www.z-punkt.de/fileadmin/be_user/D_Tools/D_Trenddatenbank/Beispieltrend-Wertewandel_neu.pdf. Zugegriffen: 1. April 2014.

Tobias Stähler ist Wissenschaftlicher Mitarbeiter und Stipendienkoordinator an der SRH Hochschule Berlin sowie Leiter des Studienzentrums Berlin für die SRH Fernhochschule Riedlingen. Nach einem Magister Artium in Soziologie, Ethnologie, Medien- und Kommunikationswissenschaften promoviert er aktuell an der Universität Eichstätt im Bereich Journalistik II.

Nonprofit-Marketing

André Scholz und Anabel Ternès

1 Einführung und Besonderheiten

Nonprofit-Organisationen (NPO) sind schon lange ein fester Bestandteil des gesellschaftlichen Lebens in nahezu allen Staaten. NPO gehören zum sog. „Nonprofit-Bereich"(auch Nonprofit-Sektor oder dritter Sektor genannt) und sind insbesondere durch nicht-kommerzielle Absichten gekennzeichnet. Im Mittelpunkt des Handelns stehen soziale und gesellschaftliche Ziele, die eine nicht-gewinnorientierte Erfüllung von Bedürfnissen verschiedener Anspruchsgruppen verfolgen. Die Erreichung ökonomischer Ziele ist eine, wenn auch wichtige, Nebenbedingung des Handelns und stellt viele Organisationen gerade im Wettbewerb mit anderen NPO vor große Herausforderungen. NPO sind klassischerweise in Form einer Stiftung, eines Vereins oder Verbandes organisiert, aber auch Kirchen, Parteien oder Wohlfahrtsorganisationen können ihnen zugerechnet werden (vgl. Bruhn 2012, S. 15ff.).

Der charakteristische Unterschied zu marktwirtschaftlich organisierten Unternehmen ist, dass NPO nicht die Absicht haben, mit ihren Leistungen am Markt Gewinne zu erzielen. Sie bieten ihre Leistungen (oftmals Dienstleistungen) zu einem selbstkostendeckenden Preis oder auch kostenlos an. Die benötigten Einnahmen zur Finanzierung der Leistungsbereitstellung erfolgen überwiegend durch Steuern, Spenden, Vermögenserträ-

---

A. Scholz (✉)
Hochschule Bonn-Rhein-Sieg, Grantham-Allee 20, 53757 Sankt Augustin, Deutschland
E-Mail: andre.scholz@h-brs.de

A. Ternès
Ernst-Reuter-Platz 10, 10587 Berlin, Deutschland
E-Mail: anabel.ternes@srh-hochschule-berlin.de

© Springer Fachmedien Wiesbaden 2014
A. Ternès, I. Towers (Hrsg.), *Internationale Trends in der Markenkommunikation*,
DOI 10.1007/978-3-658-01517-6_7

ge, Zuschüsse und Sponsoring. NPO haben dabei ein durch die verschiedenen Einnahmen begrenztes Budget, aus dem sie ihre Tätigkeiten kostendeckend finanzieren müssen.

Bei vielen NPO spielt neben der finanziellen Komponente auch das ehrenamtliche Engagement von Dritten bei der Erfüllung der gemeinnützigen Ziele eine besondere Bedeutung. Diese meist entgeltlose Leistung durch Freiwillige ist gerade bei der Bereitstellung von Dienstleistungen ein wesentlicher Beitrag zur Zielerfüllung.

Auf dem Markt der NPO sind die begrenzten Mittel des Staates, privater Unternehmen sowie von Privatpersonen (insbesondere Spender und Stifter) mittlerweile hart umkämpft. Zur Generierung von Einnahmen sind für viele NPO ein funktionierendes Fundraising und ein oftmals hiermit verbundenes Marketing unerlässlich.

Marketing-Konzepte für erwerbswirtschaftliche Unternehmen sind in der Literatur ausführlich beschrieben (siehe bspw. Kotler et al. 2010; Meffert et al. 2012; Scharf et al. 2012). Für den Bereich der Nonprofit-Organisationen berücksichtigt das Konzept von Bruhn (2012) die Besonderheiten und die Unterschiede zum klassischen Marketing in besonderer Weise. Tabelle 1 schafft einen strukturierten Überblick über die zu berücksichtigenden Aspekte für die Umsetzung eines Nonprofit-Marketingkonzeptes. Auf diese Aspekte wird im Folgenden detaillierter eingegangen.

Bei der Erstellung eines Marketingkonzeptes für eine Nonprofit-Organisation steht zunächst die Betrachtung der **Ziele** im Mittelpunkt. Diese zeichnen sich durch eine größere Heterogenität und Komplexität im Vergleich zu gewinnorientierten Unternehmen aus. Die Definition von Zielen ist klassischerweise mit der Messung der Zielerreichung verbunden. Bei Umsatz- und Absatzzielen sind die Messung des Ergebnisses und die Beurteilung der Zielerreichung grundsätzlich durchführbar. Da die Ziele von NPO häufig ideeller oder sozialer Art sind, ist die Messung der Zielerreichung vielfach schwierig. So kann z. B. die Linderung von Hunger oder die Beeinflussung bestimmter Wertevorstellungen nicht in messbaren Zahlen ausgedrückt werden. Das Management steht somit bei der Formulierung der Ziele besonderen Herausforderungen gegenüber.

Die **Leistungen**, die Organisationen des Nonprofit-Sektors erbringen, sind überwiegend Dienstleistungen und weniger materieller Art. Teilweise können daher Ansätze des Dienstleistungsmarketings aufgrund der Immaterialität der Leistungen für die Erstellung eines Marketings-Konzeptes herangezogen werden. Die Kernleistung von NPO sind in den meisten Fällen Pflege-, Betreuungs- und Beratungsleistungen, finanzielle Förderungen sowie die Vermittlung bestimmter Werte, Interessen oder Ideen. Ein Großteil der erbrachten Leistungen von NPO ist als gemeinnützig anzusehen.

Ein wichtiger Bestandteil eines jeden Marketing-Konzeptes ist die Berücksichtigung der verschiedenen **Anspruchsgruppen**. Die Anspruchsgruppen bei der Tätigkeit von NPO unterscheiden sich dabei deutlich von denen des gewinnorientierten Wettbewerbes. Bei der Gestaltung eines Marketing-Konzeptes für eine NPO ist das Wissen über die unterschiedlichen Anspruchsgruppen somit ebenfalls von besonderer Bedeutung. Hinzu kommt, dass teilweise ein Beziehungsgeflecht zwischen den Gruppen besteht und bei Handlungen der NPO verschiedene Reaktionen berücksichtigt werden müssen. Nach

Nonprofit-Marketing

Tab. 1 Besonderheiten von Nonprofit-Organisationen. (Quelle: In Anlehnung an Bruhn 2012)

	Besonderheit der Nonprofit-Organisation	Abgrenzung zu erwerbswirtschaftlichen Unternehmen
Inhalte der Zielsetzung	Z. B. Gesellschaftliche Ziele	Erzielung eines wirtschaftlichen Gewinns
	Soziale Ziele	
	Wohltätige Ziele	
	Förderung gemeinschaftlicher Aktivitäten	
	Durchsetzung bestimmter Interessen Kostendeckung	
Definition der Leistung	Vermittlung von Interessen, Ideen und Werten	Verkauf eines Produktes bzw. einer Dienstleistung
	Dienstleistungen	
	Materielle Gegenstände Finanzielle Förderungen	
Anspruchsgruppen (Auswahl)	Leistungsempfänger	Insbesondere:
	Mitarbeiter	Kunden
	Wettbewerber	Investoren/Eigentümer
	Private Förderer	Mitarbeiter
	Öffentlichkeit	
	Staat	
Finanzierung der Marketingausgaben	Wird oft kritisch betrachtet, da	Teilweise sehr hohe Werbebudgets
	Vernachlässigung des eigentlichen Zweckes	Wichtiges Instrument zur Kundengewinnung
	Gefahr der Verschwendung	
	Spender wollen nicht Werbung finanzieren	
	Steuerrechtliche Auflagen	
Mitarbeiter- und Organisationsstrukturen	Oftmals kaum formalisierte Organisationsstruktur (Führung) ehrenamtliche(r) Mitarbeiter	Meistens klare Strukturen und Hierarchien
	Verbindlichkeit der Mitarbeit und Kompetenz teilweise ungenügend	Abläufe und Verantwortlichkeiten sind in der Regel auch schriftlich geregelt

Bruhn (2012) sind bei den folgenden Anspruchsgruppen individuelle Bedürfnisse und Anforderungen zu berücksichtigen:

- **Leistungsempfänger** sind die direkten Nutzer und Profiteure der Nonprofit-Leistungen. Sie müssen zwar nicht immer umworben werden, da sie entweder die Leistungen aus eigenem Interesse nachfragen (Pflegeleistungen, Essensausgabe) oder keine Mög-

lichkeit einer Anbieterauswahl besteht. Die Leistungen müssen jedoch zwingend an den Bedürfnissen der Leistungsempfänger ausgerichtet werden.
- **Mitarbeiter** sind an der Erbringung der Nonprofit-Leistung maßgeblich beteiligt und daher in besonderer Weise zu berücksichtigen. Die Arbeit vieler NPO wird oft durch wenige hauptamtliche und viele ehrenamtliche Mitarbeiter getragen. Gerade die Führung von Ehrenamtlichen ist mit besonderen Herausforderungen verbunden, da diese ihre Tätigkeit jederzeit beenden können.
- **Wettbewerber** können bei gleichen Zielen als Konkurrenten um Ressourcen (Förderungen, Spenden, Ehrenamtliche) oder auch geeignete Kooperations- oder Projektpartner am Markt wahrgenommen werden.
- **Private Förderer** sind Privatpersonen oder private Unternehmen, die die Aktivitäten der NPO durch finanzielle Mittel (Spenden, Zustiftungen) oder Materialien sowie Sachmittel unterstützen. Auch die Abstellung von Mitarbeitern zur Unterstützung der Nonprofit-Aktivitäten (insbesondere im organisatorischen Bereich) kann als Förderung durch private Unternehmen erfolgen.
- Die **Öffentlichkeit** kann bei der Beeinflussung gesellschaftlicher Werte und Verhaltensweisen die Zielgruppe darstellen. In nahezu allen Fällen gehen die Leistungen von NPO zumindest mit dem gesellschaftlichen Wertesystem einher.
- Der **Staat** entscheidet durch die Verteilung der Finanzmittel und die Gesetzgebung i. d. R. über die Tätigkeit von NPO und kann korrigierend eingreifen.

Da NPO i. d. R. das Interesse haben, sämtlichen Anspruchsgruppen gerecht zu werden, besteht für das Management die besondere Herausforderung, bei Interessenkonflikten zu vermitteln und die Konsequenzen von Entscheidungen für die NPO zu bewerten.

Ferner sind Marketingaktivitäten stets mit einem bestimmten Aufwand verbunden. Der Aufwand bedeutet einerseits die Bindung von Mitarbeiterkapazität (Konzeption, Gestaltung, Umsetzung) und führt andererseits zu teilweise sehr hohen Kosten. Sollten Marketingmaßnahmen von NPO durch private oder öffentliche Förderer unterstützt werden, so kann der finanzielle Aufwand deutlich reduziert werden. Bei Marketingmaßnahmen, die eine breite Öffentlichkeit bzw. Wahrnehmung generieren, haben NPO allerdings stets die Wirkung auf die Anspruchsgruppen, insbesondere auf die privaten Förderer, zu beachten. Da die Mittel der NPO an einen bestimmten Verwendungszweck geknüpft sind, ist die Nutzung für Marketingmaßnahmen nur begrenzt möglich und akzeptiert. Gerade private Spender wollen, dass ihre Geldspenden möglichst direkt und in voller Höhe in die beabsichtigten Fördermaßnahmen fließen und nicht in teuren Marketingmaßnahmen untergehen. NPO-Manager stehen bei Marketing- und generellen Verwaltungsausgaben stets in einem Spannungsfeld der Mittelverwendung für die eigentlichen und die begleitenden Unternehmensziele. Als Kostenanteil für Verwaltung und Marketing einer NPO wird ein Grenzwert von 35% der Gesamtausgaben als vertretbar erachtet (lt. Deutschem Zentralinstitut für soziale Fragen). Auch steuerrechtlich dürfen bspw. gemeinnützige Stiftungen nur einen bestimmten Anteil der Einnahmen für Verwaltungstätigkeiten ausgeben, damit sie ihre Gemeinnützigkeit nicht verlieren, was wiederum die Absetzbarkeit der Spenden für private Förderer beeinflussen würde.

Eine weitere Besonderheit bei Nonprofit-Organisationen ist das **Management der Mitarbeiter- und Organisationsstrukturen**. Große Stiftungen beispielsweise sind wie Großunternehmen organisiert und verfügen über zahlreiche festangestellte Mitarbeiter, klare Zuständigkeiten und definierte Prozesse. Die Mehrzahl der NPO können aus betriebswirtschaftlicher Sicht jedoch eher als KMU (kleine und mittlere Unternehmen) bezeichnet werden. Hauptamtliche Mitarbeiter, geschweige denn eine angemessene Vergütung, sind nicht selbstverständlich und in vielen NPO auch nicht vorhanden. Die kostengünstige Verwirklichung der NPO-Ziele durch ehrenamtliche Mitarbeiter und die Zahlung von niedrigen Gehältern bzw. Aufwandsentschädigungen kann bei der Arbeitsorganisation und der Durchführung von Projekten zu bedeutenden Herausforderungen führen. Ehrenamtliche Mitarbeiter sind i. d. R. nicht durch Arbeitsverträge an die Organisationen gebunden und können (gerade bei persönlichen Unstimmigkeiten) jederzeit ihre Tätigkeit beenden. Ferner können wegen der vergleichsweise niedrigeren Gehälter schwieriger gut qualifizierte Manager und Führungskräfte zur Organisation der NPO-Prozesse gewonnen werden. Auch die fachliche Qualität der Ehrenamtlichen muss bei bestimmten Tätigkeiten (Pflege, Betreuung von Kindern) genauer geprüft werden. Dennoch ist der Wettbewerb um ehrenamtliche Mitarbeiter groß, und wirkungsvolle Marketingaktivitäten haben gerade für kleinere NPO somit eine große Bedeutung.

Ungeachtet der betriebswirtschaftlichen Absichten des Marketings kann das generelle Verständnis von Marketing auch auf Nonprofit-Organisationen übertragen und wie folgt definiert werden:

Nonprofit-Marketing ist eine spezifische Denkhaltung. Sie konkretisiert sich in der Analyse, Planung, Umsetzung und Kontrolle sämtlicher interner und externer Aktivitäten, die durch eine Ausrichtung am Nutzen und den Erwartungen der Anspruchsgruppen (z. B. Leistungsempfänger, Kostenträger, Mitglieder, Spender, Öffentlichkeit) darauf abzielen, die finanziellen, mitarbeiterbezogenen und insbesondere aufgabenbezogenen Ziele der Nonprofit-Organisation zu erreichen. (Bruhn 2012, S. 55)

Mit der Erstellung eines Nonprofit-Marketingkonzeptes werden folglich vielfältige **Ziele** verfolgt, die in Tab. 2 zusammengefasst werden. Auf der Abnehmerseite sollen die Marketingmaßnahmen dazu führen, dass die Anspruchsgruppe mit der richtigen Ansprache auf das Angebot hingewiesen und über die Leistungen informiert wird. Selbst kostenlose Angebote können von den entsprechenden Anspruchsgruppen nicht nachgefragt werden, wenn keine Kenntnis über das Angebot besteht. Bei einer Marktsituation mit mehreren Anbietern kann eine Organisation durch Nonprofit-Marketing seine besondere Leistungsfähigkeit herausstellen und sich von Mitbewerbern abgrenzen.

Ein weiteres Ziel des Nonprofit-Marketingeinsatzes ist die **Beschaffung von Ressourcen**. Die benötigten Ressourcen zur Verwirklichung des Organisationszweckes können dabei materieller, finanzieller, personeller oder ideeller Natur sein. Neben den benötigten Sach- und Finanzmitteln (wie z. B. Lebensmittel für „Tafeln", Spenden) können so Mit-

Tab. 2 Nonprofit-Marketingziele in Abhängigkeit von der Anspruchsgruppe. (Quelle: In Anlehnung an Bruhn 2012)

Anspruchsgruppe	Nonprofit-Marketingziele (Auswahl)
Leistungsempfänger	Aufmerksamkeit erlangen
	Leistungsangebot bekannt machen
	Über Ziele informieren
	Bedürfnisse erfüllen/wecken
Mitarbeiter	Ehrenamtliche Mitarbeiter gewinnen
	Qualifiziertes Personal rekrutieren
	„Arbeitgeber"-Attraktivität erhöhen
Wettbewerber	Hervorhebung der eigenen Kompetenzen
	Abgrenzung des Leistungsangebotes
	Kooperationsanbahnung
Private Förderer	Fundraising (Spenden, Zustiftungen)
	Sponsoring
	Netzwerke aufbauen
	Unterstützer gewinnen
Öffentlichkeit/Staat	Meinungsbildung
	Imagemarketing
	Bekanntheit und Akzeptanz steigern
	Wertevermittlung
	Netzwerke aufbauen

arbeiter und Ehrenamtliche akquiriert werden. Ziel kann und sollte es meistens auch sein, dass eine Organisation einflussreiche Unterstützer und Partner für ihren Zweck gewinnen und einsetzen kann. Unterstützer kommen dabei oftmals aus dem Bereich der Politik. Sie engagieren sich meist nicht direkt mit Zeit oder Geld, sondern versuchen, auf politischer Ebene die Ziele der Nonprofit-Organisation zu unterstützen und „Türen zu öffnen". Aber auch Partner aus dem erwerbswirtschaftlichen Bereich können, bei erfolgreicher Anwerbung, strategisch für die Nonprofit-Zwecke eingesetzt werden. Unternehmen können die Nonprofit-Aktivitäten bspw. durch kostenlose Beratungsleistungen, langfristiges Sponsoring, Freistellung von Mitarbeitern für Projekte (z. B. Social Day), Bereitstellung von Know-how, Aufbau von Netzwerken oder Gewährung von Sonderkonditionen fördern.

Nonprofit-Marketing bietet Organisationen folglich vielfältige Möglichkeiten, um den Organisationszweck zu verwirklichen bzw. zu fördern. Bei der Erstellung des Konzeptes sollten jedoch immer die verschiedenen Anspruchsgruppen berücksichtigt werden.

2 Trends im Nonprofit-Marketing

2.1 Einführung

Die Chancen und Herausforderungen für Nonprofit-Marketing haben sich in den letzten Jahren deutlich verändert. Zum einen handelt es sich um Chancen durch die Möglichkeiten, die das Internet bietet, aber auch durch die zunehmende Sensibilität der Stakeholder für Content- Marketing und für soziale Projekte. Herausforderungen ergeben sich andererseits durch die wachsende Internationalisierung und damit vermehrte Unübersichtlichkeit in diesem Bereich sowie durch die zunehmende Konkurrenz im Fundraising.

International können im Nonprofit-Bereich generell deutliche Entwicklungen verzeichnet werden, die nicht von der Größe oder der Ausrichtung bzw. Branche der Organisation abhängig sind. Dennoch existieren hier auch klare Unterschiede.

2.2 Unterschiede

Manager im Nonprofit-Marketing mit Fundraising-Zielen arbeiten anders als Manager im Nonprofit-Marketing mit Community- oder Branding-Zielen.

Kleinere Nonprofit-Organisationen konzentrieren sich aufgrund der geringeren finanziellen Mittel zumeist mehr auf kostengünstigere Marketingbereiche, wie z. B. E-Mail-Marketing, während größere tendenziell auf klassische Marketingbereiche wie Print-Marketing setzen. Medienarbeit/PR kostet in der Regel auch kein Geld, kann aber dafür sehr personalintensiv sein.

Einer Studie von 2013 zufolge, bei der 1.435 Nonprofit-Organisationen aus 30 Ländern weltweit untersucht wurden, unterscheiden sich die Ausrichtungen von Nonprofit-Organisationen im Marketing nicht nur nach der Größe, sondern auch deutlich entsprechend den Themenbereichen, in denen sie ihren Schwerpunkt gesetzt haben. So beschäftigen sich Marketingbeauftragte in Nonprofit-Organisationen mit der Ausrichtung auf Umwelt und Tiere mehr mit Fundraising-Appellen als andere. Kommunikatoren in Nonprofit-Organisationen mit der Ausrichtung auf Bereiche der Kunst, Kultur und Menschenrechtsthemen verbringen mehr Zeit mit Marketingaktivitäten auf der Plattform Facebook, gefolgt von Pinterest. Allgemeine Wohltätigkeitsorganisationen bzw. auch ausbildungsfördernde Nonprofit-Organisationen legen meist großen Wert auf einen schriftlichen Marketingplan. Religiös ausgerichtete Nonprofit-Organisationen dagegen haben größtenteils einen Schwerpunkt in der Aussendung regelmäßiger Newsletter, vor allem als Printausgaben.

Auch im Hinblick auf den Erfolg von Nonprofit-Organisationen wurde in der Studie untersucht, ob es hier Unterschiede hinsichtlich der ausgewählten Marketingschwerpunkte gibt. Nonprofit-Marketingbeauftragte bewerten persönliche Veranstaltungen als die wirksamste Marketing-Maßnahme. Die Nonprofit-Marketing-Experten der wirtschaftlich erfolgreichsten Nonprofit-Organisationen allerdings bewerten Artikel auf der offiziellen

Website, gefolgt von E-Newslettern und Social Media (mit Ausnahme von Blogs und Videos) als sehr viel effizienter (Nonprofit Communications Trends Report 2013).

2.3 Status quo

Befragt nach ihrer Marketingplanung gaben 2013 nur 30 % der Nonprofit-Organisationen an, Marketingpläne für das laufende Jahr geschrieben und offiziell genehmigt bekommen zu haben. Die Nonprofit-Kommunikationskanäle werden als die „Big Six" bezeichnet: Hierzu zählen an erster Stelle die offizielle Website, gefolgt von Social Media (ohne Blogs), E-Mail-Marketing, persönliche Veranstaltungen, Medienarbeit/PR und Print-Marketing. An Social-Media-Plattformen verwenden Nonprofit-Organisationen an erster Stelle Facebook (94 %), dann Twitter (62 %) und an dritter Stelle YouTube (42 %).

Die größten Herausforderungen sehen Nonprofit-Marketingbeauftragte gegenwärtig im Mangel an Zeit und Budget sowie in der Problematik, die Wirksamkeit ihrer Maßnahmen messen und sinnvoll evaluieren zu können. Hinzu kommen auch die Sorge, wie mit der Entwicklung im Internet, speziell mit der Verwaltung von Social Media und grundsätzlich mit nicht-offiziellen Informationen und Meinungen zur Organisation im Internet umgegangen werden kann. Hierbei hat die Organisation darauf zu achten, dass sie angemessen vertreten wird, ihr Erscheinungsbild gewahrt und eine zeitnahe Bearbeitung garantiert wird (Nonprofit Communications Trends Report 2013).

Ferner hat das Content-Marketing in den letzten Jahren auch bei Nonprofit-Organisationen stark an Bedeutung gewonnen. Eine internationale Studie von 2014 gibt für Nonprofit-Organisationen in den USA folgende Zahlen an: 92 % der Nonprofit-Marketingexperten verwenden Content-Vermarktung. 26 % der Nonprofit-Marketingexperten glauben, dass sie im Content-Marketing effektiv sind. Nonprofit-Marketingexperten bei großen Organisationen bewerten sich als effektiver, als ihre Altersgenossen in kleineren Organisationen sich bewerten. 25 % der Nonprofit-Marketingexperten haben eine dokumentierte Content-Marketing-Strategie (Nonprofit Content Marketing 2014).

Folgende Content-Marketing-Instrumente werden häufig von Nonprofit-Organisationen verwendet: Persönliche Veranstaltungen mit Exklusivcharakter, Social Media (andere als Blogs), Artikel auf der offiziellen Website, eNewsletter, Videos, Geschäftsberichte, Print-Newsletter, Artikel auf anderen Websites, Blogs, Print-Magazine, Infografiken, Online-Präsentationen, Fallstudien, Forschungsberichte, Mobile Content, gebrandete Content-Marketing-Instrumente, Webinar/Webcasts, Bücher, digitale Magazine, mobile Apps, Microsites, White Papers, lizenzierte/syndizierte Inhalte, Podcasts, virtuelle Konferenzen, eBooks und Spiele/Gamification.

Immer noch sind sich zahlreiche Marketingbeauftragte von Nonprofit-Organisationen unsicher und sehr unterschiedlich eingestellt, was den Umgang und die Wirksamkeit von Social Media angeht. Während größere Nonprofit-Organisationen zumeist mehrere Social

Media-Plattformen nutzen, allen voran Facebook, vertrauen kleinere Nonprofit-Organisationen oft weit weniger in Social Media.

2.4 Trends

Die Trends im Nonprofit-Marketing leiten sich von den Strategien und Zielen der Nonprofit-Organisationen ab: Optimierung des Fundraising, Steigerung der Markenbekanntheit, stärkere Strukturierung und Erfolgsmessung für Marketingaktivitäten. Damit gewinnen persönliche Exklusiv-Veranstaltungen und Medienarbeit, insbesondere Social Media gegenüber einem Marketing mit Printprodukten an Bedeutung. Pinterest, Google+, LinkedIn und YouTube stellen Kanäle dar, mit denen Nonprofit-Organisationen im Gegensatz zu Facebook oft noch experimentieren. Internationale Nonprofit-Organisationen sehen den Trend hin zu vermehrtem Bloggen, Social-Media- und Video-Einsatz, auch und gerade im Bereich des Sharing.

Erfolgreiche Nonprofit-Organisationen produzieren eine zunehmende Anzahl an Inhalten, die sie auf verschiedenen Plattformen und Kanälen mit unterschiedlicher Ansprache und Darstellung platzieren. Bei der Umsetzung entwickelt sich der Trend hin zur Dominanz von Videos, zu Artikeln auf anderen Websites, Blogs, Infografiken und Online-Präsentationen.

Es ist festzuhalten, dass im Nonprofit-Bereich zunehmende Aktivitäten im Marketing erkennbar sind. Die Vorgehensweise und insb. die genutzten Marketing-Tools entscheiden sich dabei von denen des klassischen Marketings. Gerade das online-basierte Marketing gewinnt hierbei zunehmend an Bedeutung und bietet in Zukunft viele Chancen für NPO.

3 Praxisbeispiel

Der „Bonner Bildungsfonds" in der Bürgerstiftung Bonn – große Ziele mit einer kleinen Stiftung
Von Jürgen Reske, Geschäftsführer der Bürgerstiftung Bonn

3.1 Errichtung einer Stiftung mit gemeinnützigem Zweck

Klaus-Dieter Tenhof hatte sich große Ziele gesetzt, als er im Jahr 2010 unter dem Dach der Bürgerstiftung Bonn seine „Stiftung Zukunft durch Bildung" errichtet hatte. Nach dem Tod seiner Frau entschloss er sich, den Erlös von 350.000 € aus dem Verkauf der gemeinsamen Eigentumswohnung einem guten Zweck zuzuführen- und zwar der Bildungsförderung von Bonner Kindern und Jugendlichen aus sozial benachteiligten Familien. „Ich möchte jungen Menschen ermöglichen, ihr Potenzial zu entwickeln und ihre Lebensplanung zu verwirklichen", so der Stifter. „Jeder sollte die Chance erhalten, seinen Platz in der Gesellschaft zu finden." Wie kann man so große Ziele mit einem jährlichen Zinsertrag von nicht einmal 10.000 € verfolgen? Tenhof hatte mit der Anbindung an die Bürgerstiftung Bonn, die als Initiative der Sparkasse KölnBonn Ende 2001 gegründet wurde, eine strategisch kluge Entscheidung getroffen. Bürgerstiftung und Sparkasse verfügen in der Stadt Bonn über ein einzigartiges Netzwerk von Kontakten und Möglichkeiten sowie einen umfangreichen Erfahrungsschatz im Management von Stiftungen. Tenhof folgte zunächst der Empfehlung, der Stiftung nicht den Namen seiner verstorbenen Ehefrau zu geben. Sein festes **Ziel** war es nämlich, **Zustifter und Spender für seine Stiftungsidee zu gewinnen.** Da erschien es sinnvoll, den neutralen Namen „Stiftung Zukunft durch Bildung" zu wählen. Was braucht eine erfolgreiche Stiftung aber noch mehr als einen engagierten Stifter, ein Anfangskapital und eine gut funktionierende Geschäftsführung? Benötigt wurden zunächst weitere **Ehrenamtliche** für die Mitarbeit im sog. „Beirat" der Stiftung. Aus dem „Freundeskreis" der Bürgerstiftung Bonn konnten die ersten Mitstreiter gewonnen werden. Durch den **guten Kontakt zur Stadt Bonn** war es auch möglich, den Leiter des Bonner Schulamtes in den Beirat einzubinden. Nachdem alle Rahmenbedingungen gelegt waren, konnte sich der Stiftungsbeirat mit seiner zentralen Aufgabe befassen: ein Projekt zu entwickeln, das nicht nur eine große Wirksamkeit in der Bildungsförderung erzielt, sondern gleichzeitig viele andere Förderer **zum Mitmachen begeistert**.

3.2 Entwicklung einer Projektidee zur Zweckverwirklichung

Bei den Recherchen stieß die Stiftung auf den „Lübecker Bildungsfonds", in den seit 2009 die Stadt Lübeck, das Land Schleswig-Holstein sowie ein Stiftungsverbund aus mehreren Lübecker Stiftungen jährlich rund zwei Millionen Euro einzahlen. Den Löwenanteil tragen die Stiftungen. Die Idee: Schulen und Kindertagesstätten erhalten ein eigenes Förderbudget, über das sie verfügen können. Das Modell gewährt schnelle, unbürokratische Hilfe für benachteiligte Kinder. Die Bewilligung erfolgt über die Schulen und Kitas, da die vor Ort tätigen Pädagoginnen und Pädagogen die Bedarfslagen durch den unmittelbaren Kontakt zu den betroffenen Kindern am besten einschätzen können. Natürlich werden nur Maßnahmen gefördert, für die es keinen gesetzlichen Leistungsanspruch gibt. Inspiriert durch dieses in Lübeck erfolgreiche Projekt hat die Stiftung Zukunft durch Bildung den „Bonner Bildungsfonds" entwickelt. Anders als in Lübeck standen in Bonn keine öffentlichen Gelder bereit. Außerdem stand die Stadt nicht für die operative Abwicklung und Durchführung des Projektes zur Verfügung. Im „Bündnis Bonner Bildungsfonds" haben sich zum Start im Schuljahr 2013/2014 **fünf Stiftungen, drei Unternehmen und die Stadt Bonn** zusammengefunden, um einen **gemeinsamen Weg** in der Bildungsförderung von benachteiligten Bonner Kindern zu gehen. Zu den Hauptförderern gehören die Stiftung Jugendhilfe der Sparkasse in Bonn sowie die Sparkasse KölnBonn. Auch die weiteren Bündnispartner wurden aus dem engen Umfeld der Bürgerstiftung Bonn gewonnen. Für das **Pilotprojekt** wurden fünf Grundschulen aus dem Bonner Stadtgebiet ausgewählt, auf die das Budget von 25.000 € aufgeteilt wurde. Ein Team von ehrenamtlichen Zeitstiftern hat mit allen Grundschulleitern persönlich gesprochen, um den **Förderbedarf zu ermitteln**. So entstand ein breiter Förderkatalog: Maßnahmen zur Lernentwicklung, Gesundheits- und Bewegungsangebote gehören ebenso dazu wie die Unterstützung bei besonderen Begabungen und Neigungen. Die Gelder können individuell nach den Bedürfnissen für die Individualförderung von einzelnen Kindern und/oder eine Gruppenförderung in Anspruch genommen werden. Die Schulsozialarbeiter kümmern sich ggf. um die Beantragung von (ergänzenden) Mitteln aus dem „Bildungspaket" der Bundesregierung. Für die vertragliche und finanzielle Abwicklung konnten die Träger der Offenen Ganztagsschulen (z. B. Diakonie, Caritas, Stadt Bonn) gewonnen werden. So wurde auch sichergestellt, dass nur bereits bekannte und bewährte Dienstleister für die Bildungsmaßnahmen mit den Kindern eingebunden werden. Gefördert wurde im Rahmen des Pilotprojektes z. B. ein intensiver Deutschunterricht für Kinder, die ohne deutsche Sprachkenntnisse eingeschult wurden. Eine andere Schule hat die Mittel für psychomotorische Schulungen eingesetzt; die Kinder in einem schwierigen Bonner Stadtteil leiden wegen des hohen Medienkonsums und zu wenig Bewegung unter körperlichen Schwächen.

3.3 Evaluierung des Pilotprojektes zur Qualitätssicherung

Nach der Durchführung des Pilotprojekts wurde eine gründliche Evaluation mit allen Schul- und OGS-Leitungen durchgeführt. Die Evaluation durch eine ehrenamtliche Sozialwissenschaftlerin fand sowohl auf der Prozessebene als auch auf der Wirkungsebene statt. Die übergeordneten Fragestellungen lauteten somit: „Wie effektiv ist das Verfahren (Prozessebene)?" und „Inwiefern profitieren die geförderten Kinder (Wirkungsebene)?" Die Evaluation war die Basis für die finanzielle Weiterentwicklung des Bonner Bildungsfonds.

3.4 Ausweitung des Pilotprojektes und Gewinnung neuer Förderer

Nur wenn das **Projekt nachweislich erfolgreich** ist, wird es gelingen Großspender zu gewinnen und zu halten. So hatte die Stiftung Zukunft durch Bildung entschieden, sich erst nach der Evaluation um eine Fortsetzung der Förderung zu bemühen. Die Unterstützer waren für die Ausweitung des Bonner Bildungsfonds im Schuljahr 2014/2015 von besonderer Bedeutung: in einem zweiten Schritt werden neun Kitas aus dem Umfeld der fünf Pilotgrundschulen eingebunden. Das Förderbudget des Bonner Bildungsfonds hat sich für insgesamt 14 Schulen und Kindertagesstätten auf 70.000 € erhöht. Nach dem zweiten Jahr ist die Pilotphase des Bonner Bildungsfonds abgeschlossen. Danach soll das Projekt auf weitere Schulen und Kindertagesstätten in Bonn **übertragen** werden. Die hierfür erforderlichen Fördermittel stehen dann zur Verfügung, wenn weitere große

Unternehmen und Stiftungen sowie vermögende Privatpersonen als Bündnispartner des Bonner Bildungsfonds hinzugewonnen werden können. Große **Unterstützung** findet der Bonner Bildungsfonds bei **Oberbürgermeister** Jürgen Nimptsch, der auch Mitglied des Vorstands der Bürgerstiftung Bonn ist. „Ein Herzenswunsch von mir ist es schon lange, eine Bündelung der zahlreichen Stiftungsaktivitäten in unserer Stadt zu erreichen", so Nimptsch. „Mit der Gründung des Bonner Bildungsfonds sind wir auf diesem Weg einen wichtigen Schritt vorangekommen."

3.5 Kommunikation und Marketing für das Projekt

Um den Bonner Bildungsfonds bekannt zu machen, haben die Bürgerstiftung Bonn und die Stiftung Zukunft durch Bildung insbesondere die **klassischen Kommunikationsmittel** eingesetzt. So wurde **zum Start** des Bonner Bildungsfonds im Oktober 2013 eine **Pressekonferenz** organisiert, an der sowohl die Bündnispartner als auch die Grundschulleiter teilnahmen. Alle wichtigen Bonner **Printmedien** haben hierüber intensiv berichtet. Außerdem wurde ein **Flyer** produziert sowie eine umfangreiche Webseite (bonner-bildungsfonds.de) gestaltet. Für die Internetseiten wurden Interviews mit allen Schulleitern geführt, die als Filme abgerufen werden können.

Vorbereitet wurde die „Medienkampagne" bereits im Frühjahr 2013 im Rahmen des 3. Bonner Stiftungstags im Haus der Geschichte der Bundesrepublik Deutschland. Geplant und durchgeführt wurde der Stiftungstag durch den Verein für Bonner Stiftungen, dessen Geschäftsführung durch die Bürgerstiftung Bonn ausgeübt wird. Da der Stiftungstag unter das Schwerpunktthema „Bildung gemeinsam gestalten" gestellt wurde, konnte die **Projektidee** „Bonner Bildungsfonds" **öffentlichkeitswirksam vorgestellt** werden. So wurde u. a. ein Forum unter dem Titel „Der Lübecker Bildungsfonds – auch ein Erfolgsmodell für Bonn?" veranstaltet, an dem zahlreiche Besucher teilnahmen. Als „Opinion Leader" wurde Klaus-Dieter Tenhof eingesetzt. Mit seiner charismatischen Persönlichkeit ist es ihm gelungen, weitere Mitstreiter für seine Stiftung und den Bonner Bildungsfonds zu gewinnen. Als kluger Schachzug hat sich auch die **Namensgebung** der Stiftung erwiesen: über die Eingabe der **Suchwörter „Stiftung", „Bildung" und „Bonn" im Internet** haben bereits zwei vermögende Bonner Ehepaare den Weg zur Stiftung Zukunft durch Bildung gefunden. Sie haben sich nicht nur dazu entschlossen, der Stiftung **jährlich** großzügige **Spenden** zukommen zulassen, sondern haben die Stiftung testamentarisch als Erbin ihres Millionenvermögens (**Zustiftung**) eingesetzt. Ohne das für alle überzeugende Projekt „Bonner Bildungsfonds" wäre dies sicher nicht gelungen.

Der Bonner Bildungsfonds ist ein Musterbeispiel für das „Nonprofit-Marketing" der Bürgerstiftung Bonn. Es zeigt, welche Tasten der Klaviatur gespielt werden müssen, um aus dem Zusammenspiel von „Geld", „Zeit" und „Ideen" ein erfolgreiches Projekt zu machen. Und eine erfolgreiche Projektarbeit ist die Basis für eine erfolgreiche Stiftung.

Die **Bürgerstiftung Bonn** geht zurück auf eine Initiative der Sparkasse KölnBonn, die Im Jahr 2001 ein Anfangskapital bereitgestellt hat, um das bürgerschaftliche Engagement in Bonn gezielt zu bündeln und effektiv zu unterstützen. Heute ist die Bürgerstiftung Bonn eine Gemeinschaftsstiftung von mehr als 190 Stifterinnen und Stiftern, die durch Zustiftungen jeweils mindestens 500 € in das Stiftungskapital eingebracht haben. Gleichzeitig arbeiten zurzeit 17 Stiftungen unter dem gemeinsamen Dach der Bürgerstiftung Bonn – eine von ihnen ist die Stiftung Zukunft durch Bildung.

Wie für eine Bürgerstiftung typisch, sind die Stiftungszwecke der Bürgerstiftung Bonn sehr breit gefasst: Sie umfassen Jugend- und Altenhilfe, Bildung und Erziehung, Wissenschaft und Forschung, Kunst und Kultur, Umwelt- und Naturschutz, Landschafts- und Denkmalschutz, Sport, öffentliches Gesundheitswesen, Völkerverständigung und traditionelles Brauchtum.

Unterschied zwischen Spenden und Zustiftungen

Spenden: Geldmittel, die eine Stiftung als Spende erhält, sind in der Regel zweckgebunden und müssen innerhalb eines bestimmten Zeitraumes (Details hierzu ergeben sich aus der Abgabenordnung) für diesen Zweck ausgegeben werden (z. B. für ein soziales Projekt, Hungersnot, Hochwasserhilfe).

Zustiftungen: Geldmittel, die eine Stiftung als Zustiftung erhält, fließen in das Vermögen der Stiftung und müssen i. d. R. als Kapital erhalten bleiben. Nur die regelmäßigen Erträge aus dem Stiftungsvermögen dürfen und müssen für den Stiftungszweck ausgegeben werden.

Spenden und Zustiftungen für gemeinnützige Stiftungen können bis zu bestimmten Höchstgrenzen vom Spender oder Zustifter steuerlich geltend gemacht werden.

4 Zusammenfassung

Das Marketing von Nonprofit-Organisationen wird in Gesamtdarstellungen zum Marketing oft zu Unrecht vernachlässigt. Die vorangegangenen Kapitel verdeutlichen, welche besonderen Herausforderungen Manager von Nonprofit-Organisationen bei der Konzeption von Marketingmaßnahmen zu berücksichtigen haben. Gerade die Heterogenität der Anspruchsgruppen und die nötige Sensibilität für Marketingausgaben grenzt das Nonprofit-Marketing von den klassischen Marketingkonzepten ab und kann daher als eigenständige Disziplin betrachtet werden.

Auch die Anzahl der Nonprofit-Organisationen in Deutschland zeigt auf, welchen Stellenwert das Marketing von Nonprofit-Organisationen hat. Der ZiviZ-Survey ermittelte 2012 eine Zahl von 616.154 zivilgesellschaftlichen Organisationen in Deutschland, darunter 580.000 Vereine, 19.000 Stiftungen, 10.000 gGmbHs und 8500 Genossenschaften. Damit arbeitet etwa jeder zehnte sozialversicherungspflichtig Beschäftigte in Deutschland in einer zivilgesellschaftlichen Organisation (ZiviZ-Survey 2012, S. 10–12).

Nonprofit-Organisationen bewegen sich mit ihrem Marketing zwischen traditionellen Werten und Corporate Social Responsibility, der Sensibilität für Imagebildung und -bewahrung, sowie meist knapp bemessenen finanziellen Ressourcen für Marketingmaßnahmen. Aus diesen Rahmenbedingungen ergeben sich oft sorgsam ausgewählte Marketingkonzepte, die Online-Tools ebenso sorgsam prüfen wie miteinbinden.

Das Praxisbeispiel der Stiftung Zukunft durch Bildung verdeutlicht, wie eine gut geplante Marketingkampagne auch ohne großen finanziellen Einsatz zu einem gelungenen Projekt bzw. einer gewünschten Zweckrealisierung führen kann. Es macht aber auch deutlich, dass gerade im Nonprofit-Bereich eine differenzierte Kommunikation und ein zielabhängiges Vorgehen notwendig sind. Ein nachweislich erfolgreiches Projekt, das Menschen persönlich bewegt (in diesem Fallbeispiel der „Bonner Bildungsfonds"), in Verbindung mit einer zielgruppenspezifischen Kommunikation, kann für NPO einen erfolgreichen Fundraising-Ansatz darstellen.

Literatur

Nonprofit Communications Trends Report. (2013). *Nonprofit Marketing Guide*. Lexington: Nonprofit Marketing Guide.

Bruhn, M. (2012). *Marketing für Nonprofit-Organisationen: Grundlagen, Konzepte, Instrumente* (2. Aufl.). Stuttgart: Kohlhammer.

Kotler, et al. (2010). *Grundlagen des Marketing* (5. aktualisierte Aufl.). München: Pearson Studium.

Meffert, H. et al. (2012). *Marketing: Grundlagen marktorientierter Unternehmensführung* (11. Aufl.). Konzepte – Instrumente – Praxisbeispiele. Wiesbaden: Gabler.

Nonprofit Content Marketing. (2014). Benchmarks, budgets, and trends. In Content Marketing Institute (Hrsg.), Cleveland: Content Marketing Institute.

Purtschert, R. (2005). *Marketing für Verbände und weitere Nonprofit-Organisationen* (2. Aufl.). Stuttgart: Haupt.

Riemer, K. (2009). *Kommunikation von Nonprofit-Organisationen. Grundlagen der Kommunikationspolitik und SWOT-Analyse der UNICEF Deutschland*. München: AVM.

Scharf, A. et al. (2012). *Marketing: Einführung in Theorie und Praxis* (5. Aufl.). Stuttgart: Schäffer-Poeschel.

ZiviZ-Survey. (2012). *Instrument und erste Ergebnisse (2013). Krimmer, Holger und Priemer, Jana*. Berlin: SV gemeinnützige Gesellschaft für Wissenschaftsstatistik mbH Stifterverband für die Deutsche Wissenschaft.

André Scholz studierte Betriebswirtschaftslehre an der Hochschule Bonn-Rhein-Sieg und der University of California in Riverside. Nach seinem Abschluss als Master of Arts (M.A.) in Innovations- und Informationsmanagement ist er seit Ende 2013 als wissenschaftlicher Mitarbeiter an der Hochschule Bonn-Rhein-Sieg tätig. Als ausgebildeter Bankkaufmann arbeitete er bis Ende 2013 im Stiftungsmanagement der Sparkasse KölnBonn.

Prof. Dr. Anabel Ternès ist Kommunikationswissenschaftlerin, Journalistin und Diplom-Kauffrau. Sie verfügt über langjährige internationale Führungserfahrung in Marketing, Kommunikation und Business Development, u. a. für Samsonite und Fielmann. Sie hält eine Professur und Studiengangsleitung für International Communication Management, E-Business und Social Media Management an der SRH Berlin International Management University und leitet das Institut für Nachhaltiges Management.

Sensory Marketing

Ian Towers

1 Einführung

Der Mensch hat fünf Sinne:

- Tasten – die taktile Wahrnehmung
- Riechen – die olfaktorische Wahrnehmung
- Hören – die auditive Wahrnehmung
- Sehen – die visuelle Wahrnehmung
- Schmecken – die gustatorische Wahrnehmung

Über die Wahrnehmung selbst wurde sehr viel geschrieben (z. B. Gibson 1966; Goldstein et al. 2002; Guski 2000). Das bekannteste und einfachste Modell hierfür ist das S-O-R-Modell (S: Stimulus (Reiz); O: Vorgänge im Organismus; R: Reaktion). Im Grunde genommen handelt es hier um den Prozess der Informationsgewinnung und -verarbeitung von Reizen aus der Umwelt, die dann zu Gesamteindrücken zusammengeführt werden. Die Reize werden über die fünf Sinne wahrgenommen, und dieser Beitrag behandelt die Rolle, die die Sinne im Marketing spielen und spielen können.

Welche Sinne benutzt man, wenn man Schokolade isst? Die meisten Leute würden vielleicht sagen „zwei oder drei", aber der Schokoladenhersteller Lindt glaubt, dass bei dem Genuss von Schokolade alle fünf Sinne eine Rolle spielen (Lindt 2014):

I. Towers (✉)
Ernst-Reuter-Platz 10, 10587 Berlin, Deutschland
E-Mail: ian.towers@srh-hochschule-berlin.de

- **Sehen**: Auch bei der Schokoladen-Degustation zählt der erste Eindruck. Deshalb gilt die Aufmerksamkeit zuerst dem Erscheinungsbild der Schokolade.
- **Tasten**: Dann werden die Beschaffenheit der Oberfläche (von glatt bis rau oder körnig) und die Formbarkeit (von weich bis fest) beurteilt.
- **Hören**: Halten Sie sich ein Stück Schokolade ans Ohr und brechen Sie es. Achten Sie auf das Bruchgeräusch: Es kann sehr deutlich sein oder eher stumpf.
- **Riechen**: Über die Nase erfahren Sie die vielfältigen Aromen der Schokolade
- **Schmecken**: Nun kommen Sie zur intensivsten Erfahrung beim Schokolade-Degustieren: Lassen Sie ein Stück langsam im Mund zergehen. Verteilen Sie die Schokolade mit der Zunge, um sie mit den Geschmacksnerven in Berührung zu bringen. Was nehmen Sie wahr?

Die fünf Sinne sind für den Genuss von Schokolade wichtig, aber auch für das Marketing. Die Werbung von Lindt beschränkt sich nicht auf eine einfache Aussage, etwa: „Unsere Schokolade schmeckt gut", sondern hat als Werbeslogan „Mehr Genuss für die Sinne" oder „Glamour für den Gaumen".

Krishna (2012) bringt ein weiteres Beispiel aus der Welt der Schokolade und stellt die Frage: Was ist der Unterschied zwischen diesen beiden Produkten (Abb. 1 und 2)? Tipp: Es ist nicht die Schokolade.

Die Tafel Schokolade macht einen ganz anderen Eindruck auf den Konsumenten als die Hersheys Kisses. Die Tafel ist einfach, solide und hat eine ganz andere Persönlichkeit als die Kisses, die, wie der Name schon sagt, verführerisch sind. Schon das Öffnen des

Abb. 1 Hershey Schokoladetafel. (Quelle: Evan-Amos, http://en.wikipedia.org/wiki/File:Hersheybar.jpg#mediaviewer/File:Hersheybar.jpg)

Abb. 2 Hersheys Kisses. (Quelle: IvoShandor, http://commons.wikimedia.org/wiki/File:Hershey%27s_Kisses_and_Cherry_Cordial_Creme_Kisses.jpg#mediaviewer/File:Hershey%27s_Kisses_and_Cherry_Cordial_Creme_Kisses.jpg)

Hershey Kiss spricht drei Sinne viel intensiver an als das Öffnen der Tafel – Sehen, Tasten und Hören.

Lindt und Hershey betreiben hier Sensory Marketing. Sensory Marketing ist „marketing that engages the consumers' senses and affects their perception, judgment and behavior" (Krishna 2012, S. 332). In diesem Kapitel wird dargestellt, welche Rolle die fünf Sinne im Sensory Marketing spielen können.

2 Tasten

Die Wahrnehmung durch Berühren und Tasten bezeichnet man als *haptische Wahrnehmung*. Der Konsument berührt Gegenstände aus verschiedenen Gründen; Peck (2010) identifiziert vier Hauptgründe:

1. **Berühren, um zu kaufen:** Man nimmt den Gegenstand in die Hand, um ihn in den Einkaufswagen zu stellen. Man hat nicht die Absicht, durch das haptische Wahrnehmungssystem Informationen über den Gegenstand einzuholen.
2. **Berühren, um nicht-haptische Eigenschaften des Gegenstandes festzustellen:** Man hebt z. B. eine Melone auf, um zu riechen, ob sie reif ist, oder man schüttelt einen Karton, um sicherzustellen, dass nichts darin kaputt ist.
3. **Berühren, um die physischen Eigenschaften des Objekts festzustellen:** Kontur, Temperatur, Nachgiebigkeit, Textur usw. des Objektes sollen geprüft werden.
4. **Berühren als sinnliches Erlebnis:** Man fasst etwas an, einfach weil es Spaß macht, weil es angenehm ist („*hedonic touch*"). Beim Essen ist dies besonders wichtig.

Für das Marketing kann es von Interesse sein, die Kunden zu ermutigen, Gegenstände anzufassen. Wenn man die physischen Eigenschaften des Objekts feststellen will, sucht man nach Informationen und möchte möglicherweise Vergleiche anstellen (Klatzky 2010). Ein Beispiel: Ein Kunde möchte ein neues Sakko kaufen und geht in einen Laden. Er geht zu den Sakkos und berührt sie, weil er einige Fragen beantworten will:

- Wie fühlt sich der Stoff von diesem Sakko an?
- Wie sollte er sich anfühlen? Rau? Was hat das mit der Qualität des Produkts zu tun?
- Ist der Stoff von Sakko A rauer als der Stoff von Sakko B? Kann man dann sagen, dass Sakko B besser ist?

Hier spielt die Haptik eine große Rolle. Im Online-Shopping ist das aber unmöglich. Hier muss der Verkäufer versuchen, diese Informationen mit anderen Methoden zur Verfügung zu stellen. Er könnte das Sakko mehr oder weniger detailliert beschreiben: feste Baumwollmaterialität, 100% Baumwolle; oder: Sakko (Comfort-Fit) aus glatter Baumwolle mit Elasthananteilen in unifarbenem Dessin. Das ersetzt die Berührung aber nicht, und schon dieser Grund macht es für den Kunden wichtig, die Möglichkeit zu haben, das Sakko zurückzuschicken.

Ein weiterer Grund, die Haptik als Marketinginstrument einzusetzen, besteht, wenn eine stärkere Produktdifferenzierung wünschenswert ist. Man könnte ein Produkt entwickeln, dessen Textur ganz anders ist als die von den herkömmlichen Produkten. Es besteht allerdings die Gefahr, dass die ungewöhnliche Textur von den Kunden als unpassend empfunden wird. Wir haben immer eine Vorstellung davon, wie etwas sich anfühlen soll: Ein Tisch soll hart sein und nicht weich, ein seidene Bluse sollte nicht rauh sein, schweres Papier ist besser usw. Der Marketingmanager kann von diesen Einstellungen profitieren. Eine Broschüre, die auf schwerem Papier gedruckt wurde, macht schon deswegen einen besseren Eindruck, weil der Leser die Verbindung macht – gutes Papier = gute Qualität, und diese Interpretation wird dann auf das Produkt selbst übertragen.

Die Haptik ist der Sinn, der bis jetzt am wenigsten im Marketing eingesetzt wird. Die taktile Wahrnehmung bietet viele Möglichkeiten an, die bis jetzt kaum ausgenutzt werden. Marketingmanager sollten beobachten, wie und warum Kunden ihre Produkte anfassen, und überlegen, ob das Tasten eine größere Rolle in ihren Marketingkampagnen spielen könnte.

3 Riechen

Der Geruchssinn ist der komplexeste Sinn, was die Chemie des menschlichen Körpers betrifft. Der Mensch kann Millionen von Gerüchen unterscheiden; Ohloff (2000) stellt dar, dass es acht Grundgerüche gibt:

- blumig
- fruchtig
- grün
- würzig
- holzig
- harzig
- animalisch
- erdig

Das Riechen ist für das Marketing besonders wichtig, weil die Geruchswahrnehmung eine emotionale Komponente hat, da der Geruchssinn mit der Amygdala im Gehirn verbunden ist, die wiederum an der Vermittlung von Gefühlen beteiligt ist (Fox 2006).

Düfte beeinflussen verschiedene Aspekte des Konsumverhaltens (Morrin 2010):

- **Stimmung (mood):** Es wird oft angenommen, dass Düfte die Stimmung des Konsumenten beeinflussen können, aber es gibt kaum empirische Untersuchungen, die das bestätigen.
- **Evaluierung:** Kunden haben eine positivere Einstellung gegenüber Läden und Produkten, wenn sie gut riechen. Das ist die Grundlage des *ambient scenting* (siehe auch im Folgenden).
- **Ausgaben:** Die ersten wissenschaftlichen Untersuchungen deuten darauf hin, dass es eine Verbindung zwischen einem angenehmen Duft in einem Laden und der Höhe der Ausgaben der Kunden gibt.
- **Erinnerung:** Seit Marcel Proust über Erinnerungen geschrieben hat, geht man davon aus, dass eine enge Verbindung zwischen Düften und Erinnerung besteht. Und es ist in der Tat so: Düfte rufen emotionalere Erinnerungen wach als Wörter und Bilder es tun. Der Duft hilft dem Menschen dabei, sich zu erinnern.
- **Verweilen (lingering):** In Untersuchungen wurde herausgefunden, dass Kunden länger in Räumlichkeiten mit einem angenehmen Duft verweilen.

Es ist also nicht überraschend, dass das Konzept „scent marketing" seit ungefähr zehn Jahren existiert, wobei Düfte eingesetzt werden, „to set a mood, promote products, or position a brand" (Vlahos 2007, S. 7). Es gibt Beratungsfirmen wie airq und air aroma, die „help companies implement scent marketing as part of their overall branding strategy" (Air Aroma 2014).

Bei einigen Produkten ist der Duft die wichtigste Produkteigenschaft – Parfum, Deo, Raumdesodorisierungsmittel. In den meisten Fällen wird der Duft aber als untergeordnete Produkteigenschaft vermarktet. So kann man beispielsweise Spülmittel kaufen, die nach Limette, Fresh Lemon, Apfel oder Grapefruit und Kirsche riechen. Dass die verschiedenen Varianten alle gleich effektiv sind, ist klar. Hier ist es wichtig, dass das Geschirr riecht, als wäre es sauber.

Für jeden Käufer eines neuen Autos ist der „Neuwagengeruch" bedeutend; man will in einem Hotel übernachten, das den Gast entspannt. Anhand dieser Beispiele sieht man, warum *ambient scenting* (Beduftung von Innenräumen) ein Ansatz ist, der immer wichtiger wird. Kaufhäuser, Hotels und Banken machen davon Gebrauch (Morrin 2010). Das wird dadurch bestätigt, dass man unter den Kunden von Air Aroma folgende Unternehmen findet: Aston Martin, Benetton, Carnival Cruises, China Merchants Bank, Hilton, Holiday Inn, Singapore Airlines und Zara (Air Aroma 2014).

Die olfaktorische Wahrnehmung ist eng mit der gustatorischen verbunden und sie beeinflussen sich gegenseitig. Ohne Geruchssinn würden wir keinen Unterschied zwischen Pepsi und Coca-Cola merken. Es muss aber eine Kongruenz geben zwischen dem Aussehen der Lebensmittel und dem Geruch – eine rote Flüssigkeit beispielsweise sollte nicht nach Kaffee schmecken.

4 Hören

Die auditive Wahrnehmung ist die Sinneswahrnehmung von Schall; der Mensch kann akustische Ereignisse nur innerhalb eines bestimmten Frequenzbereichs und eines bestimmten Schalldruckpegelbereichs hören.

Vielleicht weil wir Menschen unsere Ohren nicht schließen können (im Gegensatz zu unseren Augen), haben Vermarkter den Schall als Marketinginstrument in fast jedem Bereich eingesetzt: Musik in Einkaufszentren, der Klang des Computers, wenn man ihn hochfährt, bekannte Lieder in Werbespots usw.

„Im Anfang war das Wort" (Johannes, 1:1). Worte und Sprache sind die wichtigsten Methoden, die Unternehmen benutzen, um mit dem Konsumenten zu kommunizieren. Schon bei der Wahl des Produktnamens sollte man auf den Sinn, Rhythmus und Klang des Wortes achten, weil diese die Wahrnehmung des Produktes beeinflussen können. Zwar ist im deutschsprachigen Raum die empirische Forschung in diesem Bereich wenig fortgeschritten, doch lassen sich die Erkenntnisse aus dem englischsprachigen Raum *mutatis mutandis* übertragen.

Meyers-Levy et al. (2009) schreiben über einige schöne Beispiele, die zeigen, wie der Klang eines Wortes die Wahrnehmung der Konsumenten beeinflussen kann. Ein US-amerikanisches Unternehmen wollte eine neue Eiscreme auf den Markt bringen. Blindverkostungen wurden organisiert, und der Hälfte der Teilnehmer wurde gesagt, die Marke hieße „Frish", und der anderen Hälfte wurde mitgeteilt, die Marke sei „Frosh". Es stellte sich heraus, dass „Frosh"-Eiskrem als süßer und cremiger empfunden wurde als „Frish"-Eiskrem.

Sprache und Wortwahl spielen natürlich eine große Rolle im Sensory Marketing; ein Großteil der umfangreichen thematischen Literatur lässt sich eher dem „normalen" Marketing zuordnen, so dass dementsprechend in diesem Kapitel nicht näher darauf eingegangen wird.

Die Musik kann viel erreichen. Sie kann Stimmungen erzeugen, uns an schöne Zeiten erinnern und neben vielen anderen Dingen an Marken und Produkte erinnern. Park und Young (1986) haben festgestellt, dass die Musik in Werbespots eine Stimmung erzeugen kann, die zu einer positiven Einstellung zum Produkt führen kann. Die Musik muss aber mit dem Produkt kongruent sein, und es muss vermieden werden, dass der Konsument zu sehr auf die Musik achtet, statt auf das Produkt selbst. Das S-O-R-Modell, die Theorie von klassischer Konditionierung sowie die Lerntheorie von Pawlow erklären anschaulich warum Hits benutzt werden – der. Der Konsument mag die Gruppe The Kinks und hört „You Really Got Me" von dieser Gruppe in einem Werbespot von Chevrolet – dann soll die bedingte Reaktion sein, dass der Konsument jetzt Chevrolet mag.

Fuss (2005) berichtet über eine C&A-Filiale in Hamburg, wo der Geschäftsführer die steigenden Gewinne auf gefällige Musik der Firma Muzak zurückführt. Es gibt zahlreiche Beispiele für die Wirksamkeit von Hintergrundmusik. Langsame Musik in Warenhäusern führt dazu, dass die Kunden länger bleiben und mehr ausgeben, und in Restaurants genauso – die Gäste essen zwar nicht mehr, aber sie geben mehr für Getränke aus (Milliman 1986).

Andere Geräusche können auch Bestandteil des Sensory-Marketing-Mix sein. Wenn man Chips isst, sollten sie knusprig klingen. Die Tür eines teuren Autos sollte mit einem satten „Wump" ins Schloss fallen, und die Autohersteller geben sich viel Mühe, dem zu entsprechen. Dieses Verhalten gründet daraus dass die Geräusche eines Gerätes die Einstellung des Käufers beeinflussen. Ludden et al. (2007) zeigen auf, dass Konsumenten nur dann eine Rührmaschine kauften würden, wenn sie sich so anhört, als wäre sie kraftvoll, d. h. mit tiefen, harten Geräuschen.

5 Sehen

Die visuelle Wahrnehmung ist die Aufnahme und Verarbeitung von visuellen Reizen. Der Mensch muss den Reizen Informationen extrahieren, die dann benutzt werden, um Objekte zu erfassen. Für die Gestaltpsychologie ist dieser Prozess einer, der es erlaubt, in Sinneseindrücken Strukturen zu erkennen, mithilfe von Regeln wie Prägnanz, Ähnlichkeit, Kontinuität usw. (Wertheimer 1938).

Raghubir (2010) schlägt eine Typologie von visuellen Eigenschaften vor, mit der man optische Anhaltspunkte (*visual cues*) einordnen kann:

- **Geometrisch (geometric):** rund, rechteckig, kurvenförmig, komplex. Es gibt in diesem Bereich sehr wenig Forschung. Unklar ist beispielsweise, ob es einen Unterschied macht, wenn wichtige Informationen (wie „10 % mehr gratis") in einem Kreis oder einem Viereck auf einer Packung zu lesen sind.
- **Statistisch (statistical):** Es wurde bis jetzt kaum untersucht, wie der Mensch Zahlenmaterial wahrnimmt, das grafisch dargestellt wird (Liniendiagramm, Balkendiagramm, Tortendiagramm usw.)
- **Zeitlich (temporal):** die meisten optischen Anhaltspunkte sind statisch. Zu überlegen ist, was für eine Rolle die Bewegung spielen könnte. Man denkt hier z. B. an Fortschrittsbalken, wenn man eine Datei herunterlädt.
- **Format (format):**

1. das Verhältnis Text zu Grafik. Der Konsument neigt dazu, Werbung anzuschauen, wenn es wenig Text gibt.
2. Wie man Informationen darstellt – grafisch oder als Text.

- **Ziel (goal):** Was soll mit dem optischen Anhaltspunkt erreicht werden? Informationen verständlich darstellen? Oder soll der Verbraucher dazu verleitet werden, das Produkt zu kaufen?
- **Strukturell (structural):** die visuellen Strukturen der Werbung – Nebeneinanderstellung (A neben B), Kombination (A+B → C), usw.
- **Andere (other):** Helligkeit, Größe, Farbigkeit, Position.

Der Einfluss visueller Eigenschaften auf das Konsumentenverhalten wurde u. a. in dem von Wedel und Pieters (2008) herausgegebenen Buch untersucht. Blickbewegungen wurden analysiert, um zu verstehen, was der Leser zuerst sieht und wie lange er es anschaut, wenn er eine Werbung in einer Zeitschrift ansieht. Die Erkenntnisse helfen, Anzeigen effizienter zu gestalten. Weiter wurde erforscht, wie eine Packung aussehen soll. Die Forschungsfrage war: Gibt es rechteckige Formen, die für eine Packung oder ein Produkt besonders passend und/oder beliebt sind? Die Antwort auf die Frage war: Es hängt vom Produkt ab, aber man sollte auf jeden Fall verschiedene rechteckige Formen testen.

Etwas erstaunlich ist, dass in einem Gebiet („*visual marketing*"), das extrem wichtig ist, wofür jährlich Milliarden ausgegeben werden, eine theoretische Grundlage fehlt. Jeder weiß, dass Kerzenlicht romantisch ist, dass ein roter Preisaufkleber den Eindruck erweckt, es sei ein gutes Angebot, dass ein Schwarz-Weiß-Foto eine andere Stimmung hervorruft als ein Farbfoto, aber es ist schwer zu sagen, warum es so ist. Der Marketingmanager muss die *visual cues* seiner Produkte und seiner Werbung immer im Auge (!) halten und mit ihnen experimentieren.

6 Schmecken

Die gustatorische Wahrnehmung wird durch Reizung der Sinnesorgane des Geschmacks hervorgerufen. Es gibt fünf Grundqualitäten des Geschmacks: süß, sauer, salzig, bitter und umami. *Umami* ist weniger bekannt und wurde von dem japanischen Forscher Ikeda beschrieben. Diese Geschmacksrichtung ist schwer zu definieren, sie ist intensiv und herzhaft, wie beispielsweise bei reifen Tomaten, Spinat und reifem Käse.

Die gustatorische Wahrnehmung alleine ist nicht besonders effizient. Obwohl wir ständig essen, sind wir oft nicht in der Lage, nur durch die gustatorische Wahrnehmung zwischen Lebensmitteln zu unterscheiden. Ohne sie zu sehen, wissen wir nicht, ob wir einen Apfel oder eine Kartoffel essen.

Die anderen Sinne spielen daher eine große Rolle, weil viele andere Faktoren die gustatorische Wahrnehmung beeinflussen. Externe Einflüsse wie der Markenname, die Farbe, Produktinformationen, die Verpackung und die Werbung spielen beim Schmecken eine äußerst große Rolle. Zwei Beispiele können das verdeutlichen. In einem Experiment mussten die Teilnehmer Joghurt essen. Die Teilnehmer, die dachten, das Produkt wäre französisch, fanden es besser. In einem anderen Experiment ging es um ein Essen, bei dem Sojasauce eine Zutat war. Die Teilnehmer, die nicht wussten, dass dies der Fall war, fanden das Essen besser als diejenigen, denen es bewusst war (Krishna 2012).

Elder und Krishna (2012) zeigen auf, dass Werbung für Lebensmittel, die mehrere Sinne anspricht, dazu führt, dass Konsumenten finden, das Produkt schmeckt besser, im Vergleich zu einer Werbung, die nur den Geschmack anspricht.

Marketing für Lebensmittel sollte also immer als Sensory Marketing verstanden werden, und das ist genau das, was der Schokoladenhersteller Lindt macht.

7 Die fünf Sinne

Bis jetzt wurden die fünf Sinne einzeln behandelt; beim Sensory Marketing ist es wichtig, dass die fünf Sinne zusammenarbeiten. Abbildung 3 verdeutlicht, wie die fünf Sinne zusammen die Wahrnehmung eines Gegenstandes beeinflussen.

Bei Starbucks kann man sehen, wie das Unternehmen alle fünf Sinne anspricht. Die Kaffeebohnen und der Kaffee riechen lecker, der Kaffee und andere Getränke schmecken gut, die Cafés sind optisch ansprechend, mit schönen Bildern an den Wänden. Im Hintergrund hört man Musik und die Geräusche der anderen Kunden, und selbst die Ledersessel sind schön anzufassen.

Auch für Steve Jobs war es natürlich immer wichtig, dass die Produkte gut aussehen, sich schön anfühlen und leicht zu bedienen sind. Er hat aber auch darauf bestanden, dass der Karton des iPhones einen positiven Eindruck macht – z. B. sollte die Hülle nicht locker sitzen und ein schönes Geräusch machen, wenn man den Karton aufmacht, so dass man, sogar bevor man das Produkt selbst in der Hand hat, schon denkt, dass man ein hochwertiges Produkt gekauft hat.

Die Zusammenwirkung der fünf Sinne ist ein einzigartiges Marketinginstrument. Jeder Marketingmanager sollte sich fragen:

- Welche Sinne spreche ich mit meinem Produkt an?
- Spreche ich in meinem Marketing diese Sinne an?
- Soll ich die anderen Sinne ansprechen?
- Ist die Wahrnehmung, die von einem Sinn erzeugt wird, identisch mit der Wahrnehmung der anderen Sinne? Gibt es Kongruenz?

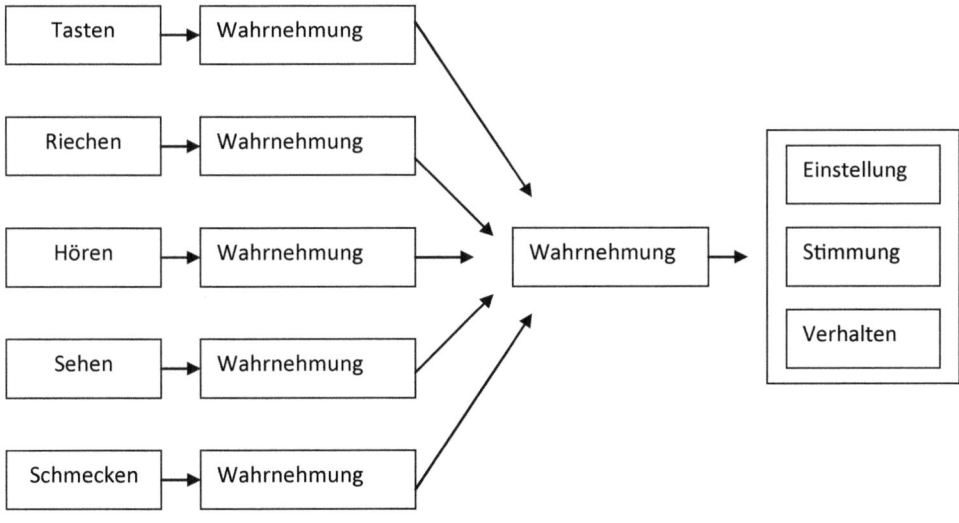

Abb. 3 Modell für Sensory Marketing

- Wie kann ich die Sinne ansprechen, so dass der Kunde die richtige Einstellung zu meinem Produkt hat?
- Wie kann ich die Sinne ansprechen, so dass der Kunde mein Produkt kauft?

Ob Produkt oder Dienstleistung, ob teuer oder kostengünstig – Sensory Marketing bietet eine Vielzahl an Möglichkeiten an, die bislang von nur sehr wenigen Unternehmen genutzt werden. Eine klar definierte Sensory-Marketing-Kampagne kann viel dazu beitragen, den Umsatz zu steigern und die Marktposition auszubauen.

Literatur

Air Aroma. (2014). About Us. http://www.air-aroma.com/about Zugegriffen: 24. Juni 2014.
Elder, R. S., & Krishna, A. (2012). The „visual depiction effect" in advertising: Facilitating embodied mental simulation through product orientation. *Journal of Consumer Research, 38*(6), 988–1003.
Fischer, E. (2003). *Wahrnehmungsförderung: Handeln und sinnliche Erkenntnis bei Kindern und Jugendlichen*. Dortmund: Borgmann.
Fox, K. (2006). *The smell report*. Oxford: SIRC.
Fuss, H. (2005). Die Diktatur der sanften Klänge. Die Zeit, 26. Januar.
Gibson, J. J. (1966). *The senses considered as perceptual systems*. Boston: Houghton-Mofflin.
Goldstein, E. B., Ritter, M., & Herbst, G. (2002). *Wahrnehmungspsychologie* (Bd. 2). Heidelberg: Spektrum.
Guski, R. (2000). *Wahrnehmung. Eine Einführung in die Psychologie der menschlichen Informationsaufnahme*. Stuttgart: Kohlhammer.
Krishna, A. (2012). An integrative review of sensory marketing: Engaging the senses to affect perception, judgment and behavior. *Journal of Consumer Psychology, 22*(3), 332–351.
Lindt. (2014) Mit allen fünf Sinnen genießen. Chocoladen Seiten, Osterausgabe (S. 6–9).
Ludden, G. D., Schifferstein, H. N., & Hekkert, P. (2007). Effects of visual-auditory incongruity on product expression and surprise. *International Journal of Design, 1*(3), 29–39.
Metzger, W. (1995). *Gestalt-Psychologie*. Frankfurt a. M.: Kramer.
Meyers-Levy, J., Bublitz, M. G., & Peracchio, L. A. (2009). The sounds of the marketplace. In A. Krishna (Hrsg.), *Sensory marketing: Research on the sensuality of products* (S. 137–156). Ann Arbor: University of Michigan.
Milliman, R. E. (1986). The influence of background music on the behavior of restaurant patrons. *Journal of Consumer Research, 13*, 286–289.
Morrin, M. (2010). Scent marketing: an overview. In A. Krishna (Hrsg.), *Sensory marketing: Research on the sensuality of products* (S. 75–86). Ann Arbor: University of Michigan.
Ohloff, G. (2000). *Irdische Düfte, himmlische Lust*. Basel: Birkhäuser Verlag.
Park, C. W., & Young, S. M. (1986). Consumer response to television commercials: The impact of involvement and background music on brand attitude formation. *Journal of Marketing Research, 23*, 11–24
Peck, J. (2010). Does touch matter? Insights from haptic research in marketing. In A. Krishna (Hrsg.), *Sensory marketing: Research on the sensuality of products* (S. 17–31). Ann Arbor: University of Michigan.
Raghubir, P. (2010). Visual perception: an overview. In A. Krishna (Hrsg.), *Sensory marketing: Research on the sensuality of products* (S. 201–218). Ann Arbor: University of Michigan.

Vlahos, J. (2007). *Scent and sensibility: Can smell sell?* New York Times, 9 Sept.
Wedel, M., & Pieters, R. (Hrsg.). (2008). *Visual marketing: From attention to action.* New York: Erlbaum.
Wertheimer, M. (1938). Laws of organization in perceptual forms. In W. Ellis (Hrsg.), *A source book of Gestalt psychology* (S. 71–88). London: Routledge & Kegan Paul.

Prof. Dr. Ian Towers ist Professor für BWL und Marketing sowie Studiengangsleiter International Business Administration an der SRH Berlin International Management University. Zudem ist er Mitglied des International Institute for Sustainability Management. Er hat an Universitäten in Nordamerika und Europa gelehrt und war viele Jahre als Marketing Manager, Brand Manager und Business Unit Manager international tätig.

The Impact of Emotions in Marketing Strategy

Anna Rostomyan

We are always experiencing some sort of emotion or feeling. Moreover, our emotional state varies along the day depending on what happens to us and on the stimuli that we perceive. However, we may not always be conscious of it; that is to say, we may not know or express with clarity which emotion we are experiencing in a given moment. The experience and expression of emotions comprise a routine, yet extraordinarily complex and influential facet of the human experience, particularly in the realm of interpersonal communication.

Our everyday communication is not only based on conveying, receiving, and processing information, but also expressing our internal feelings and emotions. Actually, emotions can be communicated through verbal and non-verbal means of communication, i.e. facial expressions, gross bodily movements, gestures, etc. As for the verbalization of emotions in the process of communication, there exist certain function words called intensifiers which are used to modify or intensify the whole sentence or only part of it and, particularly, the emotional content.

The linguistic expression of emotions has to do with pragmalinguistic approach to language phenomena. It is also noteworthy that emotions reflect the speaker's state as well as his/her intention, communicative goal. Emotions may be expressed in gross bodily movements and facial expressions; however, one's emotional state is basically expressed in speech through verbal markers (Rostomyan 2009).

Largely speaking, Marketing is generally goal-oriented; it aims at establishing a bond with the audience and having an emotional influence on the consumers by means of transmitting information bearing emotional content.

A. Rostomyan (✉)
Yerevan State University, Shirvanzadeh 24/30, 0014 Yerevan, Armenia
e-mail: annarostomyan@yahoo.com

In terms of today's capitalized and globalized world, it has become a real challenge of the companies to develop and foster rightly constructed marketing strategy which will have a positive influence on the audience and greatly contribute to the development of the corresponding company and the advertised brand (see also Backman 1985).

Emotional branding or **emotional marketing** is a very recent term which is used within marketing communication that refers to the practice of building brands and companies that appeal directly to the consumers' emotional states, needs, desires, beliefs and aspirations. Emotional marketing is successful when it triggers an emotional response in the consumer, that is, a strong and lasting desire for the advertised product. Emotional brands have a significant emotional impact on the customers and it is a state when the consumer experiences a very strong and lasting attachment to the brand comparable to a feeling of bonding, companionship or love (see also Burgoon 1993, Solomon 1980).

It is generally believed that emotion plays the role we expect, i.e. to communicate information about our internal states, feelings, beliefs, desires (Murray 1964, Lazarus 1996). However, in some circumstances, emotions are not demonstrated explicitly in speech. Nonetheless, when undergoing very strong emotions, the speakers are not able to control the display of the felt emotion or to try to minimize the degree of it, and consequently, the experienced emotions are manifested in speech with the help of verbal and non-verbal signs. Moreover, sometimes people tend to display this or that emotion in a more exaggerated manner to have their desired emotional impact on the interlocutors (Andersen and Guerrero 1998). In fact, it is notable that in everyday life individuals sometimes do intensify the expression of emotions for certain self-presentational goals.

It should be stated that communication is composed of three interrelated phases:

- Verbal Communication;
- Non-verbal communication;
- Visual Communication.

In terms of Marketing Communication as compared with Social Communication Visual Communication comes to the fore as here a number of important issues are being communicated via visual gadgets such as various ads, blanks, costumes, etc. which may vary across cultures and situations. By means of Visual Communication the producers may slightly suggest which kind of emotions should be revealed in the minds of the decoders (see also Lakoff G., Johnson M. 1980).

In this respect we should like to state that the Fashion Industry has recently adopted a very interesting marketing strategy, i.e. in their advertisements they reflect the very well-known heroes of the most beloved fairy tales, e.g. "Cinderella", "The Red Riding Hood", "Snow White", etc.

Let us observe the example of delivering implicit meaning by means of reflecting the fairy tale hero wearing the dress by the famous Dominican-American couturier **Oscar de la Renta** (Fig. 1).

In fact, designers nowadays very often apply the prototype of fairy tales in their marketing strategies as people believe in miracles and, thus, the producers may reach their

Fig. 1 Fairy tale hero wearing the dress by the famous Dominican-American couturier Oscar de la Renta. (http://fstoppers.com/disney-princesses-meet-high-fashion-harrods-london)

desired positive emotive effect on the consumers. The golden apple in the hands of the lady illustrates the forbidden fruit. Yet, the fact of having depicted it in gold means that it may change the life of the woman for the better. The red coat symbolizes prosperity, luxury, wealth, well-being, and fortune. The shadows of light coming from the above of the woods ensure light, hope, and optimism for the future.

Another bright example of emotional marketing is the ads of the very well-known French footwear designer **Christian Louboutin** whose footwear has incorporated shiny, red-lacquered soles that have truly become his signature managed to attract the attention of and have a positive emotive impact on the ladies worldwide by his new collection which embodies laced shoes which resemble those of Cinderella. To attract much wider space of consumers and to raise the demand in the markets of his product, he referred to the story of Cinderella, her picture and the following slogan: "Cinderella is proof that a new pair of shoes may change your life" (Fig. 2).

As we have already given stated, in the verbalization of emotions in the process of communication, there exist certain function words called **intensifiers** (mainly adverbs), such as *very, pretty, awfully, immensely, tremendously, incredibly, greatly*, etc., which are used to modify or intensify the whole sentence or only part of it and, particularly, the emotional content (Buzarov 1998, Rostomyan 2009).

By means of using those function words bearing emotional charge, the speaker or the encoder in general may subtly suggest to the listeners what emotions they should feel,

Fig. 2 Example of emotional marketing: Christian Louboutin. (http://cincomom.com/2012/09/05/disney-and-christian-louboutin-team-up-to-find-a-modern-day-cinderella/)

thus, raising the probability of having an emotional influence on them as the encoders already bear some amount of background knowledge on those words which stimulate the arousal of positive emotions in their minds.

As a matter of fact, **Intensification** (or *Maximization*) refers to creating the appearance that emotions are felt more strongly than they are. It is important to note that intensification involves the display of an emotion that is genuinely felt; simply its display is exaggerated. In fact, people sometimes when feeling an emotion do express it more strongly than they actually feel it. For instance, if a person is slightly surprised, he/she may act as if the surprise is extremely high. Likewise, if someone feels somewhat sad, he/she may express an overwhelming sense of grief. Other examples of intensification include laughing generously at something which is only slightly amusing, or expressing love for someone when one simply feels some affection, etc. (Andersen and Guerrero 1998).

It is also noteworthy that intensification seems to be used with both positive and negative emotions. There are different ways and means of giving emotive force to a whole sentence or only part of it. Apart from the emphasis given by information theme and rheme, language provides a great number of other means of giving a sentence or a clause, or any unit of the sentence purely emotive emphasis: stress, various kinds of intensifiers, exclamations, the emphatic "**do**" in declarative and imperative sentences, reduplication, emphatic syntactic structures, interjections, vocatives, expletive words, etc. (Buzarov 1998). In fact, by naming emotions within the adverb, the other person has to consider this emotion and hence begins to feel it which means that with the help of intensifiers the speaker may have an emotive impact on the interlocutors (Rostomyan 2009, 2012, 2013).

Those very function words are very often used in the language of advertising which is very closely connected with company's marketing strategy. As can be seen in the example brought below they well illustrate the company philosophy which is aimed to fortifying the core values of the company which are safety, security, mobility, reliability, credibility, and success:

Fig. 3 Porsche 911 Turbo ad. (http://www.stangbangers.com/02_Porsche911Turbo_Ad.htm)

As we all know, the Porsche Company has its well-known set principles of company culture and company philosophy which is always being well-reflected in all their marketing endeavours. As known, intensifiers used in slogans reinforce the overall emotiveness of the statements; they subtly evoke those very emotions in the minds of the decoders which they want them to feel.

As shown in the example of Porsche 911 Turbo ad (Fig. 3), the intensifying adverb "*clearly*" attaches extra emotive positive emphasis to the whole statement, giving positive emotive overtones to the statement "*Germany has its own priorities straight*". In the minds of the readers the present intensifier evokes positive predisposition towards the whole country, as well as towards the company as it's a part of the country and bears its cultural values.

As known, the philosophy of Porsche is built on family values and trust as well illustrated in the next example which states that the company is very trustworthy and credible. For this very reason in another ad the marketing experts have used the intensifying adverb of high degree of intensity "**incredibly**" which is a context-based intensifier and gives positive emotive emphasis to the adjective "*safe*", thus, endowing with higher emotive stress the statement "*…an **incredibly safe** car that you know you can trust…*", and in this way, raising the status of being one of the safest cars in the world.

In tune with modern theorists of emotions (cf. Ortony, Clore, Collins, et alias 1988, 2000), we regard emotions essentially as subconscious signals and evaluations that inform, modify and receive feedback from higher cognitive processes. In a sense, we have to admit that human beings have two minds which are closely interrelated –**emotional** and **cognitive**. We should also admit that cognitive intelligence cannot work at its best potential without emotional intelligence (Goleman 1995, Paronyan and Rostomyan 2011).

The fact that every emotion is an experience involving a cognitive element, not merely a state of feeling, can be proved by quoting McTaggart: "We must hold that the cognition of that to which the emotion is directed, and the emotion towards it, are the same mental state, which has both the quality of being a cogitation of it, and the quality of being an emotion directed toward it" (McTaggart 1927, p. 146).

Admittedly, the paradigm where reason is seen completely unchained from emotions does not hold true anymore. In the new light of thought the *head* and *heart*, *feeling* and *thought*, *emotion* and *cognition* work in harmony. The interrelation between emotion and cognition, as well as the impact of marketing on them can be seen in Fig. 4.

According to Daniel Goleman if the emotional mind follows the logic and its rules, with one element standing for another and cooperating with one another, things need not necessarily be defined by their objective identity; what matters is how they are perceived; things are as they seems. What something reminds us of can be far more important that what it "is" (Goleman 1995, p. 338).

Hence, in the process the emotional marketing, the emotional mind gains prominence over the cognitive mind by means of triggering strong desires for a special product. Thereafter, due to the balanced collaboration of the aforementioned two minds, the consumer feels a certain urge for obtaining a certain product with which a kind of emotional bondage is being developed.

Our human nature incorporates a rich variety of factors which shape our behaviour in general. Being a specific form of social behaviour, speech is based on a number of essen-

Fig. 4 The interrelation of marketing, emotion and cognition

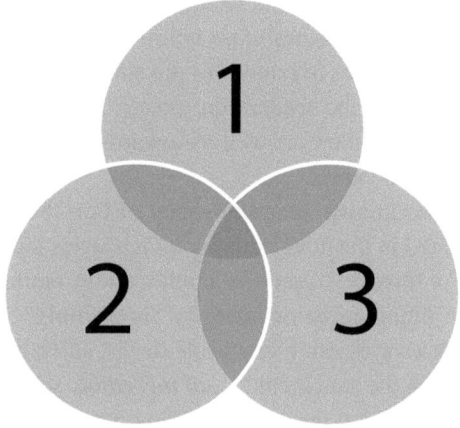

tial features which form the general framework of the communicative context. We firmly believe that a large part of implicit meaning in marketing communication which remains veiled is related to emotions and feelings. The speakers' past emotional experience is also part of mutually shared background knowledge which determines the decoding process of a particular marketing event.

The philosopher Jürgen Habermas has talked a lot about this issue. In his essay "What is Universal Pragmatics?" he suggests that humans should come to an understanding: by coming to an "understanding" he means at the very least that when two or more social actors share some meanings about certain words or phrases; and at the very most, when these actors are confident that those meanings fit relevant social expectations or a mutually recognized normative background (Habermas 1976, p. 3). In other words, we can say that in case people have shared knowledge on certain facts, beliefs, desires, emotions, etc. or on some other phenomena that are culturally bound, it becomes easier for them to understand each other even without going deep into details.

In fact, background knowledge is central to any theory of pragmatics, sociolinguistics, discourse and context. It is a multifaceted, heterogeneous category which comprises a lot of diverse elements. We will focus our attention on the background mutual emotions between the interlocutors the formation of which is certainly connected with their mental world, as we do believe that **emotional memory** has a great impact in the decoding process. But first of all, we need to have a closer view on such a challenging and interesting notion as **background knowledge** which is otherwise called background assumptions, background knowledge, mutual knowledge, common ground, etc. (Verschueren 1999; Rostomyan 2012).

What we suggest is that companies should share a **common ground** between their consumers and fans as many renowned German car manufacturers do, such as: Porsche AG, Mercedes Benz AMG, BMW, Audi, and many others. According to our opinion, the strongest bonds between the company and customers belongs to Porsche AG the employees of which really do take pains in building long-lasting bonds with their present and future consumers, or even merely Porsche fans. They always bring to life their promises and do have the right to speak about all this out load, as done in the present example which also contains an intensifier "**surely**" which attaches positive evaluative overtones to the whole sentence "*What to say when they say what they **surely** will*". To decode the present statement one has to have background knowledge on the company *customs* and *traditions*, its *history* and *values*, its *goals* and *intentions*.

Another important marketing strategy is using a meaning clash in the language of advertising which, as a result, creates higher emotional effect on the audience as can be observed in the example again brought from the marketing strategy of PORSCHE AG (Fig. 5).

On the ad of their well known 911 model, they write "So deceptively simple". Here, the intensifying adverb "**deceptively**" which itself bears negative semantic meaning used before the adjective "*simple*" attaches to it a high degree of positive meaning which, moreover, recreates another light of understanding of the word combination "**deceptively**

Fig. 5 Porsche 911 ad. (http://www.coloribus.com/adsarchive/prints/porsche-deceptively-1959355/)

simple". The readers immediately understand that the product is not as simple as it may seem: it is well-constructed; it matches to and realizes even the greatest dreams of the consumers. Moreover, the intensifying adjective "*so*" reinforces the whole statement giving positive emotive emphasis to the adjective "*deceptively*". Besides, the bent tree also reveals emotions of exhalation of freedom and speed in the minds of the high speed lovers.

In Porsche Philosophy it is all about sharing a dream that was first and foremost set and realized by the forefather of Porsche AG, Ferdinand Porsche, who was dreaming of a perfect car matching his dreams and building it attaching to it his heart and sinew (Fig. 6). By means of Emotional Marketing the Porsche producers nowadays and the years before have always done their best to illustrate the **concept of a dream** and the way of getting to it. In fact, Porsche fans range from little children to elder generation who bond their vehicle desires with the act of their well-being.

The Porsche people share common beliefs and desires; they set goals and reach for them which can also mean years of hard work and devotion. They are a kind of a large family with their fans, consumers, friends, and employees. They are a unity.

The author of the book "*Delivering Happiness: a Path to Profits, Passion, and Purpose*" Tony Hsieh truly tries to seek for ways in building a stable branding and for this very reason he understands that first and foremost there should be created stable bonds within the company. He puts forward the idea of PLUR which is an acronym and stands for the

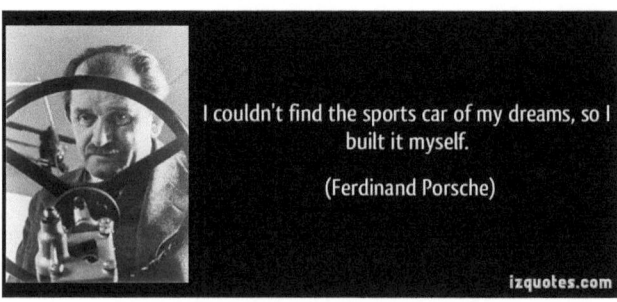

Fig. 6 Quotation by Ferdinand Porsche. (http://www.izquotes.com)

words: "**Peace, Love, Unity, Respect**" which, according to him is a kind of a mantra for how people are supposed to behave both at raves and in personal life. In other words, the philosophy of PLUR is always being open to meeting people and dealing with them correspondingly no matter how they looked or which their backgrounds were. Quoting Hsieh's words: "Every interaction with anyone anywhere was an opportunity to gain additional perspective. We are all human at the core, and it can be easy to lose sight of that in a world ruled by business, politics, and social status. The rave culture was a reminder that it was possible for the world to be a better place, for people to simply be appreciative of the **humanity** in one another" (Hsieh 2010, p. 81).

The idea of building a cohesive community within a company also deals with the process of "business networking" during internal communication where people are free to share thoughts and ideas and that comments on the overall business interaction has a safe ground for everyone to feel respected, evaluated, and secure. In this respect it should be mentioned that the process of building relationships comes to the fore where each and every interactant has his or her own unique contribution.

Our survey based on the evaluation and awareness of *emotional marketing* in the circles of 25-50 year-aged population has shown that people are mostly aware that marketing strategies influence their emotions and they feel content about that. Out of the 100 interviewed people 60 confirmed the statement that *marketing influences emotions*. Moreover, about 20 of them were quite sure of that which means that companies do not violate human rights by means of using emotional marketing and having an emotive impact on the audience (Fig. 7).

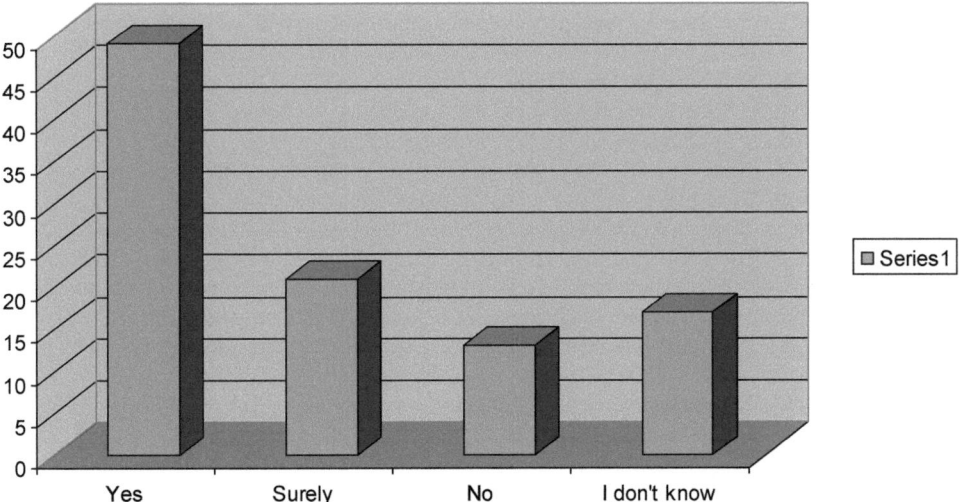

Fig. 7 Does marketing influence emotions?

TIPS for the Development of your Company's Emotional Marketing

- First and foremost create bonds within your company;
- Develop your company's unique philosophy;
- Secondly, begin with your customer's priorities;
- Make your customers feel that they matter;
- Include breathtaking visuals, intensifiers, and music in your ads;
- Subtly suggest to the consumers that you'll make their dreams come true;
- Share your brand development success with your customers;
- Make excellent customer service your company's priority.

Conclusion

Nowadays there are a number of companies that compete with each other and it has become a real challenge for the consumers to choose the best option for them. That is where Emotional Marketing jumps in and which may totally reshape your understanding what a real good brand is. Emotional Marketing stands for making people believe that they will become what they are dreaming of. By means of sharing with their consumers a common ground, triggering their desires, feelings, beliefs and emotions, companies stand a better chance of building a long-lasting famous brand and ensuring quickly developing business which surely knows how to succeed.

References

Andersen, P. A., & Guerrero, L. K. (1998). "Principles of Communication and Emotion in Social Interaction". In P. A. Andersen & L. K. Guerrero (Eds.), Handbook of communication and emotion (pp. 49–96), San Diego: Academic Press.

Backman, C. W. (1985). "Identity, Self-presentation, and the Resolution of Moral Dilemmas: Toward a Social Psychological Theory of Moral Behaviour", In B. L. Schlenker (Ed.), "The Self and Social Life", New York: McGraw-Hill.

Burgoon, J. K. (1993). "Interpersonal Expectations, Expectancy Violations, and Emotional Communication, Journal of Language and Social Psycology, 12, pp. 30–48.

Buzarov V.V. (1998). Essentials of Conversational English Syntax, second edition, revised and enlarged. Moscow: Crone-press.

Clore G., Orthony A., Collins A. (1988). The Cognitive Structure of Emotions. Cambridge: Cambridge University Press.

Clore G., Ortony A. (2000). Cognition in Emotion: Always, Sometimes, or Never? // Cognitive Neuroscience of Emotion. R. Lane and L. Nadel (Eds.). – NY: Oxford University Press.

Goleman, D. (1995). Emotional Intelligence. New York, Toronto, London, Sydney, Auckland: Bantam Books.

Habermas J. (1976). On the Pragmatics of Communication. Cambridge, MA: MIT Press, 1976.

Hsieh, T. (2010). Delivering Happiness: A Path to Profits, Passion, and Purpose. New York, Boston: Business Plus Press.

Lakoff G., Johnson M. (1980). Metaphors We Live By // Language, Thought and Culture, Humans as Symbolic Creatures. – IL: University of Chicago Press.

Lane R.D., Nadel L., Allen J.J.B., Kaszniak A.W. (2000). The study of emotion from the perspective of cognitive neuroscience // In R. Lane, L. Nadel, G. Ahern, J. Allen, A. W. Kaszniak, S. Rapcsak, & G. E. Schwartz, (Eds.). Cognitive Neuroscience of Emotion. – New York: Oxford University Press.

Lazarus R.S., Lazarus B.N. (1996). Passion and Reason: Making sense of our emotions. New York: Oxford University Press.

McTaggart, J. (1927). The Nature of Existence. II. Cambridge: Cambridge University Press.

Murray, E.J. (1964). Motivation and Emotion. New Jersey: Prentice-Hall, Inc.

Paronyan, Sh., Rostomyan, A. (2011). On the Interrelation between Cognitive and Emotional Minds in Speech // Armenian Folia Anglistika: International Journal of English Studies, vol. 1(8). Ed. S. Gasparyan et al. Yerevan: Lezvakan horizon, pp. 26–34.

Paronyan, Sh., Rostomyan, A. (2011). The Pragmatic Impact of Background Emotional Memory on Interpersonal Relations // Armenian Folia Anglistika: International Journal of English Studies, vol. 2(9). Ed. S. Gasparyan et al. - Yerevan: Lezvakan horizon, pp. 7–15.

Rostomyan, A. (2009). Means of Expressing Emotive Emphasis in Conversational English // Foreign Languages in Armenian, N10, Eds. Ye. Yerznkyan et al. - Yerevan: YSU Press, 2009, pp. 91–100.

Rostomyan, A. (2012). The Vitality of Emotional Background Knowledge in Court // Pólemos, 6(2). Berlin: De Gruyter, pp. 281–292.

Rostomyan, A. (2013). Management Techniques of Emotions in Communicative Conflict Reduction, in part 3: Communication and Management, Communication: Breakdowns and Breakthroughs, Probing the Boundaries, eds. Anabel Ternès, Inter-disciplinary Press, UK: Oxford, pp. 141–151.

Solomon, R. (1980) Emotions and Choice. // Explaining Emotions, Amélie Rorty (Ed.). Los Angeles: University of California Press.

Verschueren J. (1999). Understanding Pragmatics. Amsterdam: Hodder Education Publishers.

Internet Links of Sources:

http://fstoppers.com/disney-princesses-meet-high-fashion-harrods-london
http://cincomom.com/2012/09/05/disney-and-christian-louboutin-team-up-to-find-a-modern-day-cinderella/
http://www.stangbangers.com/02_Porsche911Turbo_Ad.htm
http://www.coloribus.com/adsarchive/prints/porsche-deceptively-1959355/
http://www.izquotes.com

Prof. Dr. Anna Rostomyan hält einen Master in Philologie und einen PhD in Philologie. Ihr Dissertationsthema war „Eine Linguokognitive Analyse der verbalen und non-verbalen Darstellung von Emotionen". Sie ist als Assistenz-Professorin an der Abteilung für Sprachen und Interkulturelle Kommunikation, Fakultät für Romanische und Germanistische Philologie an der Staatlichen Universität Jerewan und lehrt in den Bereichen Kognitive Linguistik, Diskursanalyse und Pragmalinguistik.

Using Social Media for Business: Tools, Benefits and Pitfalls

Alexandra Mittelstädt

> There's this idea; technology is a tool. Glasses augment your vision, your reality. Steve Jobs said that computers augment your mind. With Facebook and other tools, you can stay connected and get more context from more people. People often think of staying connected as frivolous—it's not. It's powerful. (Kumparak 2013, quoting Mark Zuckerberg at the Facebook Phone Event in April 2013)

1 Introduction

Social media has become a powerful tool for companies to reach out and connect to customers. It goes beyond traditional marketing instruments, as social media can be interactive, interpersonal, and society-wide, adding completely new possibilities for marketing and promotion strategies. However, there still seems to be a gap between social media use and a successful implementation. As Hanna et al. (2011, p. 269) observe:

> While most marketing plans include the now mandatory elements of YouTube, Facebook, and Twitter, few of today's marketers operate within a systematic approach to understanding and managing their company's social media strategy.

Therefore, the purpose of this chapter is to give a hands-on instruction on how to strategically and effectively use social media for business. The field of social media is broad and constantly changing. Today's popular social media platform might be tomorrow's forgotten star. It is important to keep track of the trends and developments in social media and

---

A.Mittelstädt (✉)
Bremen International Graduate School of Social Sciences,
College Ring 1, 28759 Bremen, Germany
e-mail: amittelstaedt@bigsss.uni-bremen.de

adjust your marketing strategy accordingly. But before discussing how to integrate social media into your marketing strategy, it might helpful to first define social media and point out key characteristics. Treadaway and Smith (2012, p. 26) describe social media as follows:

> Social media refers to the collection of technologies that captures communication, content, and so on, across individuals, their friends, and their social networks. [...] Social media is the infrastructure that helps users become publishers of content that is interesting to them and their friends.

Two key points are pointed out here: first, social media is about social interaction. It provides the means for people to connect, regardless of special distance. Second, social media enables user generated content. It gives people the possibility to create and share content with people of their network or even with a wider public. This definition is also in line with Kaplan and Haenlein's (2010, p. 61) description of social media:

> Social Media is a group of Internet-based applications that build on the ideological and technological foundations of Web 2.0, and that allow the creation and exchange of User Generated Content.

Besides social media, the term social networking site (SNS) is quite popular, and often these two terms are used interchangeably. However, SNSs are more specific, whereas social media can be considered as the umbrella term. This means that SNSs are considered a form of social media, but not all social media are SNSs. SNSs are web-based services with the "primary purpose of connecting people with common interests" (Brennan and Schafer 2010, p. 14). There is no limitation of space or time, as interaction is mostly asynchronous (Antoci et al. 2011, p. 2). Currently, among the internationally popular SNSs are *Facebook*, *Twitter*, *LinkedIn*, just to name some examples. These SNSs are very different concerning their structure and focus. Despite numerous different SNSs available, they all have some key characteristics in common. According to Kaplan and Haenlein (2010, p. 63), the main aspects of SNSs are that they "*enable users to connect by creating personal information profiles, inviting friends and colleagues to have access to those profiles, and sending e-mails and instant messages between each other*".

With the proliferation of mobile technology and mobile devices, social media is basically accessible from everywhere at any time. The usage of mobile available Internet, which can be easily accessed via smartphones or tablets, has grown steadily over the past years. For instance, in Germany the number of people using mobile Internet increased from 27% in 2012 to 40% in 2013 (see Initiative D21 2013, p. 6).

From the mobile technology another function which is also useful for marketing purposes, has emerged: the so-called location-based service (LBS). LBS uses geographical information through which the position of the mobile device can be determined. Numerous social media platforms are also using LBS for advertisement based on the location. Mobile devices such as smartphones are in most cases personal devices, having own user. For companies, these mobile and social technologies are adding important tools to reach their (potential) customers more directly and personally. This opens whole new opportunities for communication, marketing, and advertising.

The following sections provide some hands-on tips and examples of successful social media implementation of companies. Social media can be an effective tool for a company, if used smartly.

2   Is Social Media Useful for Your Business?

Regardless of the great popularity of social media, it is still crucial to find out whether social media is actually useful for your business. Just because it seems like everyone is using social media, does not mean that you and your business must take up social media into your marketing strategy.

After having set the framework of what social media is, the next step is to find out whether your business actually needs social media. You can do this by asking yourself the following questions:

- Why does your business need social media?
- What are your goals with social media?
- Is your target group using social media?

You need to be able to clearly define your motivations for using social media for your business. Write down key specifics of your business and how you think social media could be integrated into your business and marketing strategy. Once you have defined the WHY, it is much easier to move on and set your goals that you would like to reach through social media.

2.1   Set up a Social Media Strategy

Once you have decided that social media might be beneficial for your business, it will help you to set up a social media strategy. This should comprise the POST method (see Mathos and Norman 2012, p. XV):

1. People – Where are your constituents engaging and how can you best reach them?
2. Objectives – What do you want to accomplish?
3. Strategy – What do you want things to look like when you're done?
4. Technology – How are you going to get there?

The first step is to think about the people you want to reach through social media. Get a picture of which social media platforms your target group uses and in what way they use them. Depending on the social media platform, you will find different age and interest groups. Therefore, it is important that you take a close look at the numerous social media platforms and their users.

The second step should be defining your objectives, so what you want to reach through social media. When setting your goals, try to avoid general goals like "generate more followers" or "more likes". Instead, try to pin down weekly goals that are more specific, such as:

- Engage users to generate relevant and targeted traffic to own website
- Generate attention to company's new product
- Develop user interest about company's news and events

Evolving from the objectives is the strategy. Here you should decide what your social media presence should look like. On how many social media platforms do you want to be present? Where do you see your business on social media in the long-run?

The last step is the technology. Decide which social media platforms suit your target group and business goals best. There are numerous social media platforms out there, each one with a different focus, usability and appeal. Also consider management tools that will facilitate your social media presence. These tools will make the coordination of multiple social media accounts much easier.

Your social media strategy should be part of your overall business marketing strategy and not regarded separately.

> […] [C]ompanies should view their approach to social media as an integrated strategy that brings consumer experiences to the forefront, all whilst recognizing that Internet-based media does not replace traditional media. Internet-based media expands marketing's ability to move consumers from awareness to engagement, consideration, loyalty, and advocacy. While the use of traditional media constitutes a trade-off between reach and consumer engagement, social media enables both reach and engagement through judicious use of all formats and platforms. (Hanna et al. 2011)

2.2 Create a Content Plan

The key to a successful social media presence is to deliver good content. Find out what kind of content your customers want and define what you want to deliver through your social media channels. Make a weekly content plan that shows which topics you want to cover. This will keep your social media channels going and up-to-date. Mike Allton (2013), Social Media Manager in the USA, advises:

> A good rule of thumb for businesses who want to present a well-rounded and effective social media presence is to maintain an 80/20 ratio for posted content. 80% of your social media posts should be from or about other people, while just 20% should be from or about you. If all you're doing is talking about yourself, fewer people will be interested.

A content plan will help you to keep track of all the topics you have already covered or will cover. To keep your audience interested it is crucial to address topics that go beyond content about or from you. Your social media presence should be, in the first place, about *social* contact with your customer and not purely an advertising channel. Thus, good content is one part of the success. The other part is to interact with your audience.

2.3 Interact with Your Customers

In the focus of social media is first and foremost the *social* aspect of it. It allows you to directly communicate with your customers, so take advantage of this aspect. Communicate with your customer on a human, instead of a corporate, level, like you were talking to an acquaintance or friend. Give the customers the feeling that they are talking to a real person by immediately responding to questions or comments and sign your post with your own name. The personalization decreases the distance between you and your customer. You can also generate engagement of your customers by asking for their opinions concerning a specific topic or on one of your products or services. It is important that you not only post information but also actively interact with your customers and react to comments. Overall, this will generate more interest and traffic on your website. Furthermore, a recent study by Naylor et al. (2012, p. 115) found out that "mini-connections with consumers created through social networking can indeed yield positive effects on brand evaluations and purchase intentions".

3 Social Media Platforms and Key Features

There are numerous social media platforms on the Internet, all with different audiences and foci. In this section a brief overview is given of currently three very popular social media platforms and their key features. In addition, examples of how to successfully interact on these platforms are presented.

3.1 About Facebook

Facebook was founded in 2004 by Mark Zuckerberg and is currently the most popular social networking site with over one billion monthly active users and 874 million mobile monthly active users. The majority of the users is between 18 and 25 years old, and 60% of all Facebook users a female (see Facebook 2013, under section "Third Quarter 2013 Operational Highlights"). Facebook has gained popularity beyond personal communication; more and more companies have discovered the potential of Facebook for their business. The numbers from Facebook's operational highlights in the third quarter of 2013 emphasize this trend:

- Revenue from advertising was $ 1.80 billion, a 66% increase from the same quarter last year.
- Mobile advertising revenue represented approximately 49% of advertising revenue for the third quarter of 2013.
- Payments and other fees revenue was $218 million for the third quarter of 2013 (see Facebook 2013, under section "Third Quarter 2013 Operational Highlights").

Facebook is a very useful platform especially (but not only) for start-ups to promote their business, as it has a wide international reach and is not costly.

3.1.1 Features

Facebook offers numerous features that can be quite useful for your company. When getting started on Facebook, the first thing you can do is to first set up a page for your business. Pages are basically Facebook profiles for other things than private persons. When creating a page you can select what kind of page you would like to set up (e.g. local business, company, brand, artist, etc.). After having chosen your area of business, you are asked to provide general information about your business and a short description (see Fig. 1). You can also provide an additional web site like an external link to your homepage or an email address. To make it easier to find your page you have the possibility to choose an individual Facebook web address. Try to find a clear and distinct address name that is associated with your business.

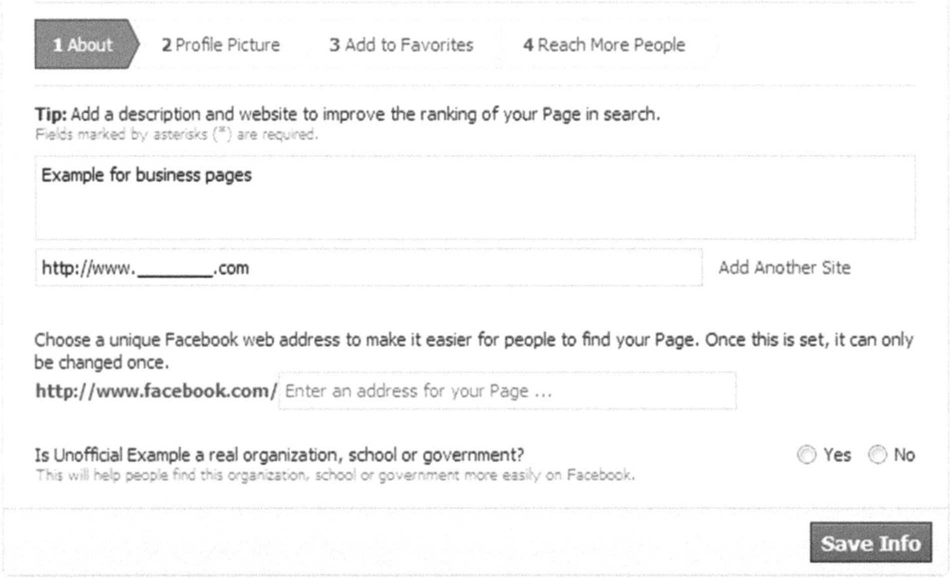

Fig. 1 First steps for setting up a Facebook page

Using Social Media for Business: Tools, Benefits and Pitfalls 137

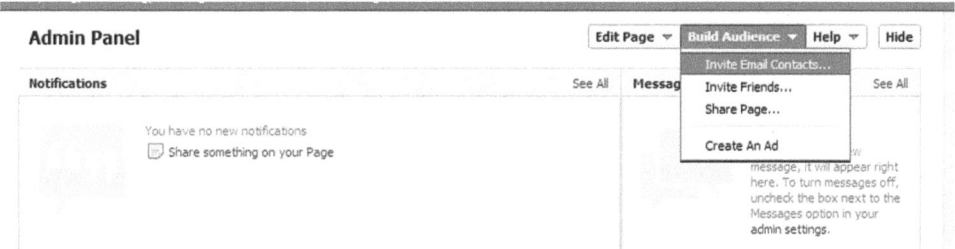

Fig. 2 Build your audience for your Facebook page

When you have set up your page, the next step is to build your audience. Facebook offers several options to do this, for instance by inviting contacts via email (see Fig. 2). Another option to build audience is to create an ad. This so-called *social ad* is

> an announcement you can broadcast to specific groups of Facebook members [...]. Every social ad consists of a graphic and a little text, and each appears either in Facebook's ad space (the right-hand side of each screen), or in people's News Feed, or both, depending on how much you pay. (Vander Veer 2010, p. 182)

This allows you to target your ads directly at your customer group.

Once your page is set and published, Facebook users have the option to "like" your page and see updates from your page in their news feed. The reach of the page is even further increased when someone likes or comments on a page post, because that activity may be shared with the user's network of friends. To create such an activity flow, you need to keep your page up-to-date. You can do this by regular posts which can be highlighted or pinned to top of your page, as shown in Fig. 3.

The key to a successful Facebook page is to provide content that keeps the users interested and engaged. This can be special offers for your product or service, news from your business field, or asking your audience for feedback. It is important that you interact with your audience on a regular basis, otherwise they will lose interest and "unlike" your page. Another benefit of a Facebook page is that you can also reach the friends of the people

Fig. 3 Options for posts on your Facebook page

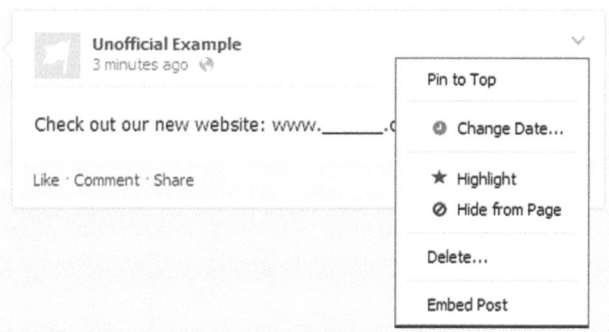

who liked your page. Facebook automatically shows activities of one's friends in the news feed, which also includes activities such as "liking" a page or commenting to a post on a page. This way your company's page benefits not only from the people who liked your page but also from their networks (see Lipsman et al. 2012, p. 40).

3.1.2 Using Facebook for Business—An Example

Tim Tam Shop (Germany) (2013) is an online shop specializing in selling the Australian chocolate biscuit in Germany. Tim Tam is the brand by the Australian food company Arnott's and is sold in several countries, but so far not Germany. The founder of *Tim Tam Shop (Germany)*, Tim Akgül discovered the popular chocolate biscuit during his travels through Australia. When returning to Germany, he had the idea to import Tim Tams and managed to get the permission to be the only official Tim Tam seller in Germany.

Once Akgül set up his online shop, he also created a Facebook page. His reason for this was simple:

> I wanted to reach a wider number people, and Facebook is an effective and cost-efficient way to achieve this. Effective, because a lot of people in Germany have a Facebook profile. Cost-efficient, because you don't have to pay for a standard Facebook page. This was especially in the beginning an important issue: to keep the expenses low but still reach my target group.[1]

Tim Tam Shop (Germany)'s page on Facebook had 1451 likes on October 8, 2013. The page name makes the purpose of the page very clear. Also the profile picture and the cover picture in the heading bring forward the focus of the page on Tim Tam biscuits, as shown in Fig. 4. The question now is how to create an incentive for people to like a page that is basically just selling biscuits.

With Tim Tam biscuits, Akgül made use the fact that this product was not sold in Germany so far. So the exclusivity of his product has become his main selling point. Around the exclusivity a popular hype has been created, making the biscuit a cult product from which a unique way of eating the biscuit emerged and has been named *Tim Tam Slam*.

So the exclusivity and uniqueness of this biscuit in Germany is one aspect that can lead to liking the page. Another incentive for clicking the "Like" button here is that the Tim Tam page is informing about special offers, such as no shipping fees (see Fig. 5)

By offering exclusive information and special offers, customers see a benefit for liking the page and will do so. Posting special offers also increases the purchase intention of customers.

Tim Tam Shop (Germany) also provides information about the company itself, making the page appear more serious and authentic. Also, interlinks its Facebook page with its main website (see Fig. 6).

It is important to integrate and interlink your Facebook page with other platforms of your company, as well as to promote your Facebook page on those other platforms of your company. This way you create greater traffic to your page and your websites. Tim Tam

---

[1] Personal telephone interview with Tim Akgül on September 26, 2013.

Using Social Media for Business: Tools, Benefits and Pitfalls 139

Fig. 4 Tim Tam Shop (Germany) on Facebook

Fig. 5 A Facebook post of Tim Tam Shop (Germany)

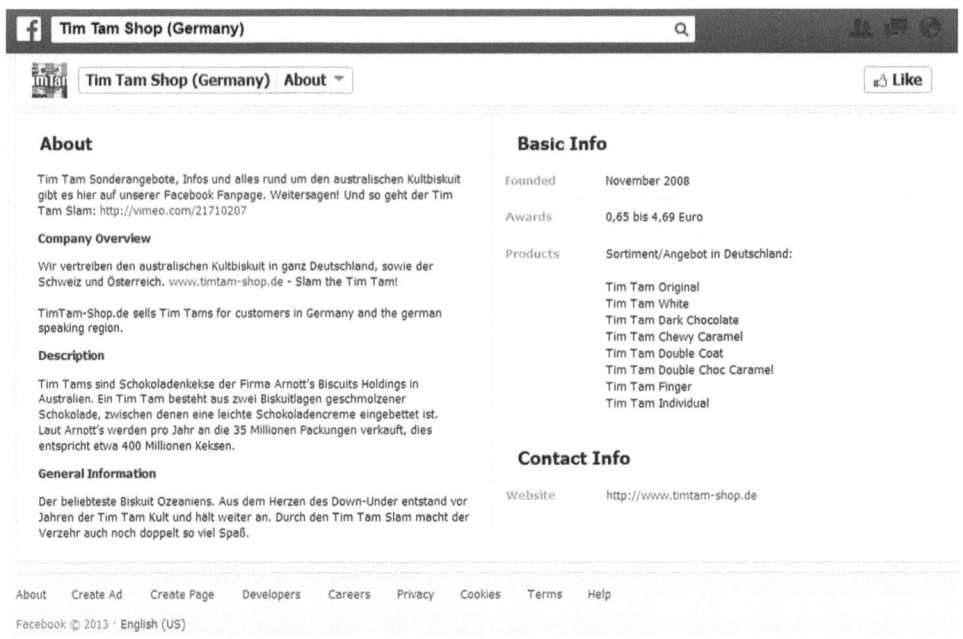

Fig. 6 About section of Tim Tam Shop (Germany) on Facebook

Shop (Germany) promotes its Facebook page clearly on the homepage of its main website (Fig. 7).

3.1.3 Facebook Pitfalls

Although Facebook is currently still the most popular social networking site worldwide, there are already signs that this might change in the near future. In countries like the USA or Germany, a downward trend in terms of user numbers can be already observed. Treadaway and Smith (2012, p. 34) even speak of a social fatigue:

> Social fatigue is a real challenge for Facebook as it continues to become a social utility. […] All of this is not to say that Facebook is a lost cause for marketers. It remains the richest data set in the world for us to reach consumers with the offers, messages, and products we want them to enjoy. But people are using social media sites in new ways just because we've all learned from using this system over the years. Social media usage is evolving all the time. It's something to keep in mind as you plan marketing initiatives on Facebook and other types of social media.

3.2 About Twitter

Twitter's self-declared mission is *"to give everyone the power to create and share ideas and information instantly, without barriers"* (Twitter 2013a). What is different on Twitter compared to Facebook is that users can only send and read short messages known as

Fig. 7 TimTam Shop Germany—the official website (http://www.timtam-shop.de/)

Tweets, which cannot be longer than 140 characters and are publicly displayed on the author's profile.

Currently, Twitter has over 200 million monthly active users and 500 million Tweets sent per day. The majority of users is between 26 and 34 years old. Twitter is considered the best tool for interacting in real-time and on a large scale.

> On Twitter, people talk about what they care about and what's happening around them right now, including your business. This gives you powerful context to connect your message to what's most meaningful to your customers in real time. Engaging with real-time Tweets can influence conversations in a way that can help build your business. (Twitter 2013b, under section "How Twitter can help your business")

3.2.1 Features

For Twitter, you simply create an account with your company's name. You can add a headline under your profile name, your location and your website. That's all. Then you can already start tweeting. The Tweets are at the heart of Twitter. Tweets are limited to 140 characters which forces you to keep your information short and concise. When you use Twitter for your business, try to avoid any business or marketing language.

> Write a Tweet like you're having a conversation with a good friend. Strive for a genuine, approachable communication style. Stay away from "marketing speak"—it'll go a long way in making your voice your own. (Twitter 2013b, under section "Start Tweeting: Write Good Tweets")

Other users can then "follow" your profile and will then get your Tweets in their Tweets feed. If they like a Tweet that you have posted, users can "retweet" it, so it appears on their profile as well, increasing the reach of your Tweet. You can also reply to a tweet by starting your own tweet with *@username*. If you just want to mention a Twitter user in a tweet you put the *@username* at the end of your tweet. Both ways will also lead to a higher reach because it appears on your and the other person's public timeline. So it will be seen by the person you replied to or mentioned and the people following both of you (see Doctor 2012).

Twitter's probably most popular feature is the hashtag. The small symbol "#" can make a big difference on the influence of your tweets. By placing a # symbol before a word, a keyword is marked and the message is categorized. This way, users can find conversations related to that marked keyword. The hashtag was first introduced by Twitter, but other social media platforms are starting to adopt this feature.

3.2.1.1 Why Use Hashtags?

1. Hashtags help you to find your target audience and to build a sense of community among the users using certain hashtags
2. Hashtags give you the opportunity to participate in ongoing conversations on a certain topic marked by a hashtag
3. With hashtags you make it easier for other users to find your content

On Twitter, messages that include hashtags receive twice as much engagement than those without hashtags. But simply putting a # sign in front of every word does not do the trick. You need to choose your hashtag words wisely. For a start, see what your competitors are tweeting about or search for industry keywords to listen and gather market intelligence. It's an easy way to get insights that you can use to inform your strategy.

3.2.1.2 How to Use Hashtags?

1. To start a conversation around a specific topic or to promote an event or product, you need to first determine the hashtag you want to use.
2. The hashtag should be relevant (e.g. use industry keywords), but as short and unique as possible. On https://twitter.com/search-home you can find popular hashtags and search for ones that have not been used yet.

Fig. 8 Starbucks coffee's Twitter profile. (https://twitter.com/Starbucks, November 30, 2013)

3. Once you determined the hashtag, be sure to promote it in all of your marketing materials, both online and offline. Make the hashtag a catch-word that will automatically be related to your business. On hashtag.org you can type in your hashtag and see how popular it is among Twitter users.

3.2.2 Using Twitter for Business—An Example

A popular company Twitter account is Starbucks Coffee, with over 5.4 million followers (see Fig. 8). Starbucks is the largest coffee house worldwide, so the company already has a high level popularity, making the launch of a Twitter account easier.

Nevertheless, also a popular company like Starbucks must invest some work to keep their followers on Twitter. Starbucks Coffee's strategy is to engage their followers and provide value to them. On Starbuck's Twitter profile you can see how the company daily interacts with its followers, and by this keeping up the interest and strengthening the brand loyalty. What makes their tweets interesting and valuable to the followers is the personal level of communication. By regularly responding to followers in a tone of a friend, Starbucks gives its brand a human touch, rather than the image of a company which is only interested in selling its products. To advertise its products, Starbucks does this in a subtle way (see Fig. 9).

Starbucks twitters pictures of its beverages along with an easygoing message and a special offer. This combination of the casual communication style and special offers is what gives people incentive to follow and keep following Starbucks on Twitter.

Fig. 9 Tweet posted by Starbucks Coffee. (https://twitter.com/Starbucks, November 30, 2013)

3.2.3 Twitter Pitfalls

The most common mistake is to use too many hashtags in one tweet so that the message itself becomes illegible. Using many hashtags does not mean that your tweet will get more attention. Instead focus on one or two relevant hashtags to get your message across. Also, the content of your tweet should not be mainly focused on selling something. As with all social media, the social dialogue is in the focus. Wrap your tweet in a nice social context to get your selling point across. Otherwise your followers will get annoyed and unfollow you immediately.

3.3 About Vine

Vine is a video sharing app that was acquired by Twitter and was launched in the beginning of 2013. In the same year, Vine made it the fastest-growing app in the world (see Fox 2013). Only recently, in January 2014, Vine launched a web version where users so far can only view videos.

3.3.1 Features

The app can be downloaded for free. After installing the app on your smartphone you can log in with your Twitter account or simply with your email address and start adding people to your friends list. Like on Twitter, you can see video posts by other users and share the video, what is called here "revine" (equivalent to "retweet" on Twitter). The clue about Vine is that you can create videos that are only up to six seconds long. Within the app you have the possibility to edit the video with various features. For businesses this is a great opportunity to create outstanding and unique videos to promote their product or brand. In times of high media consumption and exposure, attention spans of customers are short.

> [...] [T]raditional ads had beginnings and endings, they were told on a single page or within a 30-second time slot, and often relied on a slogan or jingle to help consumers remember them.

Fig. 10 Beginning sequence of the Dove Vine video. (Taken from Beese 2014)

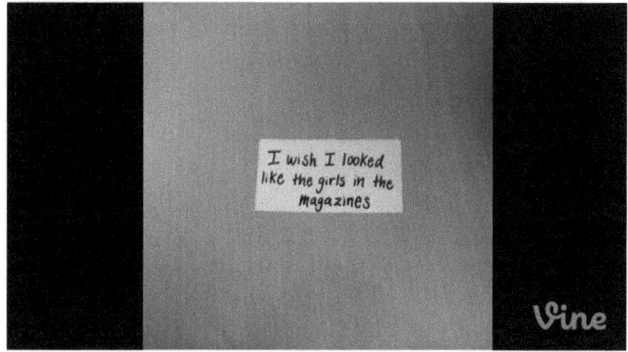

People today move quickly (and unpredictably) between devices and platforms. Attention spans are decreasing, and with likes, favorites, pins, reblogs, revines, and retweets, the old linear format doesn't cut it anymore. (Beese 2014)

With Vine videos, you have the opportunity to build a campaign that catches the attention of the viewer and get your message across in just a couple of seconds.

3.3.2 Using Vine for Business—An Example

The brand for toiletries, Dove, is known for its messages promoting a healthy body image by replacing skinny models with women from next door. The Vine video campaigns by Dove continue with this message. Instead of focusing on their products, Dove "tends to create warm moments and would rather trigger an emotional response instead of the decision to buy" (Beese 2014). In one of their Vine videos, Dove

The opening sequence starts with a note saying "I wish I looked like the girls in the magazines", as shown in Fig. 10.

It continues with this note being thrown into the bin and then a new note coming out of the bin. The last sequence ends with this note saying "I am beautiful exactly the way I am", as shown in Fig. 11.

With this Vine video Dove gets its message across in a very effective way. It is both very short and creative, touching upon a topic that especially women deal with a lot. And

Fig. 11 End sequence of the Dove Vine video

by this, it is memorable and results in the association of the brand Dove with the positive feeling about one's own body which will affect the consumers' purchase decisions on beauty products.

So Vine is a useful additional tool for companies to reach customers through a more creative and alternative channel.

4 Managing Your Social Media Accounts

For integrating social media into your business and your marketing strategy, you need to manage and regularly update your social media channels. To make your social media organization easier, there are some quite useful social media management tools that will help you to manage your social media profiles.

4.1 About HootSuite

HootSuite is a social media management system for businesses and organizations and currently has over 6 million[2] users. It facilitates the organization and management of multiple social media accounts from one web-based dashboard (See HootSuite Media Inc. 2013). This means you do not have to log in to every single of your social media profiles, but instead you manage all your profiles from one account. The free version limits your social media profiles which you can add to your HootSuite account to five, the paid versions allow more.

Once you set up a HootSuite account you can add your social media profiles that will then appear as so-called streams on your dashboard. With your Facebook profile you will get the newsfeed, status updates and so on. With your Twitter account you will see tweets from the people you follow and replies or mentions.

HootSuite allows you to compose one message for all of your social media profiles or you can select which message should be posted on which profile. The scheduling feature allows you to compose messages ahead of time. You can select the exact time and date when and where your message should be posted. This helps you to plan ahead and keep your accounts active while saving time.

4.2 About Mention

Mention is a monitoring tool that keeps track of what and where on the web your brand or company is mentioned. The basic version of 500 mentions per month is for free. Once you have registered, you can create an alert that keeps you informed about your company. All

---

[2] 6 million users in April 2013 (see Koetsier 2013).

Fig. 12 This is what mention looks like. (Cleary 2013)

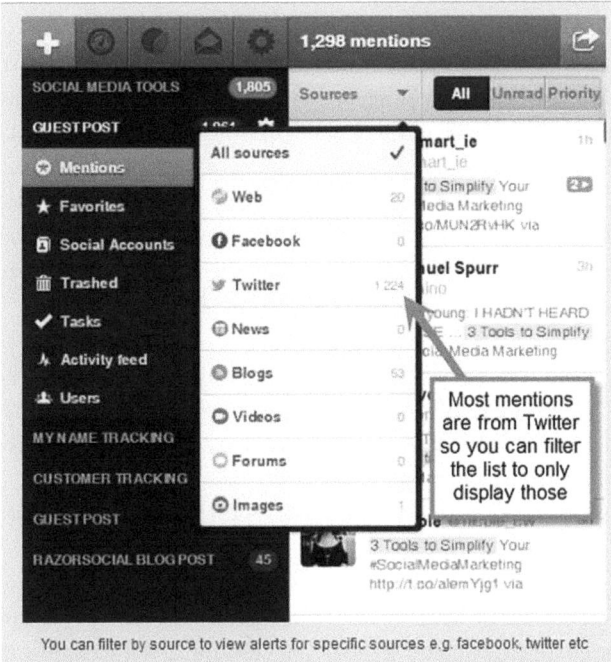

you need to do is to define the keywords that should be monitored. You can also include or exclude certain search terms or various languages. A nice feature of Mention is that you can add your Facebook and Twitter account to directly respond to a post or a tweet within the tool itself.

Mention tracks many different sites on the web, including social media and blogs. You have the option to filter the different sources by selecting a certain category, such as "Facebook" or "images" (see Fig. 12).

Mention is a very useful tool to monitor your brand or company's name on the web. It is cost-effective and easy to use. This tool will help you to keep up with the constant information flow on the web and will facilitate your social media management.

5 Measuring Your Social Media Impact

Once you have set up our social media presence and your management tools, the next step would then be to think about how you will measure your social media impact and success. The metrics you define to measure your impact and success, depend on the goals you have set and on the social media you use.

Facebook offers for its pages a section called *Insights*. This section gives an overview of the activities on your page. Facebook's *Insights* provides a nice and simple overview for measuring some aspects of the success of your page. You can see the development of

"Likes" you get over time. Also, you can see how many people have seen what you have posted and what reach those posts have. So if a Facebook user shared your post, your reach is increased by the additional people you see the post on the Facebook user's timeline. You can track these developments over time and draw your conclusions from it and adjust your strategy accordingly. However, be careful not to overestimate the importance of "Likes". A high number of "Likes" does not say too much about the success of a page. Focus more on the overall performance of your page, instead of focusing on only one aspect.

On Twitter you can define specific metrics. On *business.twitter.com* you get tips on how to best measure your Twitter impact:

- **Follower growth:** How many new followers you get every day, week or month.
- **Follower quality and engagement:** How many users interact with your account.
- **Reach:** How many users favorite or retweet your Tweets.
- **Traffic:** How many users go to your site.
- **Conversion:** How many users sign up for your service or buy your product (Twitter 2013b).

You can easily keep track of your follower growth by noting down the numbers on a regular basis. Management tools like HootSuite will provide some of this information and can facilitate the measurement.

6 Conclusion: Using Social Media for Your Business – But Appropriately

Social media platforms such as Facebook, Twitter, or Foursquare have become extremely popular over the last years. Also for businesses social media have grown in importance and can be useful tools—if used appropriately. Social media are important channels because that's where your customers are. Facebook alone has over one billion monthly users. Using social media is a low-cost way to strengthen your brand and to communicate directly to your customers. This makes social media a very useful and powerful marketing channel for your business. However, using social media for your business can be a challenge. Although the communication tone on social media might be more casual, the successful implementation of it is not. It takes good research and organization to launch and maintain a successful social media presence.

References

Aden, T. (2009). *Google analytics: Implementieren. Interpretieren. Profitieren*. München: Carl Hansen Verlag.

Allton, M. (2013). How to use hootsuite to curate and share content. The Social Media Hat. http://www.thesocialmediahat.com/article/how-use-hootsuite-curate-and-share-content. Accessed 3 Dec 2013.

Baym, N. K. (2011). Social Networks 2.0. In M. Consalvo & C. Ess (Eds.), *The handbook of internet studies* (pp. 384–405). West Sussex: Wiley-Blackwell.

Beese, J. (2014). Vine on the web will take your nonlinear storytelling to a new level. Sprout Social. http://sproutsocial.com/insights/vine-teaches-brands-nonlinear-storytelling-video/. Accessed 9 Jan 2014.

Brennan, B., & Schafer, L. (2010). *Branded! how retailers engage consumers with social media and mobility*. Hoboke: Wiley.

Cleary, I. (2013). How to use mention app for effective web and social media monitoring. RazorSocial: http://www.razorsocial.com/social-media-monitoring-tool-mention/. Accessed 9 Jan 2014.

Doctor, V. (2012). Twitter for beginners: Basic guidelines before you start. Hashtags.org: Organizing the world's hashtags: http://www.hashtags.org/platforms/twitter/twitter-for-beginners-basic-guidelines-before-you-start/. Accessed 2 Oct 2013.

Facebook. (2013). Facebook reports third quarter 2013 results. Facebook Investor Page: http://investor.fb.com/releasedetail.cfm?ReleaseID=802760. Accessed 6 Nov 2013.

Fox, Z. (2013). The 10 fastest growing apps this year. Mashable: http://mashable.com/2013/10/21/fastest-growing-apps/. Accessed 9 Jan 2013.

Hanna, R., Rohm, A., & Crittenden, V. L. (2011). We're all connected: The power of the social media ecosystem. *Business Horizons,* (54), 265–273.

HootSuite Media Inc. (2013). About HootSuite. HootSuite: https://hootsuite.com/company. Accessed 12 June 2013.

Initiative D21. (2013). Mobile Internetnutzung: Entwicklungsschub für die digitale Gesellschaft! von Initiative D21: http://www.initiatived21.de/wp-content/uploads/2013/02/studie_mobilesinternet_d21_huawei_2013.pdf. Accessed 2 Dec 2013.

Kaplan, A. M., & Haenlein, M. (2010). Users of the world, unite! The challenges and opportunities of Social Media. *Business Horizons* (53), 59–68.

Knoblauch, M. (2013). The Beginner's guide to vine. Mashable: http://mashable.com/2013/12/11/vine-beginners-guide/. Accessed 9 Jan 2013.

Koetsier, J. (2013). Ryan Holmes: HootSuite on the same user growth curve as Evernote, Zendesk. VentureBeat. http://venturebeat.com/2013/04/05/ryan-holmes-hootsuite-on-the-same-user-growth-curve-as-evernote-zendesk/. Accessed 23 Aug 2013.

Kumparak, G. (2013). Live blog: Live from the facebook phone event., from TechCrunch: http://techcrunch.com/2013/04/04/live-blog-live-from-the-facebook-phone-event/. Accessed 28 Aug 2013.

Levy, J. R. (2010). *Facebook marketing: Designing your next marketing campaign* (2nd edn.). Indianapolis: Que Publishing.

Lipsman, A., Mudd, G., Rich, M., & Bruich, S. (2012). The power of "Like": How brands reach (and influence) fans. *Journal of Advertising Research,* 40–52.

Mathos, M., & Norman, C. (2012). *101 social media tactics for nonprofits: A field guide*. Hoboken: Wiley .

Naylor, RW, Lamberton CP, West PM (2012). Beyond the "Like" button: The impact of mere virtual presence on brand evaluations and purchase intentions in social media settings. *Journal of Marketing, 76*(6), 105–120.

Schlinke, J., & Crain, S. (2013). Social media from an integrated marketing and compliance perspective. *Society of Financial Service Professionals,* 85–92.

Starbucks Coffee. (2013). Starbucks Coffee. Twitter: https://twitter.com/Starbucks. Accessed 30 Nov 2013.

Tim Tam Shop (Germany). (2013). Tim Tam Shop (Germany). Facebook : https://www.facebook.com/TimTamShop. Accessed 8 Oct 2013.

Treadaway, C., & Smith, M. (2012). *Facebook marketing: An hour a day*. Hoboken: Wiley.

Twitter. (2013a). About Twitter, Inc. About Twitter Company: https://about.twitter.com/company. Accessed 2 Dec 2013.

Twitter. (2013b). Twitter for Business. Twitter Business: https://business.twitter.com/twitter-business. Accessed 2 Dec 2013.

Vander Veer, E. A. (2010). *Facebook: The missing manuel* (2nd edn.). Sebastopol: O'Reilly.

Alexandra Mittelstädt ist Doktorandin an der Bremen International School of Social Sciences. Sie absolvierte ihr Bachelorstudium an der Jacobs University Bremen in Integrated Social Sciences und erhielt ihren Masterabschluss in Intercultural Communication Studies von der Europa-Universität Viadrina, Frankfurt (Oder). Ihre Dissertation befasst sich mit der Rolle der sozialen Medien in der Integration von jungen Erwachsenen mit Migrationshintergrund.

Word-of-Mouth-Marketing – Die geheime Macht des Wortes

Thomas Heinrich Musiolik

1 Word-of-Mouth – Die geheime Macht des Wortes

„Im Anfang war das Wort […] alles wurde durch das Wort geschaffen, und nichts ist ohne das Wort geworden" (Bibel 1980). Wenn man diese Worte liest, geht das Denken zurück bis zum Schöpfungsvorgang. Worte haben Macht. Nicht nur das Wort, auf dem die verschiedenen Religionen basieren, sondern auch unsere menschlichen Worte. Damit ist Word-of-Mouth die älteste Marketingform der Menschheit. Seit Gedenken der Menschheit wird das Wissen in Form von Geschichten und Erzählungen weitergegeben. So war höchstwahrscheinlich der „Feuerstein" das erste Produkt, welches für eine unvorstellbare Weiterempfehlungsbereitschaft sorgte. Doch machen sich noch immer viele Markenverantwortliche selten die Macht eines Wortes klar. Man kann eine Marke mit Worten zum Erfolg führen oder vernichten, das Image einer Marke stärken oder zerstören, eine Marke aufrichten oder herabsetzen.

Viele Menschen haben aufgrund der seit Jahren immer wieder beschriebenen Informationsüberflutung das Interesse an der Werbung verloren. In den Werbepausen im Fernsehen wird umgeschaltet, fast jeder hat einen Pop-up-Blocker auf seinem PC/Notebook installiert, und Werbeanzeigen in den Printmedien werden häufig nur überflogen. Somit werden die von den Unternehmen kommunizierten Werbebotschaften vom Konsumenten nicht aufgenommen, oder der Konsument nimmt nur Bruchstücke dieser wahr. Viel wichtiger erscheint, dass die heutige Zeit aufgrund des Glaubwürdigkeitsverlustes von misstrauischen Konsumenten geprägt ist. Diese ziehen sich verstärkt zurück und haben ein ausgeprägtes Verlangen, unter Ihresgleichen zu sein und Cliquen zu bilden. In ihren

---

T. H. Musiolik (✉)
Landshuter Straße 2, 10779 Berlin, Deutschland
E-Mail: info@musiolik.de

Gruppen fühlen sich die Konsumenten sicher und verstanden, vor allem schenken sie den Gruppenmitgliedern vollstes Vertrauen. Denn heutzutage entscheiden die Konsumenten, was sie und von wem sie etwas hören, sehen oder lesen möchten.

Auch wenn die Skepsis gegenüber Werbung in Deutschland abnimmt, vertrauen weiterhin die Verbraucher zu 80 % den Ratschlägen aus dem persönlichen Umfeld. Dies bestätigt auch eine globale Online-Umfrage des Informations- und Medienunternehmens Nielsen. Auch wenn gegenüber dem Jahr 2011 ein Rückgang von 8 % zu verzeichnen ist, sind noch immer die Peer Groups die Gewinner (vgl. Nielsen 2013).

Angesichts dieser Rahmenbedingungen stellen die zwischenmenschlichen Beziehungen für das Marketing und somit das „gesprochene Wort" die Schlüsselrollen dar. Die Wiederentdeckung des Wortes und somit der Mundpropaganda könnte das Marketing aus seinem Dilemma befreien, denn die Empfehlung eines Freundes wirkt um ein Vielfaches stärker als jede andere Werbeform.

In den folgenden Kapiteln wird das Word-of-Mouth-Marketing in seinen Einzelheiten näher beleuchtet. Dazu wird das dafür benötigte Grundverständnis aufgebaut, indem die Prinzipien und Funktionsweisen des Word-of-Mouth-Marketings erläutert werden. Abschließend wird ein Leitfaden aufgeführt, mit dem die selbstständige Planung einer WoM-Kampagne erfolgreich durchführbar ist.

2 Word-of-Mouth-Marketing

Welches Auto kauft man sich als nächstes? Wo kann man es reparieren lassen? Zu welchem Friseur kann man gehen? Welchem Weinhändler kann man vertrauen und in welchem Restaurant ist das Essen köstlich? Das sind alles Fragen, die man im Freundes- oder Bekanntenkreis bereits gestellt bzw. schon mal gehört hat.

Das Mitteilungsbedürfnis ist tief in unseren Genen verankert. Die Menschen sind genetisch darauf programmiert, Informationen mit Freunden und Bekannten zu teilen, auch welche Marke gut ist und von welchem Produkt wir lieber die Finger lassen sollten. Wir sprechen, um uns zu verbinden, und teilen dabei unser Wissen, die Meinung und Erfahrung über eine Marke bzw. Produkt. Dabei spielt es keine Rolle, ob wir face-to-face, per Smartphone oder virtuell kommunizieren. Menschen haben schon immer über Produkte, Dienstleistungen und Marken gesprochen und werden dies auch weiterhin tun. Erst durch den Einsatz des Word-of-Mouth-Marketings wird versucht, auf den Konsumenten Einfluss zu nehmen und ihn zur Übermittlung möglichst positiver Informationen zu lenken.

Das Word-of-Mouth-Marketing ist richtig eingesetzt ein wirkungsvolles und effizientes Instrument. Konsumenten, die Produkte aufgrund einer Empfehlung von Freunden und Bekannten gekauft haben, weisen gegenüber der klassischen Werbung eine bis zu vierfach höhere Kaufbereitschaft auf. Der Grund ist, dass die Konsumenten den Empfehlungen von Freunden und Bekannten zu ca. 90 % glauben und vertrauen. So ist es nicht verwunderlich, dass ca. 80 % der getätigten Käufe auf die Word-of-Mouth zurückzuführen sind. Auch konnten Unternehmen mit dem Einsatz des Word-of-Mouth-Marketings im

Durchschnitt das Markenimage um ca. 20 % und die Markenbekanntheit sogar um bis zu ca. 40 % steigern.

Dieser Effekt sollte genutzt werden. Jedoch darf dieser nicht missbraucht werden, da die Glaubwürdigkeit der Marke oder des Produkts nicht gefährdet werden darf.

3 Beziehungen in Zeiten von Social Media

Beziehungen sind das Fundament jeder Marke. Ohne sie könnten Marken nicht existieren. Doch die rasante technische Entwicklung der letzten Jahre hat neue Formen von Beziehungen ermöglicht, die vor einigen Jahren noch niemand für möglich gehalten hätte.

Durch Social Media haben sich ganz andere Möglichkeiten ergeben, Menschen zusammenzubringen. Dank des relativ neuen Mediums ist es nun möglich, dass Mitarbeiter täglich z. B. mit Lieferanten über Facebook kommunizieren, sich außerhalb der Arbeitszeit austauschen und voneinander lernen. In der gesamten Menschheitsgeschichte war es nie einfacher, mit Mitarbeitern, Geschäftspartnern, Stakeholdern und Konsumenten in Verbindung zu treten.

Durch Social Media wird somit der Abstand zwischen Marke und Mensch immer geringer, denn es ermöglicht, eine andauernde Verbindung aufzubauen. Der Sinn hinter den sozialen Netzwerken ist es, Menschen zusammenzubringen. Ihnen eine Plattform zu bieten, auf der sie sich kennenlernen, austauschen, Erfahrungen teilen und von anderen lernen können. Mark Leinemann (2014) schreibt in seinem Blog, dass „Marketingleute wissen, wenn sich Twitterer, Blogger und sonstige Digitale treffen, dann treffen sich „Influencer", digitale Multiplikatoren. Er unterstreicht somit, dass Manager mit ihren Marken die einmalige Gelegenheit haben, dabei zu sein.

Während die Menschen in sozialen Netzwerken miteinander kommunizieren, kann die Marke zum ersten Mal Teil der Konversation sein, sich dem Konsumenten widmen, seine Wünsche, Bedürfnisse, aber auch Ängste kennenlernen. Dabei sollte der Konsument nicht überrumpelt oder ihm etwas aufdrängt werden, denn dann werden die Konsumenten ablehnend reagieren. Auch wird auf längere Sicht ein Nichtvorhandensein im Social Media sich negativ auf die Marken auswirken. Denn es gibt noch immer viele Markenverantwortliche, die dieses Potential nicht erkannt haben bzw. der Meinung sind, dass im Web keine Beziehungen entstehen können.

Von zentraler Bedeutung ist es, den Dialog auf keinen Fall zu verpassen! In Zukunft wird die Beziehung zwischen Marke und Konsumenten die Schlüsselrolle einnehmen. Die Markenverantwortlichen haben nur eine einzige Möglichkeit, um in diesem Zeitalter einen Imageverlust zu vermeiden; sie müssen endlich mit ihren Kunden in den Dialog treten, und zwar auf Augenhöhe, denn die namenlosen Verbraucher haben ein Gesicht. Die größte Herausforderung ist und wird es sein zu verstehen, wie man sich den Konsumenten nähern sollte, welche Art von Botschaft und an welchem Ort sie diese bevorzugen.

4 Markenloyalität als Basis für die Weiterempfehlung

Loyale Kunden sind Basis und Treiber einer jeden erfolgreichen Marke. Diese Loyalität entsteht durch die Anziehungskraft der Marke sowie das geschenkte Vertrauen des Kunden, denn die Loyalität ist freiwillige Treue (vgl. Schüller 2012, S. 97). Diese Kunden sind preisunempfindlicher, sorgen durch die längere Bindung zur Marke für höhere Umsätze, somit für höhere Gewinnspannen und vor allem für positive Word-of-Mouth.

Andererseits entstehen bei markenloyalen Konsumenten emotionale Wechselbarrieren. Diese bewirken, dass die Konsumenten eine geringere Motivation zur Suche nach Alternativen haben und damit auch eine geringere Anfälligkeit für Marketingmaßnahmen der Konkurrenz aufweisen (vgl. Caruana 2004, S. 256; Eggert 2000, S. 122; Jones und Farquhar 2003, S. 72; Staack 2004, S. 68). Darüber hinaus verteidigen markenloyale Konsumenten ihre Marke gegen negative Meinungen und Gerüchte (vgl. Amine 1998, S. 314; Dick und Basu 1994, S. 107; Hadwich 2003, S. 159 ff.; Westbrook 1987, S. 261). Die Markenloyalität kann sogar dazu führen, dass positiv erlebte Reklamationen sich in positive Mundpropaganda umwandeln (vgl. Hart und Johnson 1999).

Ein überzeugter Kunde ist zu ca. 80 % für die positive Mundpropaganda verantwortlich. Zudem ist er aufgrund seiner glaubwürdigen Stellung an der Meinungsbildung Dritter entscheidend beteiligt (vgl. Schwarz 2007, S. 676).

5 Touchpoints als Erfolgsfaktor der Word-of-Mouth

Werbung macht heutzutage zwar die Konsumenten neugierig, aber erst der Dialog mit anderen Konsumenten führt letztendlich zum Kauf. Dadurch steigt die Zahl der Freunde oder Bekannten mit positiven Erfahrungen und letztendlich auch die Anzahl der Menschen, die positive Dinge über die jeweilige Marke kommunizieren.

Doch wann ist ein Touchpoint mit der Marke so nachhaltig und positiv, dass er zur freiwilligen WoM führt? Man weiß heute, dass jeder einzelne Touchpoint des Konsumenten mit der Marke über die weitere Beziehung entscheidet; nicht anders als bei uns Menschen. Auch bei uns entscheidet jeder einzelne Touchpoint über den weiteren Verlauf der gemeinsamen Beziehung. Doch welche Erlebnisse bzw. Touchpoints sind dazu geeignet?

5.1 Der Kunde erzählt nur das weiter, was für ihn bedeutsam ist

Jede Marke versucht, ihre Besonderheit und Einzigartigkeit, welche sie von ihren Wettbewerbern unterscheidet, zu kommunizieren. Doch wird gerade in den letzten Jahren versucht, verstärkt die emotionale Ebene des Kunden anzusprechen. Dies ist sicherlich auf die Erkenntnisse des Neuromarketings zurückzuführen. Zweifelsohne ist der technische Nutzen oder ein rationaler USP ein wichtiger Faktor, doch stellen der authentische und nachhaltige Mehrwert einer Marke und deren Erleben heutzutage das Hauptkriterium dar.

Die Konsumenten identifizieren sich mit der Marke, und durch die einzelnen positiven Touchpoints entsteht eine eigene Geschichte, die kommuniziert werden soll.

Auch wenn es für viele schon langweilig erscheint, über das iPhone zu reden, ist es dennoch ein schönes Beispiel. Apple hat es geschafft, die einzelnen Touchpoints mit dem iPhone so aufzubauen, dass diese quasi von alleine weitererzählt werden. Es gibt wenige Menschen, die ihr iPhone nicht gerne herumzeigen und anderen erklären, was es alles kann.

Doch sollte hier auch zwischen den High- und Low-Involvement-Marken bzw. -Produkten unterschieden werden. Denn gerade für die Low-Involvement-Produkte ist es schwierig, eine freiwillige WoM zu generieren. Diese müssen noch viel mehr auf die Bildung einzigartiger und nachhaltiger Touchpoints setzen, um überhaupt eine WoM zu generieren.

5.2 Erst durch einzigartige Touchpoints kann WoM generiert werden

So ist es gerade heutzutage überaus wichtig, den Kunden in den Marketingprozess einzubeziehen, ihn zu integrieren und zu einem Bestandteil der Marke zu machen. Die Marke ist die Bühne des Kunden, auf welcher er seine Geschichte erzählen kann. Manager sollten aufhören, dem Kunden vorzuschreiben, wie er eine Marke zu nutzen hat oder ihn mit zusätzlichen Informationen, die Manager als wichtig erachten, zu berieseln. Denn was sorgt letztendlich für die WoM? Bestimmt nicht die Vorgaben oder nervigen Informationen; nein einzig und allein die Touchpoints.

Was heißt das für den Manager? Sie sollten für einzigartige Touchpoints sorgen, den Kunden die Marke ausprobieren lassen und dafür sorgen, dass sich der Kunde mit der Marke frei von Zwang beschäftigen darf. Der Kunde wird zufrieden sein, wenn er sich mit der Marke beschäftigen durfte, diese erforscht hat und zu dem Entschluss kommt, dass die Marke zu ihm und seinem Leben passt. Dabei spielt es keine Rolle, ob er die Marke in der realen oder virtuellen Welt kennenlernt, denn entscheidend ist der Touchpoint. So müssen die Marketingverantwortlichen entscheiden, in welcher Welt für den Kunden ein größerer Mehrwert durch den Touchpoint entsteht. Sicherlich wird dabei ein Montblanc-Füller, der eine Geschichte erzählt und bei dem es auf die Haptik ankommt, nicht online erlebt werden können; zumindest noch nicht.

Jeder einzelne Touchpoint des Kunden sollte mit der Marke zu einem einzigartigen Erlebnis verbunden werden, denn es genügt ein einziger negativer Touchpoint, und der Kunde wird sich nie wieder blicken lassen. Es ist ratsam, um ein Feedback der Kunden zu bitten. Die Kunden sollten bzgl. der erlebten Touchpoints nach ihrer Meinung gefragt werden. Hat die Marke ihr Versprechen einhalten können? Was haben sie positiv aufgefasst? Wie verwenden sie es? Was hat sie zur positiven WoM bewegt? Mit diesen Fragen werden nicht nur Informationen bezüglich der einzelnen Touchpoints gesammelt, vielmehr entsteht ein Dialog mit dem Kunden. Der Kunde bekommt das Gefühl, dass er etwas wert ist, dass er ernst genommen wird und seine Meinung wichtig ist. Somit kann die Marke-Kunden-Beziehung gestärkt und gleichzeitig können Informationen aus erster Hand gewonnen werden.

Denn durch die entstehende Co-Creation wird der Kunde zum Bestandteil der Marke, die Marke-Kunden-Beziehung wird gestärkt und gleichzeitig entsteht einer freiwillige und positive WoM. Denn der Kunde wird die nur ihm erteilten Informationen oder die Möglichkeit, am Produkt mitzuentwickeln, dankend annehmen und es all seinen Freunden und Bekannten erzählen.

6 Eine WoM Kampagne planen und durchführen – Was gilt es zu beachten?

Bei der Planung einer Kampagne müssen verschiedene Faktoren berücksichtigt und gut aufeinander abstimmt werden. Denn eine falsche Entscheidung kann das Gesamtergebnis ruinieren. Deshalb sollte man sich vor dem Start einer Kampagne die einzelnen Erfolgsfaktoren sorgsam überlegen und abwägen. Nur wenn man selbst von der Schlüssigkeit der Kampagne überzeugt ist, kann sie zum Erfolg werden.

Die folgenden Abschnitte helfen dabei, eine eigene WoM-Kampagne zu planen und durchzuführen.

Die Abb. 1 zeigt, dass es gilt, klare und messbare Ziele zu definieren, die Zielgruppe und den Kampagnenort festzulegen, das richtige Instrument zu wählen und die richtige Methode um Word-of-Mouth zu stimulieren. Als Letztes werden Messmethoden vorgestellt, die dabei helfen, den Erfolg einer Kampagne zu messen. Dieser Leitfaden dient dazu die gesamte Kampagne verständlicher und greifbarer zu machen.

Abb. 1 WoM-Kampagne

6.1 Ziele

Bevor die Kampagne gestartet werden kann, gilt es, deren Ziele zu definieren. Ziele einer Word-of-Mouth Kampagne können z. B. die Steigerung des Abverkaufs, Erregung von Aufmerksamkeit, Steigerung der Bekanntheit, Aufbau eines Images und die Positionierung sein.

6.1.1 Ziele definieren – Der Weg zum Erfolg

Folgende Fragen können bei der Zieldefinition helfen:

- Was soll erreicht werden, ggf. auch schon: Wie kann es erreicht werden? (Situations-, Problem-, Ressourcen- und Aufgabenanalyse)
- Was soll am Ende der Kampagne der Zielgruppe bzw. den Zuhörern überhaupt vermittelt werden?
- Was soll kommuniziert werden, an wen richtet sich diese Kampagne?
- Wie soll die Kampagne aussehen, wie lange wird sie dauern, welche Zielgruppe wird angesprochen, welche Kommunikationsmaßnahmen, Medien und Techniken stehen zur Verfügung?

Ziele sind wie Laternen während des langen Wegs zum Erfolg. Regelmäßig einen Blick auf die Ziele zu werfen, ist die beste Art, nicht vom Weg abzukommen. Wenn Sie wissen, was Sie mit Ihrer Kampagne erreichen und wen Sie ansprechen wollen, gilt es, aussagekräftige Kennzahlen zu bestimmen.

6.1.2 Zauberformel – SMART

Doch egal welches Ziel mit einer Kampagne verfolgt wird, es sollte immer folgende Eigenschaften aufweisen:

- **S**pezifisch (konkret und eindeutig)
- **M**essbar (somit auch kontrollierbar)
- **A**ngemessen (werten und wünschen entsprechend)
- **R**ealistisch (diese müssen erreichbar sein)
- **T**erminiert (klare Zeitangaben)

6.2 Zielgruppe

Der zwischenmenschliche Austausch ist in den Genen verankert. Wenn die Menschen bereits über Ihre Marke bzw. Produkt kommunizieren, wird man so gut wie keinen Einfluss mehr auf deren Kommunikationsverhalten ausüben können. So ist es überaus wichtig, bereits vor dem Launch eines Produktes die Zielgruppe zu definieren. Denn der erste Touchpoint des Kunden mit der Marke entscheidet über die weitere Beziehung. War der Touchpoint positiv, werden weitere folgen, und der Kunde wird die betroffene Marke freiwillig weiterempfehlen. Wenn hingegen der erste Kontaktpunkt negativ war, wird dieser ohne eine Möglichkeit einer Einflussnahme durch den Manager weiterkommuniziert. Somit gilt es, von Anfang an die Zielgruppe genauestens zu definieren, um deren Interesse für Ihre Marke bzw. Produkt wecken zu können. Denn wenn das Interesse der Kunden erstmals geweckt wurde, werden sie der Veranlagung durch den Manager folgen und positiv über das Produkt kommunizieren.

6.2.1 Zielgruppengenauigkeit

Die Basis guter Kommunikationsmaßnahmen bildet das Wissen über die Zielgruppe. Aus diesem Grund gilt es auch im Rahmen des Word-of-Mouth-Marketings, die Zielgruppe genauestens zu analysieren. Denn um WoM erfolgreich zu generieren, muss natürlich jemand den Anfang machen und die Multiplikatoren zum Reden bringen. Die Kunden, die als erstes mit der Marke bzw. dem Produkt in Kontakt kommen, entscheiden über deren Erfolg bzw. Misserfolg.

Potentielle Multiplikatoren müssen analysiert werden, ihre vorhandenen Netzwerke sollten angeschaut werden und mögliche Offline- sowie Online-Strategien entwickelt werden. Natürlich kann ein Multiplikator an Faktoren die er erfüllen muss, analysiert und gezielt angesprochen werden. Doch wie bereits eingangs erwähnt, ist das Weitererzählen unserer Erfahrungen Teil der menschlichen DNA. Somit ist in erster Linie jeder Einzelne ein potentieller Multiplikator.

Aus diesem Grund befindet sich bereits ein großer Teil von Multiplikatoren im direkten Umfeld einer Marke. Sei es in Form von Mitarbeitern, Kunden, Lieferanten bzw. den Journalisten. Jeder einzelne von ihnen hat das Potenzial, die Marke weiterzuempfehlen. Festzustellen ist, dass im direkten Umfeld der Marken Botschafter, Influencer, aber auch Gegner und Kritiker vorhanden sind.

Diese kommunizieren auch bereits, jedoch mit einer großen Wahrscheinlichkeit nicht die Geschichte, die erzählt werden soll. Diese Geschichten sollten nicht dem Zufall überlassen werden. Die Multiplikatoren sollten integriert werden, um dafür zu sorgen, dass nur die „eine" Geschichte kommuniziert wird. Es ist eine Überlegung wert, gerade auch Kritiker und Gegner einzubinden und dafür zu sorgen, dass sich diese mit der gewünschten Marke beschäftigen können, um somit positive Touchpoints erleben zu können. Sicherlich werden nicht alle Kritiker und Gegner begeistert sein, denn diese sorgen auch für eine gewisse Marktausgewogenheit.

Aus diesen Gründen sollte der Manager so viel wie möglich über die Multiplikatoren erfahren. Dabei sollte er sich nicht nur auf die neuesten Marktforschungsstudien verlassen, Fachtagungen oder Workshops besuchen. Nein, vielmehr sollte er anfangen, mit der entsprechenden Zielgruppe zu reden. Es ist sinnvoll, die Kunden um Feedback zu bitten und sie bzgl. der erlebten Touchpoints nach ihrer Meinung zu fragen. Hat die Marke ihr Versprechen einhalten können? Was hat der Kunde positiv aufgefasst? Wie verwendet er es? Was hat ihn zur positiven WoM bewegt? Mit diesen Fragen erhalten Manager nicht nur Informationen bzgl. der einzelnen Touchpoints, vielmehr entsteht ein Dialog mit dem

Kunden. Dem Kunden wird gezeigt, dass er etwas wert ist, er ernst genommen wird und seine Meinung wichtig ist. Somit wird die Marke-Kunden-Beziehung gestärkt und gleichzeitig werden Informationen aus erster Hand gesammelt.

6.2.2 Hubs und das Word-of-Mouth-Marketing

In einem Netzwerk voller Menschen bildet er den Knotenpunkt (Hub) zwischen der Marke und seinem sozialen Umfeld. Hubs verfügen über eine höhere Anzahl an sozialen Verbindungen oder sprechen häufiger über bestimmte Themen als andere. Ein weiterer Vorteil der Hubs liegt in deren Wissen über die Struktur und Informationsbedarf der Netzwerke. Diese geben individuelle, nur zugeschnittene Informationen an die Mitglieder ihrer Netzwerke weiter. So wurde dem einen Freund, der gerade besuchte Friseur empfohlen, dem anderen die tolle Werkstatt und dem dritten ein bestimmtes Smartphone.

Hubs sind schneller und offener gegenüber neuen Marken. Sie werden in ihrem sozialen Umfeld als vertrauenswürdige und authentische Ratgeber angesehen. Dieses kann auch auf ihren Status zurückgeführt werden, da sie in ihrem Netzwerk als „verpflichtende Informationsquelle" angesehen werden und diese auch unbedingt aufrechterhalten wollen.

Auch tauschen sich die Hubs zusätzlich untereinander aus und geben die Informationen dann an ihre Gefolgsleute weiter. Somit kommt ein offenes Kommunikationssystem zustande, denn der Hub einer Gruppe A kann sich mit dem Hub einer Gruppe B austauschen. Dadurch werden auch zwischen den verschiedenen Gruppen Informationen ausgetauscht.

Aus diesem Grund ist der Einsatz von Hubs im Rahmen des Word-of-Mouth-Marketings so wichtig. Gerade im Rahmen einer Produkteinführung besteht die Chance einer schnelleren und höheren Marktdurchdringung, durch Einsatz der sogenannten Hubs. Vielleicht könnten diese dafür sorgen, dass in Zukunft auch weniger als 90 % der Produktinnovationen scheitern müssen.

Doch wie kann in Erfahrung gebracht werden wer die Hubs sind? Wie können diese angesprochen werden?

6.2.3 Hubs identifizieren – Wer sind die Hubs?

Die Konsumenten lassen sich immer schwieriger bestimmten Zielgruppen zuordnen. Sie wandern von Zielgruppe zu Zielgruppe, und dies erschwert der heutigen Markenführung, die Konsumenten zielgerecht anzusprechen. Vielmehr wird es im Rahmen der Markenführung immer wichtiger herauszufinden, wann welche Gruppenzugehörigkeit wichtig erscheint und mit welchen Bedürfnissen diese verknüpft ist. Somit stellt das Identifizieren der Hubs eine große Herausforderung dar. Denn bei der Verbreitung Ihrer Botschaft kommt den Hubs eine besondere Rolle zu. Diese sollen die ersten sein, die mit der Kampagne in Kontakt kommen.

Während es in der Vergangenheit noch relativ schwierig war, einen Hub ausfindig zu machen, wird es mit der zunehmenden sozialen Vernetzung immer einfacher. So lassen sich Hubs charakterisieren durch:

- ihr Interesse am Produkt, Service oder der Marke,
- das offene und positive Gegenüberstehen einer Ansprache von Unternehmen,
- ihren Einfluss auf die Meinungsbildung von Dritten,
- das ausgeprägtere Kommunikationsverhalten als der Durchschnitt,
- das Publizieren der eigenen Meinung,
- die aktive Suche nach neuen Informationsquellen.

Es handelt sich um Personen, die durch ihre Intelligenz, ihre Einstellungen, soziale Situation, Kenntnisse, Erwartungen und Werte oder psychische Verfassung gegenüber ihren Gefolgsleuten herausstechen.

Online sind es vor allem Menschen, die ein ausgeprägtes Sendungsbewusstsein aufweisen. Diese sind:

- überdurchschnittlich stark in sozialen Netzwerken wie Facebook, Twitter, Xing und Google+ vernetzt,
- Betreiber eines eigenen Blog oder
- Moderator in Foren.

Dieses Profil kommt vielen Bloggern sehr nahe. Denn diese bloggen meist in einem bestimmten Interessengebiet, haben eine Gefolgschaft an Lesern, Fans, und vor allem beeinflusst ihre Meinung Dritte.

Doch wie kann der Hub am besten angesprochen werden? Ganz einfach: Der Manager persönlich tut dies! Die direkte Ansprache ist immer noch der beste Weg. Dabei sollte er ehrlich, authentisch und nicht aufdringlich sein. Dabei schaut er, was sein Gegenüber möchte und welche Belohnung er sich verspricht. Von großer Bedeutung ist es daher, eine Beziehung aufzubauen.

6.2.4 Klout Score – Ein neuer Maßstab

Macht, Einfluss und Ruhm – wir leben in einer Zeit, in der auch normale User der sozialen Medien danach streben. Je mehr Follower, Kreise, Likes, Re-Tweets oder Kommentare, desto größer die Reputation eines Menschen und umso größer auch der Einfluss auf die Ansichten und Handlungen anderer Menschen. Dieses seit Jahrtausenden gültige Prinzip wurde im Jahr 2009 von einem amerikanischen Social-Scoring-Dienst in die digitale Welt übertragen.

Bei „Klout" wird die Online-Reputation von Personen anhand gewisser Social-Media-Faktoren berechnet. Mit Hilfe eines streng geheim gehaltenen Algorithmus wird die Nutzeraktivität in jedem großen sozialen Netzwerk gemessen und daraus ein Rating (die „Reputation") erstellt. Dieser sogenannte Klout Score kann für jede Person bzw. jede Marke zwischen 0 (Minimum) und 100 (Maximum) liegen und soll den Einfluss auf die vernetzten Mitglieder in den sozialen Medien widerspiegeln.

6.2.4.1 Einflussreich wie Obama

Wer viele Freunde bei Facebook, Kreise bei Google+ und Follower bei Twitter hat; auf YouTube, Instagram, LinkedIn, Foursquare und Wikipedia aktiv ist, zusätzlich vielleicht noch einen Blog betreibt, hat gute Chancen, als sogenannter „Influencer", quasi Meinungsführer, zu gelten. Berechnet werden drei Faktoren:

1. Die tatsächliche Reichweite
   Das Tool rechnet aus der Gefolgschaft Spam, Bots oder inaktive Accounts heraus. So erhält man eine Übersicht, wie viele interagierende Menschen man mit den Profilen erreicht.
2. Verstärkungspotenzial
   Bei dieser Größe geht es darum, wie häufig die eigenen Nachrichten weitergeleitet werden. Je häufiger interagiert wird, desto viraler werden Inhalte verbreitet.
3. Netzwerk
   Hier berechnet der Klout Score, wie einflussreich die Menschen sind, die sich mit ihren Profilen verknüpft haben. Weiterleitungen von Multiplikatoren mit hohen Reichweiten in einer Branche sind weitaus wertvoller als solche von durchschnittlichen Usern.

6.2.4.2 Relevanz für Empfehlungsmarketing

So hilfreich der Klout Score auch sein kann, wenn er als Bewertungskriterium für die Suche nach einem Markenbotschafter herangezogen wird, so kritisch sollte auch wiederum dieser Dienst betrachtet werden.

Sicherlich üben Menschen Einfluss auf ihre Netzwerke aus, doch das findet noch immer nur am Rande des WWW statt – also offline. Dieser überaus wichtige Einfluss findet im Klout Score keine Betrachtung und kann nicht abgebildet werden. Dadurch sollte der Klout Score eher als Informationsquelle über eine mögliche Online Reputation einer Person betrachtet werden.

6.2.4.3 Reputation als digitale Währung

In den USA ist die „Reputation" bereits zur digitalen Währung ausgerufen worden. Auf Grundlage des Klout Scores entscheiden Personaler über zukünftige Mitarbeiter, ein Hotel bietet kostenlose Zimmer-Upgrades für Gäste mit hohem Klout Score.

Um diesen Dienst noch attraktiver zu gestalten, wurde er weiterentwickelt und beinhaltet jetzt sogenannte „Perks", zu Deutsch so viel wie Vergütung oder Boni. Meinungsführern mit einem sehr hohen Klout Score bietet sich die Möglichkeit, Kostproben, Produkte, Dienstleistungen – ja sogar Reisen – zu erhalten. Selbstverständlich wird der User seinen Freunden und Followern von diesen positiv berichten und letztendlich, auch wenn unbewusst, zum Kauf anregen.

6.2.4.4 Klout in Deutschland – Ein Tool für Business

Für die Unternehmen, welche in Deutschland ansässig sind, muss der Klout Score eher nüchtern betrachtet werden. Einerseits liegt dies an der noch immer geringen Nutzung, andererseits an dem teilweise unbekannten sowie fragwürdigen Bewertungssystem. Des Weiteren kommt noch der ständige Konflikt mit der Datenschutzverordnung der EU hinzu.

Aus diesen Gründen erscheint es relativ schwer, eine Prognose über den Erfolg des Dienstes für den europäischen Markt zu treffen. Es bleibt abzuwarten, wie sich dieser Dienst in Zukunft entwickeln wird und sich auf dem deutschen Markt behaupten kann.

6.2.4.5 Was bringt dieses Tool?

Am naheliegendsten für den bisherigen Erfolg dieses Dienstes könnte wohl die Befriedigung des eigenen Egos sein. Da das Streben nach Ruhm, Macht und Einfluss menschlich ist, kann von einem wachsenden Erfolg ausgegangen werden, doch das sei einfach einmal so dahingestellt.

So sollten sich Markenverantwortliche nicht gleich auf diesen Dienst stürzen, ihn aber dennoch im Auge behalten. Denn trotz der bis heute anhaltenden Kritik konnte sich der Klout Score seit seiner Gründung behaupten und durchsetzen.

6.3 Ort der Kampagne – Wo findet diese statt?

Die Ziele sind gesetzt, die Zielgruppe ist definiert, und jetzt steht man vor den Fragen: Online oder offline? Persönlich, digital oder beides? Was sollte man dabei bedenken?

Viele Social-Media-Experten sind der Meinung, dass Mundpropaganda größtenteils online stattfindet und dort umso effektiver ist. Auch schaffen es diese Experten bei einem Shitstorm, gleich die ganze Welt in Alarmzustand zu versetzen, und sie beteuern, uns alle immer wieder davor gewarnt zu haben. Dass aber ein Shitstorm, bevor er die Online-Welt erreicht, bereits in der realen Welt entstanden und kommuniziert worden sein muss, wird außer Acht gelassen. Dabei wird die Tatsache, dass nach wie vor 75 % aller Mundpropaganda face-to-face stattfindet – trotz der viel höheren (potentiellen technischen) Reichweiten im Social Web –, gerne übersehen. Doch mit der Zunahme von Social-Media-Aktivitäten wird auch in Zukunft deutlich mehr Word-of-Mouth online stattfinden. Sicherlich machen die sozialen Netzwerke und die wachsende mobile Nutzung des Internets zunehmend auch die Mundpropaganda mobiler. Doch bildet das Mobile vielmehr die entscheidende Schnittstelle zwischen der Online- und Offlinewelt.

Menschen interagieren in ihren Peergroups häufig in permanenter Kombination von Mobile- und Offline-Gespräch – sie sitzen zusammen in der Gruppe und tauschen sich mit weiteren Freunden über ihr Smartphone aus. Bei einer technischen Neuanschaffung gucken sie sich das Objekt der Begierde im Geschäft an und scannen es parallel mit barcoo, um Informationen und einen Preisvergleich zu erhalten.

Man sollte also bedenken, dass virales Marketing viele Vorteile mit sich bringt, es aber nichts ist, auf das man alleine setzen sollte. Deshalb eignet sich Mundpropaganda, die je nach Unternehmensausrichtung und Zielgruppe online und/oder offline eingesetzt werden kann.

7 Das passende Kommunikationsinstrument für die eigene Kampagne

Nachdem nun die Ziele, die Zielgruppe und der Ort der Kampagne festgelegt wurden, steht man vor der nächsten Frage: Buzz-, Viral- oder Seed-Marketing? Die Abb. 2 zeigt, dass letztendlich alle zur WoM führen können, doch welches Instrument ist das passende? Wo genau liegen die Unterschiede? Welche Marketingziele verfolgen diese?

Bis zum heutigen Tag sind vielen Markenverantwortlichen die eindeutigen Abgrenzungen der Begriffe Buzz und Viral nicht ganz bewusst, und auch die Fachliteratur macht es ihnen nicht leichter. Denn je nach Oberbegriff und Autor gibt es diesbezüglich unterschiedliche Abgrenzungen. So sehen einige das Buzz- und Viral-Marketing als Teil des Word-of-Mouth-Marketings, während andere die Begriffe WoM-, Buzz- und Viral-Marketing strikt voneinander trennen.

Der Marketingexperte Sascha Langner sieht z. B. Viral-Marketing als Methode, um Mundpropaganda auszulösen, trennt den Begriff aber von der Word-of-Mouth ab. Da aber auch aus der Online-Word-of-Mouth durchaus Offline-Word-of-Mouth mit zunehmender Ausbreitung entstehen kann, würde ein Vorschlag wie folgt aussehen: Die Begriffe Buzz- und Viral-Marketing können als Mittel zur Stimulation von WoM definiert werden.

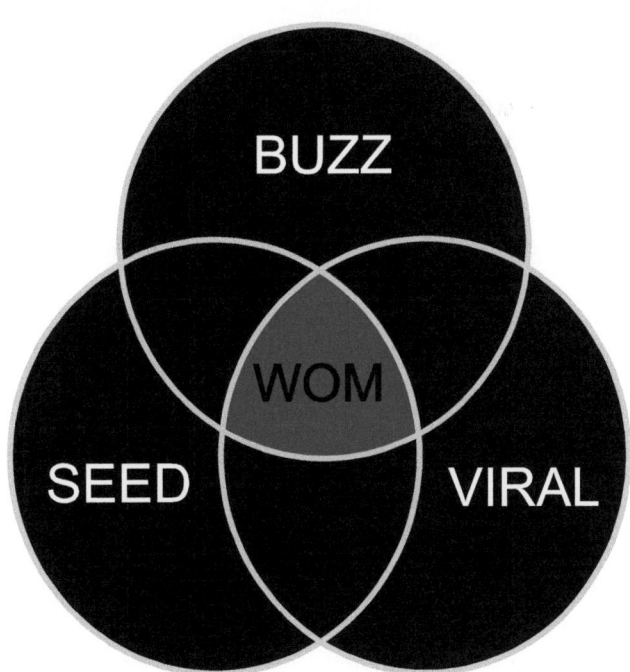

Abb. 2 Kommunikationsinstrumente WoM

Vergleicht man die Buzz-Definition und die des Viral-Marketings, werden einige Unterschiede deutlich. Buzz soll im Rahmen eines Events oder einer Aktion den Konsumenten stimulieren, für „Begeisterung" sorgen und dadurch Mundpropaganda verursachen. Das Viral-Marketing hingegen soll gezielte, vor allem aber „kontrollierte" Online-Mund-zu-Mund-Propaganda mit exponentiellen Wachstumsraten verursachen. Des Weiteren könnte der Unterschied in der Eigendynamik, die Buzz entwickelt, zu finden sein. Beim Viral-Marketing wird versucht, eine kontrollierte Information (der Inhalt dieser ist gleichbleibend) über ein Produkt oder eine Dienstleistung so lange und so schnell wie möglich zu verbreiten. Beim Buzz-Marketing hingegen verändert sich der Inhalt der Botschaft von Mensch zu Mensch, da der Multiplikator die ursprüngliche Botschaft verändern und in ihrer Aussage abschwächen oder verstärken kann. Der Rezipient erhält somit nur die von ihm benötigten Informationen (vgl. Homburg und Krohmer 2006, S. 764). Des Weiteren wird der Unterschied auch beim Kampagnengut deutlich. Beim Buzz-Marketing bildet das Produkt, die Marke oder die Dienstleistung das Kampagnengut. Beim Viral-Marketing hingegen ist das primäre virale Kampagnengut das eingesetzte Werbemittel selbst.

Als Nächstes folgt eine kurze Zusammenfassung mit den wichtigsten Unterscheidungen und Beispielen. Diese soll einen Überblick geben und die Wahl des richtigen Instruments für eine bestimmte Kampagne erleichtern.

7.1 Buzz-Marketing

- Definition: Buzz-Marketing beschreibt das gezielte Injizieren der eigenen Botschaften in die Gespräche der Konsumenten, um dadurch für Aufmerksamkeit zu sorgen.
- Kampagnengut: Beim Buzz-Marketing ist das Produkt, die Marke oder die Dienstleistung zentraler Teil der Kampagne.
- Was wird weitererzählt? Die faszinierende, provokante oder aufsehenerregende Markeninszenierung
- Marketingziel(e): Aufmerksamkeit, Bekanntheit, Image
- Top-Beispiel: Der von Red Bull gesponsorte Weltraumsprung (2013)

7.2 Viral-Marketing

- Definition: Beim Viral-Marketing wird versucht, eine kontrollierte Information (der Inhalt dieser ist gleichbleibend) über ein Produkt oder eine Dienstleistung im Web so lange und so schnell wie möglich zu verbreiten.
- Kampagnengut: Beim Viral-Marketing ist das primäre virale Kampagnengut das eingesetzte Werbemittel.
- Was wird weitererzählt? Der atemberaubende Inhalt der Botschaft führt beim Erfolg zum sofortigen Teilen und Weitererzählen.
- Marketingziel(e): Aufmerksamkeit oder Bekanntheit
- Top-Beispiel: Moorhuhn (1999)

7.3 Seed-Marketing

- Definition: Beim Seed-Marketing wird ein Produkt an eine Gruppe ausgewählter, möglichst einflussreicher und/oder vernetzter Personen noch vor dem Launch verteilt.
- Kampagnengut: Beim Seed-Marketing ist das zu launchende Produkt zentraler Teil der Kampagne.
- Was wird weitererzählt? Durch die Einbindung und das erteilte Mitspracherecht entsteht die Verbreitung von Produktinformationen.
- Marketingziel(e): Aufmerksamkeit oder Bekanntheit
- Top-Beispiel: Guinness (2005)

Wie dargestellt, sind die Instrumente, die bei der Verbreitung genutzt werden können, vielfältig. Einerseits gibt es die persönliche Ansprache von Multiplikatoren und andererseits nutzt man sehr stark digitale Applikationen, die sehr leicht in den sozialen Netzwerken weitergereicht werden können, also „Tell-a-Friend-Funktion". Doch kann auch eine Verbindung zwischen dem persönlichen und dem digitalen Aufruf z. B. zu einem realen Event gestartet werden. Denn beides, parallel oder ergänzend eingesetzt, können gute Gesprächsstarter von langanhaltendem und nachhaltigerem Word-of-Mouth sein.

8 Mundpropaganda stimulieren – In aller Munde sein

Die Mundpropaganda ist heute der wichtigste Touchpoint bei der Entscheidungsfindung von Konsumenten. Doch warum erzählt man eigentlich gerne weiter? Warum empfiehlt man etwas? Welcher Motivator, welcher „Trigger" treibt einen dazu an? Wie kann man positive Mundpropaganda anstoßen? Denn einmal richtig stimuliert können wir gar nicht anders, als die uns bewegenden Erlebnisse weiterzuerzählen.

Um positive Mundpropaganda in Gang setzen zu können, muss der Konsument stimuliert und ihm einen Konversationsanstoß gegeben werden. Abbildung 3 zeigt, dass letztendlich die Mundpropaganda nur auf drei Arten gezielt angeregt werden kann. Dabei bilden die emotionalen, sozialen und funktionalen Kernelemente die Auslöser, die eine Marke zum Gesprächsstoff werden lassen.

Die erste Variante ist, die gewünschten Werbebotschaften so zu entwickeln, dass sie wie ein Virus ansteckend wirken und viele Menschen dazu verleiten, sie weiterzutragen. Bei der zweiten Variante muss eine emotionale Beziehung zum Kunden aufgebaut werden, dieser muss in das Marketing eingebunden werden und dadurch dazu anregen, mit anderen Menschen positiv über die Marke bzw. das Produkt zu sprechen. Die dritte Variante beinhaltet den Launch überwältigender und auffallender Produkte (z. B. erste Digitalkamera – die Möglichkeit, sich gleich nach dem Fotografieren die Bilder anzugucken).

Abb. 3 Kernelemente WoM

8.1 Werbebotschaften, die anstecken – Die haben es mir angetan

Was haben Apple, Harley-Davidson, Rolex, Montblanc und Amazon gemeinsam? Diese Marken erzielen die höchste Mundpropaganda in ihren jeweiligen Branchen. Aber warum? Hinter diesem Erfolg stehen einzigartige und fesselnde Geschichten. Dr. Duncan von der Columbia University konnte im Rahmen seiner Studie (http://www.fastcompany.com/641124/tipping-point-toast) feststellen, dass eine Marke, die eine kraftvolle Story selbst erzeugen kann, von alleine weitererzählt wird. Doch nicht jedes Unternehmen (wie z. B. Apple, Harley Davidson) hat heutzutage die Zeit, eine einzigartige, fesselnde und authentische Geschichte, die von selbst weitererzählt wird, zu generieren. Das erfordert viel Zeit, und diese haben die Marketingverantwortlichen einfach nicht.

Dabei findet das Storytelling immer mehr Akzeptanz, denn Geschichten haben Macht. Die darin enthaltenen Botschaften kann man sich besser merken, und man erzählt sie gerne weiter. Übertragen auf das Marketing geht es darum, Marketingbotschaften in Geschichten zu verpacken, statt Produktnutzen und Eigenschaften aufzuzählen. So sollten Sie als Markenverantwortliche versuchen, die besten Geschichtenerzähler auf dem Planeten zu sein. Die Kunden möchten schöne Erinnerungen und Momente erleben, an die sie sich erinnern können, und gerade das Storytelling baut auf diesen Wunsch auf.

Aus diesem Grund gilt es, auch im Rahmen des Word-of-Mouth-Marketings das Storytelling einzusetzen. Man sollte für gute Geschichten sorgen, die gerne weitererzählt werden. Denn um WoM erfolgreich zu generieren, muss natürlich jemand den Anfang machen und eine Story rund um eine Marke generieren. Danach sollten potentielle Multiplikatoren analysiert werden, vorhandene Netzwerke angeschaut werden und mögliche Offline- sowie Online-Strategien entwickelt werden.

8.1.1 Ein Musterbeispiel für gelungenes Storytelling: Montblanc-Füller

Ein Musterbeispiel für gelungenes Storytelling liefert das Unternehmen Montblanc, welches viel mehr verkauft als Füller. Grundsätzlich bieten Montblanc-Füller den gleichen Nutzen wie die Schreibgeräte von Pelikan oder Lamy. Trotzdem akzeptieren die Konsumenten einen vielfach höheren Preis. Das Erfolgsgeheimnis von Montblanc ist die Geschichte, die den Konsumenten erzählt wird und sie damit emotional involviert. Dem Hamburger Unternehmen ist ein Meisterstück im Rahmen der Markenführung gelungen.

Der Mythos hinter dem Meisterstück von Montblanc ist die Geschichte, die kommuniziert wird. Bedeutungsvolle Staatsmänner haben wichtige Dokumente mit ihm unterschrieben, da er keinen Tintenklecks hinterlässt. 1963 hilft John F. Kennedy dem deutschen Bundeskanzler Konrad Adenauer aus einer Verlegenheit, indem er ihm anbietet, seinen Füllfederhalter zu benutzen. Der Mythos war geboren. Der Schreibende/Konsument, der sich für einen Füller entscheidet, hat so ein gewisses Gefühl der Unsterblichkeit. Somit konnte das Unternehmen sich mithilfe des Storytellings von den Wettbewerbern absetzen.

Neben zahlreichen weiteren erfolgreichen Marken wie z. B. Harley Davidson hat es Montblanc geschafft, die Emotionen der Konsumenten anzusprechen und sie zu involvieren.

8.1.1.1 Warum funktioniert das?

Die Kunden, vor allem Geschäftsleute, identifizieren sich mit dem Staatsmann. Sie werden selbst zu Staatsmännern, denn auch sie haben wichtige Dokumente zu unterzeichnen. Klar, dass das am besten mit dem Montblanc-Füller funktioniert. Das Produkt ist der Erfüllungsgehilfe, die mächtige Waffe, mit der dieser Staatsmann das Problem löst, das wichtige Dokument ohne Tintenklecks zu unterschreiben. Das dachten sich wahrscheinlich auch die Bundestagsabgeordneten, als sie im Jahr 2009 Montblanc-Füller für 68.000 € (selbstverständlich mit Steuergeldern) finanzierten.

8.1.1.2 Welches Prinzip verbirgt sich hinter dem Storytelling?

Das Storytelling besteht aus drei Komponenten. Einmal der Handlung (was die Marke erzählt), der Darstellung (wie die Marke dies erzählt) und der Wirkung (wozu). Dabei folgen die Geschichten immer einem Prinzip. In Kürze geht das so:

1. Staatsmann steht vor Problem/Bedrohung/Herausforderung, z. B. das wichtige Dokument unterschreiben, und zwar ohne Tintenklecks
2. Staatsmann kämpft gegen das Problem
3. Staatsmann besiegt das Problem (hat das Dokument ohne einen Tintenklecks unterschrieben) und ist daran gewachsen

Anhand dieses Prinzips entsteht ein Vorstellungsbild über die Marke bzw. das Produkt. Es sorgt einerseits für Unterscheidung gegenüber den Wettbewerbern und andererseits für eine schnelle Wiedererkennung. Das Beispiel von Montblanc zeigt auch, dass Kunden bereit sind, mehr Geld für die Marke auszugeben als ohne dieses Vorstellungsbild. (Ein Montblanc-Füller kostet ca. 280,00 € aufwärts im Vergleich zu Pelikan mit ca. 15,00 € aufwärts.)

8.1.1.3 Welches Ziel verfolgt das Storytelling?

Storytelling ist eine wirkungsvolle Möglichkeit, ein Produkt oder eine Dienstleistung mit Bedeutung für einen Kunden aufzuladen, neugierig zu machen, die Menschen bei ihrem Problem abholen, zu sagen, was nun zu tun ist und sich begreifbar zu machen. Zu guter Letzt wird zur Handlung aufgerufen – dem Kauf. So wird der Montblac-Füller zu einer mächtigen Waffe, mit der man auch noch ein wichtiges Dokument ohne Tintenklecks unterschreiben kann.

Denn eine Geschichte, wie Olaf Hartmann (2013) es beschreibt, „…malt beeindruckende Bilder vor unser geistiges Auge, weckt Geräusche und Stimmen, lässt Düfte und Gestank einströmen, reizt die Geschmacksknospen, bewegt und berührt uns".

8.1.1.4 Wieso Storytelling in der Markenführung einsetzen?

Storytelling kann das entscheidende Instrument in der Kommunikation von Marken sein. Durch das Erzählen von Geschichten schafft das Unternehmen im Idealfall eine globale Markenwelt, an der Konsumenten von heute teilhaben wollen. Prof. Herbst (o. J.) schreibt dazu in seinem Artikel „Storytelling in der Markenführung": „Konsumenten lieben Marken, die ihnen eine interessante und ansprechende Geschichte erzählen: Geschichten über die Geburt der Marke, Geschichten, was die Marke für den Konsumenten leistet und welche Belohnung dieser von ihr erhält. Durch die Geschichten erfahren sie die Beweggründe, Träume und Visionen der Markenlenker, deren Erfolge und Misserfolge, deren Zweifel und Gewissheiten."

Geschichten bieten die Möglichkeit, klare Vorstellungsbilder aufzubauen und zu entwickeln. Mit diesem Instrument lassen sich Marken bildhaft und anschaulich darstellen. Denn nichts liebt das Gehirn mehr als gute Geschichten. Diese wecken starke Gefühle in uns, sind leicht verständlich, halten unser Interesse auf Trab und schaffen es, sich tief in unseren Erinnerungen zu verankern. Vor allem helfen sie uns, Erinnerungen, die bereits im Unterbewusstsein abgespeichert sind, wieder zu erinnern. Seien es positive oder auch negative Erinnerungen.

Im Idealfall kann sich eine Marke, wie im Beispiel Montblanc gezeigt, deutlich vom Wettbewerb abgrenzen und zusätzlich zur eigenen Profilierung beitragen. Denn der Kunde möchte schöne Erinnerungen und Momente erleben, an die er sich immer wieder erinnern kann, und das Storytelling baut auf diesen Wunsch auf.

8.1.1.5 Wie können Sie das Storytelling für sich selbst nutzen?

Man fängt an, Geschichten zu erzählen. Denn die Basis guter Kommunikationsmaßnahmen bilden kurze, packende und vor allem glaubwürdige Geschichten. Die Marke ist die Bühne des Kunden, erst durch den Kunden kommt die Persönlichkeit der Marke zur Geltung und wird erlebbar, nicht umgekehrt. Doch muss darauf geachtet werden, dass sich der Kunde mit dieser identifizieren kann. Es muss dafür gesorgt werden, dass tolle Geschichten entstehen können, dem Kunden sollte die Bühne gegeben werden, sodass er selbst zum Staatsmann werden kann! Ob man will oder nicht: Geschichten entstehen immer in den Köpfen der Betrachter.

8.1.2 Methoden für Ihre persönliche Geschichte

Ziel der ansteckenden Botschaften ist es, diese so zu entwickeln, dass sie wie ein Virus ansteckend wirken und dadurch für Mundpropaganda sorgen. Um ansteckende Botschaften zu entwickeln, stehen mehrere Methoden zu Verfügung:

- **Markengeschichten:** Dabei geht es um die Entwicklung von Geschichten mit einem hohen Neuigkeits- oder Sensationswert, um auf diese Weise die Zielgruppe anzuregen die Informationen weiterzutragen.
- **Inszenierung von Marken in der Öffentlichkeit:** Dabei soll die Marke oder das Produkt als überraschendes Erlebnis aufgefasst werden, das es wert ist, anderen davon zu berichten.
- **Virale Filme:** Hier geht es um die Aufbereitung und Platzierung von Werbefilmen, die sich im Anhang einer E-Mail weiterleiten lassen.
- **Virale Spiele:** Wie bei den viralen Filmen geht es hier um die Aufarbeitung und Platzierung von Spielen.
- **„Alternative Reality Games":** Die Idee, die hier dahintersteckt, ist, durch den Aufbau aufwändiger Geschichten dafür zu sorgen, dass sich Menschen in Communities zusammenschließen und gemeinsam versuchen, Rätsel zu lösen.

Markenverantwortliche haben die einmalige Chance, auf vernünftige Weise Werbung mittels Mundpropaganda zu betreiben. Essentiell dabei ist, dass Inhalte bereitgestellt werden – für Menschen, die diese nicht nur selbst interessant finden, sondern so spannend, nützlich und interessant, dass sie diese auch anderen weiterempfehlen. Das kann z. B. ein gut gemachter Werbefilm sein, den Sie bei YouTube posten.

Man sollte dabei niemals vergessen, dass eine gute Buzz- oder Viral-Kampagne nicht nur eine Nachricht verbreitet, sondern eine Nachricht, die eine Verbindung zur Marke hat. So können z. B. Werbefilme auf Plattformen wie YouTube und Viemeo gut verbreitet werden, haben oft aber keinerlei Bezug zum Produkt und sind austauschbar. Damit wird virale Kommunikation zum Selbstzweck, ohne einen konkreten Beitrag zur Profilierung der Marke zu liefern. Es sollte darauf geachtet werden, dass die Botschaft zum Produkt passt.

8.2 Marken, die umarmen – A Brand like a Friend

Heutzutage haben die Konsumenten die Macht, da sie entscheiden, ob die Marke sie begeistert oder nicht. Sie entscheiden über Liebe oder Hass. Die Marke muss die Menschen umarmen und zum Gespräch im privaten Umfeld ermutigen. Die Macht des Gesprächs ist von unschätzbarem Wert, da die Verbraucher Marken wollen, welche sie als Freund, ja sogar als Familienmitglied ansehen können.

Den Emotionen kommt dabei die Schlüsselrolle beim Auslösen von Gesprächen zu. Ich appelliere und möchte ermutigen, mit der Marke emotionale Bindungen zum Kunden aufzubauen. Dabei sollten sowohl Online- als auch Offline-Kanäle genutzt werden.

Markenverantwortlicher müssen die Emotionen als Antriebsfunktion menschlichen Handelns bzw. als Handlungstreiber verstehen. Aus diesem Grund gewinnt der Ansatz des Emotional Brandings, dank den Erkenntnissen des Neuromarketings, immer mehr an Akzeptanz. Verstärkt wird versucht, die Konsumenten auf der emotionalen Ebene anzusprechen.

8.2.1 Emotional Branding – Nachhaltige Beziehungen

Beim Emotional Branding geht es um die Beziehung und Verbindung, die Konsumenten zu einigen Marken haben. Dabei geht es um den Aufbau langlebiger, emotional bindender Beziehungen zu Konsumenten, welche zu einem nachhaltigen Markenerfolg führen können. Für die Unternehmen ergibt sich somit die einmalige Gelegenheit, so zu handeln, zu sprechen und Marken oder Ideen mit derselben Integrität und Verantwortung zu liefern wie bei Freunden.

Doch haben viele Unternehmen diese Tatsache noch immer nicht verstanden, und die Rechnung wird weiterhin ohne die Konsumenten gemacht. Die Konsumenten lieben die Marken, doch die Marken schaffen es noch immer nicht, diese Liebe zu erwidern. Die Unternehmen sollten sich viel mehr für die individuellen Eigenschaften der Konsumenten wie Werte, persönliche Neigungen und Sozialisationseffekte interessieren. Denn der Konsument fühlt sich am ehesten bereit, eine Verbindung mit einer Marke einzugehen, wenn er sich in seiner Individualität angesprochen fühlt. Die Konsumenten wollen heutzutage wie mit einem Freund auf Augenhöhe kommunizieren, ihn fühlen, sich mit ihm austauschen, aber auch lachen und weinen.

8.2.1.1 Ziel des Emotional Brandings

Das Ziel lässt sich mit dem Slogan „A brand like a Friend" von Ernst Primosch für das Unternehmen Henkel beschreiben. Aus dem Slogan „Wenn die Marke zum Freund wird" lässt sich somit das Ziel, eine langfristige und tiefe emotionale Bindung zwischen Konsument und Marke aufzubauen, ableiten.

Dabei stellt die Vermittlung einzigartiger multisensualer und emotionaler Markenerlebnisse die zentrale Differenzierungs- und Erfolgsgröße dar, wobei die Strategie mehr als nur den Einsatz von Emotionen umfasst. Vielmehr ist es die Schaffung einzigartiger Erlebniswelten, in denen die Konsumenten auf irrationaler Ebene erreicht und emotional leitbar werden. Mit Hilfe des Emotional Brandings haben die Unternehmen die Möglichkeit, die Beziehung zu verbessern, ihre Glaubwürdigkeit und die verlorene Vertrauensbeziehung von Menschen zu Marken zurückzugewinnen.

8.2.1.2 Emotional Branding, Vertrauen und die Rolle der Word-of-Mouth

Die Markenführung wurde erschaffen, um den Konsumenten dazu zu bewegen, mehr Waren zu kaufen. Doch ist irgendwann im Laufe der Zeit die Fairness auf der Strecke geblieben. Die Konsumenten haben realisiert, dass sie missbraucht wurden. Jahrzehnte lang wurden sie von Marken in die Enge getrieben, damit sie das kaufen, was die Unternehmen wollten.

So hat das Vertrauen in der heutigen Zeit eine ungeheure Bedeutung, und das ist der Grund, warum uns der Rat eines guten Freundes immer wichtiger erscheint. Dem Kunden gehört die Bühne, die Menschen sind jetzt wichtiger geworden als die Marken. Denn heutzutage holen sich die Menschen einen Rat bei einem Freund und entscheiden dann selbst, wann und was sie kaufen möchten.

Wirft man einen Blick auf die verschiedenen Branchen mit ihren Marken, ist wohl der wichtigste Job der Marken, das verlorene Vertrauen zurückzugewinnen. Erfolgreich sind derzeit Marken, welche authentisch sind, ehrlich kommunizieren, keine falschen Versprechungen abgeben und am Konsumenten interessiert sind. Diese haben Erfolg, da sie uns berühren und emotional ansprechen, wir fühlen uns verstanden und sind ein Teil der Marke. Wir dürfen uns mit ihr austauschen, wissen, wie sie sich anfühlt und wie sie schmeckt. Und wenn alles passt, kommunizieren wir dies selbstverständlich und sorgen für positive und freiwillige Mundpropaganda.

8.2.1.3 Die Macht des Unterbewussten

Der Weg zum Kauf führt über das Unbewusste und die Emotion. Denn zu ca. 95 % treffen wir unsere Entscheidungen unterbewusst. Sämtliche Touchpoints (offline/online) generieren und pflegen ein konkretes emotionales Bild der Marke. Dabei gilt es jedes Mal aufs Neue, die Motive und Bedürfnisse der Konsumenten, wie beispielsweise Lebensfreude oder Macht, anzusprechen. Sobald dann ein Konsument diese versteckten Motive in einer Marke entdeckt, wird er diese Assoziation nachhaltig abspeichern. Dabei entsteht in seinem Kopf eine konsistente, emotional aufgeladene Markenpersönlichkeit. Je positiver die durch die emotionale Positionierung ausgelösten Gefühle, desto höher sind die Kaufwahrscheinlichkeit und damit auch die Weiterempfehlungsbereitschaft.

8.2.1.4 Wieso spielt das Emotionale in der Markenführung zunehmend eine Rolle?

Jahrzehntelang wurde der Konsument aus Profitgier in die Enge getrieben und für dumm verkauft. Doch haben die Konsumenten jetzt den Hammer in der Hand: Sie entscheiden, welche Marke überlebt und welche aufgrund ihrer fehlenden Authentizität zerschlagen wird.

Sicherlich wollen die Konsumenten noch immer Marken kaufen, aber eher, um ihren eigenen Weg zu träumen, sich selbst ausdrücken und mit anderen in Verbindung zu treten.

Sie brauchen keinen mehr, der ihnen vorschreibt, was sie zu denken haben oder wie sie die Marke nutzen sollen. So ist es gerade heutzutage überaus wichtig, die Kunden in den Marketingprozess einzubeziehen, sie zu integrieren und zu einem Bestandteil der Marke zu machen.

8.2.2 Co-Creationen als Methode – Ein Teil der Marke sein

Die Idee, welche sich hinter dem Ansatz der Co-Creation verbirgt, ist, dass die Kunden in das Marketing so einbezogen werden, dass sie freiwillig positive Informationen an andere weitergeben.

Um die Mundpropaganda bei den Kunden anzuregen, ergeben sich hier viele Möglichkeiten, wobei eine Methode sicherlich am besten geeignet ist, gezielt Mundpropaganda anzuregen. Dabei wird einer vorher definierten Zielgruppe ein exklusiver Zugang zu neuesten Informationen und Produkten gewährt. In der Softwarebranche ist es beispielsweise üblich, dass bestimmte Gruppen in Tests (sog. „Beta-Tests") der neuesten Software einbezogen werden. Sie können die Software testen, mit dem Unternehmen in Austausch treten und interagieren. Die Tester können dadurch als Insider in ihrem Freundes- und Bekanntenkreis auftreten und helfen somit bei der Vermarktung neuer Software. Hierfür bietet sich die Möglichkeit, den Konsumenten im Rahmen von Co-Creationen an der Wertschöpfung zu beteiligen.

Im Rahmen von Co-Creation beteiligen sich aktive Konsumenten und Unternehmen gemeinsam an der Wertschöpfung. Dies kann von der Ideengenerierung bis zur aktiven Vermarktung reichen.

Beispiele für Co-Creationen

Immer mehr Unternehmen machen sich die Co-Kreation zunutze und beteiligen die Konsumenten an der gesamten Wertschöpfung, von der Produktentwicklung bis hin zur Vermarktung.

Diese Entwicklung lässt sich an den Beispielen von Mercedes, Kentucky Fried Chicken und MoveOn belegen:
- Mercedes forderte für eine neue Printkampagne (die Anzeigen waren in US-Zeitschriften geschaltet) Kunden auf, Schnappschüsse mit ihrem Wagen einzusenden. 1000 Fotos gingen ein.
- Die Fastfood-Kette Kentucky Fried Chicken forderte ihre Kunden auf, für ihre neuen Produkte Werbespots zu drehen. Die Gewinner wurden zur besten Sendezeit landesweit ausgestrahlt.
- MoveOn, eine politische Organisation in den USA, lud Internetnutzer dazu ein, oppositionelle TV-Spots gegen Präsident Bush zu drehen und einzusenden. Die Reaktion war überwältigend, und einige der Clips standen professionellen Produktionen sogar in nichts nach.

Wie in diesem Abschnitt erläutert, ist es wichtig, die Kunden so in das Marketing einzubeziehen, dass diese freiwillig positive Informationen an andere weitergeben. Durch die Beteiligung der Konsumenten sowie potentiellen Kunden entsteht der loyalisierende „Mein-Schatz-Effekt". Die Folge ist eine freiwillige, positive, überzeugende Mundpropaganda (vgl. Schüller 2012).

8.3 Produkte, die überwältigen – Darüber wird gesprochen

Wir alle reden gerne über Marken bzw. Produkte, die uns gefallen. Der eine liebt es, von seinem neuen Smartphone zu erzählen, der andere von seiner tollen Reisen, und der nächste wiederum von seinem neuen Maserati. Aber wann erzählen wir etwas weiter? Nur dann, wenn wir von einem Produkt wirklich überzeugt sind, werden wir davon erzählen. Denn wenn uns etwas gefällt, dann erzählen wir es gerne weiter. Dabei haben durchschnittliche oder schlechte Produkte keine Chance. Vielmehr wird man bei schlechten Produkten negative Mundpropaganda machen und seinen Freunden und Bekannten von dem Produkt abraten.

Ist es geschafft, ein tolles und begeisterndes Produkt zu launchen, wird das Word-of-Mouth-Marketing sicherlich leichter fallen. Denn Produkte, die von sich aus bereits einen spannenden, neuen und überwältigenden „Mein-Schatz-Effekt" mit sich bringen, sprechen sich sozusagen von selbst herum. Apple ist noch immer das beste Beispiel. Doch sollte nie vergessen werden: Auch Apple musste lange und hart daran arbeiten, dass seine Produkte oder Services so einzigartig weitererzählbare Erlebnisse beim Kunden erzeugen.

8.3.1 Produkte, die anstecken – Mein-Schatz-Effekt

Bei der Methode der ansteckenden Produkte schließlich ist es das Ziel, Produkte zu schaffen, die aufgrund bestimmter Eigenschaften von selbst weiterverbreitet werden. Rosen (2002) unterteilt die ansteckenden Produkte in sechs Kategorien, deren Eigenschaften besonders geeignet sind, sich virusartig über Mundpropaganda zu verbreiten:

1. **Produkte, die emotionale Reaktionen hervorrufen:** Die Produkteigenschaften rufen beim Konsumenten Freude und Begeisterung hervor und involvieren diesen emotional. Diese Reaktionen sind sehr wichtig, da die ersten Reaktionen bzw. die erste Erfahrung, die der Konsument mit dem Produkt oder der Dienstleistung macht, für die Entstehung von Word-of-Mouth entscheidend ist (vgl. Rosen 2002, S. 111). Aber auch Gefühle wie Angst oder Ablehnung, welche beispielsweise für den internationalen Durchbruch des Buches „Shades of Grey" durch reine Mundpropaganda sorgten, können für die Verbreitung von großem Nutzen sein.
2. **Produkte, die aufgrund ihrer Eigenschaft für sich werben:** Dazu zählen Produkte, die allein durch ihr Design Begierde beim Konsumenten auslösen. Dies wurde zum Beispiel bei der Einführung der ersten Digitalkameras deutlich. Den Konsumenten war es seitdem möglich, ihre Bilder direkt auf dem Monitor zu betrachten. Hatte jemand im

Freundes- und Bekanntenkreis bereits eine Digitalkamera, blieb es nicht aus, dass alle Mitglieder sich diese anschauten und testeten. Der Grund dafür war der sich für den Konsumenten ergebende Nutzen der Digitalkamera. Dieser konnte sich nun die Bilder direkt auf dem Bildschirm ansehen und gegebenenfalls auch wieder löschen. Lange Wartezeiten für die Entwicklung der Fotos und Abzüge von Bildern, die nichts geworden sind, entfielen damit. Es muss somit gelingen, bestimmte Eigenschaften so in das Produkt zu integrieren, dass dieses von allein zum Gesprächsthema wird (vgl. Rosen 2002, S. 111). Ein aktuelles Bespiel ist das Unternehmen Apple, welches es schafft, Mundpropaganda allein aufgrund seiner Produkte auszulösen. Bereits im Jahr 2000 hat Godin dies erkannt: „One of the talents of the great Steve Jobs is that he knows how to design Medusa-like products. While every Macintosch model has had flaws (some more than others), most of them have had sexiness and a design sensibility that has turned many consumers into instant converts" (Godin 2004, S. 98).

3. **Produkte, die Spuren hinterlassen:** Diese Produkte profitieren neben ihrem auffälligen Äußeren vom Hinterlassen von Spuren. Dabei können sich diese Spuren im virtuellen, aber auch im realen Leben zeigen. Polaroid-Kameras sind ein Beispiel für die reale Welt. Sie besitzen ein auffälliges Äußeres und hinterlassen Spuren anhand der Sofortbildfunktion, so Rosen. Ein Beispiel für die virtuelle Welt ist der Adobe Acrobat Reader. Dabei sieht Rosen die Möglichkeit, die PDF-Dokumente plattformübergreifend zu öffnen, als Auffälligkeit. Die Spuren hinterlässt der Adobe Acrobat Reader mit dem Logo, welches im WWW fast überall zu finden ist, sowie dem Icon, das jedes Dokument markiert (vgl. Rosen 2002, S. 113 ff.).
4. **Produkte, die umso nützlicher werden, je mehr Personen sie benutzen:** Je mehr Konsumenten diese Produkte benutzen, umso attraktiver und wertvoller werden sie. Die Grundlage bildet hier der Netzwerkeffekt[1], denn erst durch das Bekanntmachen dieses Produktes kann der Konsument seinen eigenen Mehrwert steigern. Dazu zählen überwiegend Produkte, die einen sozialen Austausch ermöglichen, wie zum Beispiel das Smartphone und E-Mail, aber auch Skype, Facebook, Twitter, Xing oder LinkedIn (vgl. Rosen 2002, S. 115.).
5. **Produkte, die kompatibel sind:** Dabei handelt es sich um Produkte, die mit den Bedürfnissen, Überzeugungen sowie Vorstellungen der Konsumenten übereinstimmen. Neben dem technischen Nutzen erfüllen sie vor allem die Erwartungen der Konsumenten. Dabei spielt das Verhalten des Konsumenten, also wie dieser bestimmte Dinge erledigt, eine große Rolle (vgl. Rosen 2002, S. 115 ff.). Dies wird beim Beispiel „MP3" deutlich. Das Musikformat ermöglicht es dem Nutzer, seine Musik überallhin mitzunehmen und zum Beispiel auf jedem Computer, Laptop oder Tablet-PC abzuspielen (vgl. Röthlingshöfer 2008, S. 59–60).

---

[1] „Vereinfacht ausgedrückt, besitzt ein Produkt dann Netzwerkeffekte, wenn sein Wert für den einzelnen Nutzer im gleichen Maße wächst wie die Gesamtzahl derer, die das Produkt ebenfalls verwenden." (Financial Times 2001, S. 39).

6. **Produkte, „die den Rest erledigen":** (Faltin 2008, S. 61) schrieb: „[…] Luxus durch Abbau von Komplexität". Dazu zählen Produkte, die aufgrund ihrer einfachen Benutzung das Leben der Konsumenten vereinfachen. Produkte, die für den Konsumenten unkompliziert sind, verbreiten sich ebenfalls deutlich schneller (vgl. Rosen 2002, S. 118.). Die Suchmaschine Google ist aufgrund ihrer unkomplizierten Bedienung ein gutes Beispiel dafür.

Die vorgestellten Ansätze können von den Unternehmen einzeln verfolgt werden, doch ist es ratsam, sie miteinander zu verknüpfen, um gezielter die Mundpropaganda auszulösen. Eine Möglichkeit wäre, den Konsumenten einzuladen, ihm ein neues Produkt zur Verfügung zu stellen und ihn gleichzeitig in die Erstellung einer Werbekampagne für dieses Produkt einzubeziehen. Dadurch würde eine gezielte Anregung und Überschneidung der drei Ansätze zur Mundpropaganda stattfinden.

8.3.2 Produkteigenschaften

Welche Eigenschaften, die für ein erfolgreiches Word-of-Mouth-Marketing von Nutzen sind, muss ein Produkt noch besitzen? Konsumenten verlangen nach Produkten, die nützlich sind, ihr Interesse wecken, aufregend sowie einzigartig wirken und eine Lebensphilosophie verkörpern. Welchen Erfolg die Berücksichtigung dieser Eigenschaften bringen kann, sehen wir aktuell beispielsweise am Unternehmen Apple und seinen Produkten. Das Unternehmen verkauft nicht nur emotional aufgeladene Produkte, sondern es verkauft eine Lebensphilosophie.

8.3.2.1 Originalität und Nützlichkeit

Eine in Amerika durchgeführte Studie aus dem Jahr 2006 kommt zu dem Ergebnis, dass sowohl die Nützlichkeit eines Produktes als auch dessen Originalität wichtig für die Entstehung von Mundpropaganda sind (vgl. MSI Marketing Science Institute 2006). Das Originelle an dem Produkt führt zum Austausch und löst den Mundpropagandaprozess erst aus. Die Nützlichkeit des Produktes hingegen hat Einfluss darauf, ob die entstandene Mundpropaganda positiver oder negativer Natur ist. Sollte ein Produkt originell sein, dem Konsumenten aber keinen Nutzen bieten, kann dies zur negativen Mundpropaganda führen und dem Unternehmen schaden. Produkte, die hingegen originell und nützlich sind, sorgen für die Verbreitung positiver Mundpropaganda (vgl. Röthlingshöfer 2008, S. 55 ff.).

8.3.2.2 Exklusivität

Die Exklusivität spielt bei der Entstehung und Verbreitung von Mundpropaganda über ein Produkt eine wichtige Rolle. Ist ein Produkt nur in geringer Anzahl verfügbar oder der Zugang zu diesem erschwert, weckt die Knappheit das Interesse der Konsumenten (vgl. Röthlingshöfer 2008, S. 70). Dabei kann die Exklusivität zum Beispiel über einen erschwerten Zugang, wie er in vielen Diskotheken praktiziert wird, erreicht werden, aber auch durch glaubhaft limitierte Kleinauflagen, welche von dem Unternehmen Apple praktiziert werden. Bei jedem neuen Produktlaunch stellt Apple nur eine geringe Anzahl von Produkten zur Verfügung. Das führt zur wachsenden Begierde und einer verstärkten Nachfrage. Informationen über das Produkt verbreiten sich dadurch automatisch.

Das Prinzip ist aber auch schon seit Langem im Internet zu beobachten. Ein Beispiel dafür ist Gmail von Google. Google verwehrte den meisten Nutzern anfänglich eine Registrierung für die E-Mail-Anwendung. Nur über einen bestehenden Nutzer und seine Einladung war es möglich, sich zu registrieren. Mit diesem erschwerten Zugang wurde eine bewusste Verknappung ausgelöst. Dadurch erreichte Google eine Exklusivität, der Bekanntheitsgrad stieg und löste eine gezielte Mundpropaganda aus.

8.3.2.3 Produktverpackungen und Produktnamen

Auch Produktverpackungen und Produktnamen können für gezielte Mundpropaganda sorgen. So sorgt alleine die hochwertige Verpackung der Apple-Produkte schon für Gesprächsstoff (vgl. Faltin 2008, S. 163 ff.). Ikea wiederum gibt jedem Produkt einen Namen und verleiht ihnen auf diese Weise eine persönliche Note (vgl. Röthlingshöfer 2008, S. 67 f.).

8.3.2.4 Lovemarks

In den vorangegangenen Abschnitten wurde deutlich, dass die Erfüllung von Erwartungen eine emotionale Reaktion auf Produkte ist. Doch wie schaffen es manche Marken, eine starke emotionale Bindung aufzubauen und zu Lovemarks[2] zu werden?

Lovemarks werden so sehr geliebt, dass sie es schaffen, den Konsumenten emotional zu binden, zu inspirieren und eine Vertrautheit aufzubauen. Sei es aufgrund ihrer Geschichte, vorherrschenden Mythen, ihres Designs, aber auch des Geruchs, Geschmacks oder Geräuschs (vgl. Förster und Kreuz 2003, S. 75.).

Förster und Kreuz (2006, S. 62 ff.) identifizieren drei Faktoren, die Lovemarks zu dem machen, was sie sind:

1. **Das Geheimnis, welches sie verbergen:** Ein klassisches Beispiel hierfür waren die Auftritte von Steve Jobs und seine Geheimniskrämerei.
2. **Die Sinnlichkeit, die sie mit sich bringen:** Ihre Einzigartigkeit, ästhetische Schönheit, aber auch Qualität. Ein Beispiel ist der der Montblanc-Füller.
3. **Das Gefühl der Vertrautheit:** Aufgrund positiver gemachter Erfahrungen über einen langjährigen Zeitraum kommt es zur Gewohnheit, welche durch das Vertrauen in die Qualität entsteht.

---

[2] „Lovemarks sind Marken, die die Konsumenten emotional an das Produkt und das Unternehmen binden. Diese Produkte werden gekauft, weil sie von den Kunden aufgrund ihrer Emotionen und Inspiration, ihrer Geschichte und Mythen, die sie umgeben, ihrem sinnlichen Design und ihrem einzigartigen Geruch, Geschmack oder Geräusch geliebt werden." (Förster und Kreuz 2003, S. 75).

9 Erfolgsmessung der WoM-Kampagne

Erfolgsgeschichten von Google, Xing oder Bionade, die auf das Word-of-Mouth-Marketing zurückzuführen sind, lassen die Frage nach Messmethoden immer lauter werden. Konsumenten, Fans, aber auch interessierte Menschen führen täglich Gespräche. Doch wie ist es möglich, die Inhalte, die Verbreitung sowie das Volumen dieser Gespräche zu messen.

Je mehr das Word-of-Mouth-Marketing von den Unternehmen eingesetzt wird, desto wichtiger ist es, dessen Erfolg zu kontrollieren. Wobei es immer wichtig ist, dass der Dialog mit den Multiplikatoren echt ist, um so Eindrücke, Empfindungen und Meinungen erhalten zu können, und zwar unabhängig von der Anzahl der Testenden.

9.1 Zielgrößen für die Messung – War die Kampagne erfolgreich?

Den Erfolg einer Kampagne kann man nicht vorhersagen. Indem aber vorab Ziele definiert werden, besteht die Möglichkeit, ihn ungefähr einzuschätzen. So ist die Festlegung des Return-on-Investments noch vor Beginn einer Kampagne zwingend notwendig.

Folgende Zielgrößen können dabei helfen:

- Wie oft wird die Botschaft, zum Beispiel Video auf YouTube, anklickt?
- Wie viele Menschen haben die Botschaft geteilt?
- Wie groß ist das Netzwerk dieser Menschen: Freunde, Bekannte usw.?
- Wie oft, wann und wo wurde in den Medien über die Kampagne berichtet?
- Haben sich die Besucherzahlen auf der Homepage seit Anfang der Kampagne erhöht?
- Wurden seit dem Kampagnenstart Anfragen für die Dienstleistungen oder den Service gestellt?
- Hat sich seit Anfang der Kampagne der Abverkauf erhöht?
- Konnte durch die Kampagne das Netzwerk erweitert werden?
- Hat die Kampagne einen positiven Einfluss auf das Google-Ranking?

Es sollte darauf geachtet werden, dass die Fragen so ehrlich wie nur möglich beantwortet werden können, denn damit erspart man sich eine Enttäuschung. Als Nächstes wird ein Überblick der möglichen Messmethoden gegeben, die zur Messung der Kampagne und somit des Erfolges genutzt werden können.

9.2 In der Kampagne messen

Es gibt unterschiedliche Umfrageformen zur Messung der Aktivitäten und Einstellungen der Kampagnenteilnehmer im Rahmen einer Word-of-Mouth-Kampagne sowie der Anzahl der Gesprächspartner, an die Informationen weitergetragen wurden. Dabei sollte zunächst ein bestimmtes Ziel festgelegt werden, um dann zum Beispiel anhand der Anzahl der geführten Konversationen, der Mindestziele für Polarität oder der erzeugten Mundpropagandavolumen den Grad der Erreichung bzw. den Return of Investment (ROI) zu messen.

9.3 Im Markt messen

Eine andere Möglichkeit bietet das Messen im Markt, welches der Erforschung der Auswirkungen der Mundpropaganda auf den Rezipienten dient. Um den Return of Investment (ROI) einer Word-of-Mouth-Marketingkampagne zu messen, bieten sich zwei Befragungswege an:

1. Bei der ersten Variante werden die Rezipienten direkt zur Kampagnenwirkung befragt. Dabei händigen die Multiplikatoren Gesprächskarten an ihre Rezipienten aus, in denen sie Auskunft zu ihrem eigenen Mundpropagandaverhalten geben. Diese Karten werden dann mit Befragten verglichen, die keiner Mundpropaganda ausgesetzt waren, um so eine Antwort auf die Kampagnenwirkung zu erhalten.
2. Die zweite Variante bietet die Möglichkeit, die Kampagnenwirkung mithilfe eines Testmarktes zu analysieren. So kann bei einer regional begrenzten Word-of-Mouth-Marketingkampagne ein Marktforschungsinstitut die Zielgruppe befragen und die Antworten mit denen aus einer anderen, aber vergleichbaren Region vergleichen. Im Vergleich zu der erstgenannten Messmethode stellt diese einen viel größeren Aufwand dar.

9.4 Weitere Messmethoden

Im Social Web hat man einerseits die Möglichkeit, die Aktivitäten der Kampagnenteilnehmer zu analysieren, indem man sie mit dem Vorperioden vergleicht. Der Nachteil liegt aber darin, dass nur die Online-Konversationen gemessen werden können und die Offline-Konversationen unberührt bleiben.

Einen weiteren Ansatz stellt die Messung des Absatzes dar, indem die Verkaufszahlen aus mehreren Testmärkten mit Kontrollmärkten verglichen werden. Da aber in Deutschland nur wenigen Unternehmen die benötigten detaillierten Daten zur Verfügung stehen, ist dieser Ansatz mit großem Aufwand verbunden, um eine wirklich saubere Messung zu ermöglichen. Falls ein Unternehmen keine anderen Kommunikationsinstrumente verwendet, bietet sich als Alternative der Vergleich von Absatzzahlen durch eine Vorher- und Nachher-Messung an.

9.5 Net Promoter Score

Der Net Promoter Score (NPS) ist ein Index zur Messung der Weiterempfehlungswahrscheinlichkeit. Dieser liefert eine Kennzahl dafür, wie loyal die Kunden sind. Dabei baut er auf nur einer einzigen Frage auf: „Würden Sie (unser Unternehmen) einem Kollegen oder Freund empfehlen?" Die zur Verfügung stehende Antwortskala reicht von 0 bis 10, wobei 0 „sehr unwahrscheinlich" und die 10 „sehr wahrscheinlich" bedeutet. Daraus kann dann der Net Promoter Score berechnet werden, in dem der Anteil der „Botschafter" (%) mit dem Anteil „Kritiker" (%) subtrahiert wird.

Aufgrund seiner branchenübergreifenden Benchmarkdaten und der hohen Transparenz stößt der Net Promoter Score noch immer auf starkes Interesse in den Chefetagen der Unternehmen.

10 Implikation – Die Erfolgsgeschichte

Dass Word-of-Mouth-Marketing funktioniert, zeigen Erfolgsgeschichten wie Google oder Bionade. Beide Marken haben anfangs auf Werbung in Deutschland verzichtet und sind allein durch Mundpropaganda erfolgreich geworden. Auch an Apples iPhone kann man sich erinnern, das schon vor dem ersten Spot für Gespräche sorgte. Die Menschen schliefen sogar vor dem Apple Store, um ein iPhone zu ergattern. Netzwerke wie Facebook, Google, Twitter und Xing sind vor allem deshalb so erfolgreich, weil User Freunden und Bekannten von ihnen erzählten und sie einluden.

Wie bereits deutlich wurde, stellen der Aufbau der Markenloyalität und der Einsatz des Word-of-Mouth-Marketings geeignete Instrumente für die Markenführung dar. In Zukunft sollten Sie die Konsumenten in den Marketing Prozess einbeziehen, sie an der Entwicklung der Produkte beteiligen und zu einem Bestandteil der Marke machen. Dabei bieten sich mehrere Möglichkeiten, die Konsumenten zu begeistern und somit letztendlich Word-of-Mouth zu generieren.

Es muss gelernt werden, den Konsumenten an jedem einzelnen Touchpoint emotional zu berühren. Der Kunde muss die Nähe, Vertrautheit sowie das Verständnis spüren, denn nur eine einzige negative Erfahrung kann den Kunden dazu bringen, der Marke den Rücken zu kehren. Aus diesem Grund muss man anfangen, die einzelnen Touchpoints zu analysieren: Was erlebt der Kunde an jedem einzelnen Touchpoint und ist er begeistert oder enttäuscht? Dabei gilt es, dem Kunden an jedem Interaktionspunkt eine herausragende Erfahrung zu bieten und die kleinste Unzufriedenheit zu vermeiden. Es hat sich gezeigt, dass jeder einzelne Touchpoint des Konsumenten mit der Marke über die weitere Beziehung entscheidet – ein Verhalten, dass uns im Beziehungsverhalten unter Menschen weitgehend bekannt ist. Denn auch hier entscheidet jeder einzelne Touchpoint über den weiteren Verlauf der gemeinsamen Beziehung und letztendlich auch über positive oder negative Kommunikation.

Wenn all diese Maßnahmen umgesetzt wurden, sollte es möglich sein, professionelles und positives Word-of-Mouth anzuregen. Doch darf niemals vergessen werden: Wenn Sie ein langweiliges und austauschbares Produkt haben, können Sie sich auf den Kopf stellen: Es wird nichts bringen. Die Marke ist die Bühne des Kunden, erst durch den Kunden kommt die Persönlichkeit der Marke zur Geltung und wird erlebbar, nicht umgekehrt. Es muss für ein tolles Produkt gesorgt und dem Kunden die Bühne gegeben werden – positive und freiwillige Word-of-Mouth ist das Resultat! Es ist an der Zeit die Bühne zu räumen – der Kunde wartet bereits!

Literatur

Amine, A. (1998). Consumers' true brand loyalty: The central role of commitment. *Journal of Strategic Marketing, 6*(4), 305–319.

Bibel (1980). Einheitsübersetzung der Heiligenschrift; Psalmen und Neues Testament, ökumenischer Text. (Hrsg). *Im Auftrag der Bischöfe Deutschlands*. Stuttgart: Katholische Bibelsanstalt GmbH.

Caruana, A. (2004). The impact of switching costs on customer loyalty: A study among corporate customers of mobile telephony. *Journal of Targeting, Measurement & Analysis for Marketing, 12*(3), 256–268.

Dick, A. S., & Basu, K. (1994). Customer loyalty: Toward an integrated conceptual framework. *Journal of the Academy of Marketing Science, 22*(2), 99–113.

Eggert, A. (2000). Konzeptualisierung und Operationalisierung der Kundenbindung aus Kundensicht. *Marketing – Zeitschrift für Forschung und Praxis, 22*(2), 119–130.

Faltin, G. (2008). *Kopf schlägt Kapital. Die ganze Art, ein Unternehmen zu gründen; von der Lust, ein Entepreneur zu sein*. München: HANSER Verlag.

Förster, A., & Kreuz, P. (2003). *Marketing Trends – Ideen und Konzepte für Ihren Markterfolg*. Wiesbaden.

Förster, A., & Kreuz, P. (2006). *Marketing Trends – Ideen und Konzepte für Ihren Markterfolg* (2. Aufl.). Wiesbaden: Gabler Verlag.

Godin, S. (2004). *Purple Cow – So infizieren Sie Ihre Zielgruppe durch Virales Marketing*. Frankfurt a. M: Campus Verlag.

Hadwich, K. (2003). *Beziehungsqualität im Relationship Marketing – Konzeption und empirische Analyse eines Wirkungsmodells*. Wiesbaden: Springer Verlag.

Hart, C., & Johnson, M. (1999). Growing the trust relationship. *Journal of Marketing Management, 8*(1), 8–19.

Hartmann, O. (2013). What's your story? Geschichten als Multisensorischer Königsweg zur Zielgruppe. http://www.touchmore.de/blog/neuromarketing/item/what-s-your-story-geschichten-als-multisensorischer-koenigsweg-zur-zielgruppe. Zugegriffen: 18. Feb. 2014.

Herbst, D. G. (o. J.). Storytelling in der Markenführung. http://www.source1.de/wp-content/uploads/2011/12/Storytelling-in-der-Markenf%C3%BChrung.pdf. Zugegriffen: 23. Juli 2014.

Homburg, C., & Krohmer, H. (2006). *Marketingmanagement – Strategie – Instrumente – Umsetzung – Unternehmensführung* (2. Aufl.). Wiesbaden: Gabler Verlag.

Jones, H., & Farquhar, J. D. (2003). Contact management and customer loyalty. *Journal of Financial Services Marketing, 8*(1), 71–78.

Leinemann, M. (2014). Fondue, D-Prominenz, politik und ein Bisschen Mundpropaganda. http://www.mrwom.com/2014/03/fondue-d-prominenz-politik-und-ein-bisschen-mundpropaganda/. Zugegriffen: 2. März 2014.
MSI Marketing Science Institute (2006). What drives word-of-mouth? The roles of product originality and usefulness. http://www.msi.org/publications/publication.cfm?pub=935. Zugegriffen: 22. Mai. 2013
Nielsen (2013). Skepsis gegenüber Werbung nimmt in Deutschland ab. http://www.nielseninsights.eu/articles/skepsis-gegenueber-werbung-nimmt-in-deutschland-ab Zugegriffen 03. Nov. 2014.
Röthlingshöfer, B. (2008). *Mundpropaganda-Marketing: Was Unternehmen wirklich erfolgreich macht*. München: Deutscher Taschenbuch Verlag.
Rosen, E. (2002). *The anatomy of buzz: How to create word of mouth marketing*. New York.
Schüller, A. (2012). *Touchpoints: Auf Tuchfühlung mit dem Kunden von heute. Managementstrategien für unsere neue Businesswelt*. Offenbach: GABAL Verlag.
Schwarz, T. (2007). *Leitfaden Online-Marketing: Das kompakte Wissen der Branche* (2. Aufl.). Waghäusel: marketing-BÖRSE.
Staack, Y. (2004). *Kundenbindung im eBusiness: Eine kausalanalytische Untersuchung der Determinanten, Determinanten, Dimensionen und Verhaltenskonsequenzen der Kundenbindung im Online-Shopping und Online-Brokerage*. Frankfurt a. M: Lang, Peter Frankfurt.
Westbrook, R. A. (1987). Product/consumption-based affective responses an post-purchase processes. *Journal of Marketing Research, 24*(3), 258–270.

Thomas Heinrich Musiolik ist Managementdenker, Dozent, Buchautor und Businesscoach. Er ist Experte für Markenführung und Kommunikation zum Thema Kunde und gilt als Spezialist für Digital Sensory Branding, Neuromarketing, Word-of-Mouth Marketing, Storytelling und ein kundenfokussiertes Management. Zu seinen Kunden gehören mittelständische Unternehmen, Führungskräfte, Spitzensportler, Moderatoren und Schauspieler.

MIX
Papier aus verantwortungsvollen Quellen
Paper from responsible sources
FSC® C105338

If you have any concerns about our products,
you can contact us on
ProductSafety@springernature.com

In case Publisher is established outside the EU,
the EU authorized representative is:
Springer Nature Customer Service Center GmbH
Europaplatz 3, 69115 Heidelberg, Germany

Printed by Libri Plureos GmbH
in Hamburg, Germany